인간 이해와 상담

Understanding People

Originally published in the U.S.A. under the title: Understanding People
Copyright © 1987 by Lawrence J. Crabb, Jr.
Translation copyright © 2011 by Lawrence J. Crabb, Jr.
Translated by Yoon, Jong-suk
Published by permission of Zondervan, Grand Rapids, Michigan,
USA through arrangement of rMaeng2, Seoul, Republic of Korea.
All rights reserved.

This Korean Edition Copyright © 1993, 2011 by Duranno Press, 95 Seobinggo-dong, Yongsan-gu, Seoul, Republic of Korea.

이 한국어판의 저작권은 알맹2 에이전시를 통하여 Zondervan과 독점 계약한 두란노서원에 있습니다.
신 저작권법에 의하여 한국 내에서 보호받는 저작물이므로 무단 전재와 무단 복제를 금합니다.

인간 이해와 상담

래리 크랩 지음 | 윤종석 옮김

두란노

인간 이해와 상담

차 례

머리말 • 7

서론 오직 한 길 예수 • 23

1부 성경의 충족성 • 31

1. 무엇을 믿어야 할지 어떻게 아는가? • 33
2. 성경은 인간이 자기를 믿는 것을 경계한다 • 49
3. 성경은 인간의 모든 문제에 충실하게 답변하는가? • 65
4. 성경은 인간의 진정한 관계와 삶에 대한 완전한 지침서 • 87

2부 인간 이해 • 111

  5. 어떻게 하면 사람이 진정 변화될 수 있는가? • 113
  6. 인간은 하나님의 형상을 품고 있다 • 127
  7. 의존적인 존재: 인간은 인격적인 존재다 • 145
  8. 우둔해진 생각: 인간은 이성적인 존재다 • 183
  9. 변화의 시발점: 회개 • 215
 10. 선택의 자유: 인간은 의지적인 존재다 • 233
 11. 인생의 희비를 느낌: 인간은 감정적인 존재다 • 261

3부 성숙을 향하여 • 291

 12. 성숙의 증거: 사랑 • 293
 13. 성숙의 본질: 의존성의 인식 • 307

결론 오직 한 길 예수 • 319

부록 역동 모델, 도덕 모델, 관계 모델의 장단점 • 327

인간 이해와 상담

지은이 | 래리 크랩
옮긴이 | 윤종석
초판 발행 | 1996. 12. 13
개정 1쇄 발행 | 2011. 10. 24
개정 9쇄 발행 | 2024. 6. 27.
등록번호 | 제3-203호
등록된 곳 | 서울시 용산구 서빙고동 95번지
발행처 | 사단법인 두란노서원
영업부 | 2078-3333 FAX | 080-749-3705
출판부 | 2078-3444

책값은 뒤표지에 있습니다.
ISBN 978-89-531-1550-7 03230

독자의 의견을 기다립니다.
tpress@duranno.com http://www.duranno.com

두란노서원은 바울 사도가 3차 전도 여행 때 에베소에서 성령 받은 제자들을 따로 세워 하나님의 말씀으로 양육하던 장소입니다. 사도행전 19장 8-20절의 정신에 따라 첫째 목회자를 돕는 사역과 평신도를 훈련시키는 사역, 둘째 세계선교(TIM)와 문서선교(단행본· 잡지) 사역, 셋째 예수문화 및 경배와 찬양 사역, 그리고 가정 · 상담 사역 등을 감당하고 있습니다. 1980년 12월 22일에 창립된 두란노서원은 주님 오실 때까지 이 사역들을 계속할 것입니다.

머리말

나는 지금껏 성경적 상담학이라는 주제를 연구하는 일에 수년 간 적지 않은 노력을 기울여 왔습니다. 그 결과 적어도 한 가지 결론은 분명히 보장할 수 있습니다. 이 주제가 다루어야 할 영역 속에는 이루 헤아릴 수 없이 많은 난제들이 한데 얽혀 있다는 사실입니다. 각 문제들은 그 하나하나가 각기 다른 분야로 나뉘어 연구될 가능성이 충분합니다. 가능성이 있다는 얘기는 곧 실체(實體)도 그리 멀지 않은 곳에 있다는 말이 될 것입니다.

그런 문제들 가운데 우선 몇 가지만 생각해 보겠습니다. 첫째, '어떤 특정 방식의 상담을 성경적 상담이라 주장하는 것은 도대체 무슨 의미인가' 하는 것입니다. 자신이 복음주의에 속해 있다고 생각하는 상담가치고 자기 생각이 비성경적이라 말할 사람은 아무도 없을 것입니다. 그럼에도 불구하고 지금까지 상담 일을 해왔던 이들은 딱히 누구랄 것 없이 모두 다른 사람들로부터 비성경적이라는 비난을 받아 온 것 같습니다. 오늘날 많은 그리스도인 상담가들은 저서와 강의를 통해, "내가 보기에 그 상담가는 비성경적이다" 혹은 "적어도 나보다는 덜 성경적이다"라는 비난을 일삼고 있습니다.

　어떤 상담 방식이 주어졌을 때 그것을 '성경적'이라고 부를 수 있는지 없는지 정확히 분간할 수 있는 길은 무엇입니까? "상담을 전공하는 훈련 프로그램 속에 최소한의 신학과 영어 성경 과정만 들어 있으면 성경적이라고 볼 수 있다"고 말한 어느 신학자의 말이 생각납니다. 이 신학자의 말 속에는 다음과 같은 생각이 밑바닥에 깔려 있습니다. 즉 상담이란 원래가 성경적이거나 신학적인 것과는 아예 거리가 먼 분야로서 그 자체만 보면 '반(反) 성경적'인데, 거기에 주변 상담 이론과 신학 대학원 수준의 여러 과정들이 충분히 첨부됨으로써 성경적인 위치로 올라갈 수 있다는 것입니다. 우리는 다 보수적인 입장에 속해 있으며 그러기에 성경적이 되기를 원합니다. 그런데, 이 방식은 성경적 혹은 더 성경적이 되고 저 방식은 비성경적 혹은 덜 성경적이 되게 하는 요소가 무엇이란 말입니까?

　이번에는 두 번째 난제를 생각해 보겠습니다. 그것은 '성경적인 연구와 심리학적인 연구 사이의 관계를 어떻게 이해해야 하느냐' 입니다. 훌륭한 성경적 상담가가 되는 데 있어서 신학 방면의 학위는 굳이 없어도 괜찮습니까? 아니면 반드시 필요합니까? 그도 저도 아니면 그저 단순히 도움이 되는 정도입니까? 그리스도인이 성경적 상담가로서 사역할 뜻을 가지고 있을 경우, 일반 심리학을 공부해야 합니까? 일반 심리학을 공부하면 사고가 타락하겠습니까, 아니면 더 넓어지겠습니까? 일반 교수들의 가르침 밑에서 세상 이론을 깊이 연구하는 것이 좋습니까, 아니면 성경의 권위에 헌신되어 있는 그리스도인 교수들의 도움을 받아 세상 이론을 비평해야 합니까? 아니 어쩌면, 성경이 상담에 관련된 모든 문제에 충분한 대답이 된다면 세상 이론들은 아예 무시해야 합니다. 상담을 공부하고 싶은데 일반 학교에 가야 할지 기독교 학교에 가야 할지 모르겠다며 의견을 물어 오는 편지를 나는 일주일에도 몇 통씩 받습니다. 그런 질문에 도대체 뭐라고 대답해야 합니까?

한 사람을 유능한 상담가로 무장시키는 것이 과연 성경 전반의 기초, 그것만으로 충분합니까? 아니면 성경의 구체적 적용과 방법 등에 관한 별도의 실제적인 훈련이 필요합니까? 만일 식욕 부진에 걸린 딸이나 우울증에 걸린 아버지를 도와 줄 누군가를 찾아야 한다면, 당신은 어떤 자격이나 훈련이나 경험을 갖춘 사람을 찾겠습니까?

셋째, 늘 논란의 주제가 되고 있는 자아의 가치 문제는 어떻습니까? 자라나는 청소년들에게 자존감의 중요성을 강조하는 제임스 돕슨(James Dobson)의 말은 비성경적입니까? 아니면 인간에게 필요한 것은 개선된 자화상이 아니라 오직 하나님뿐이라 가르치는 제이 아담스(Jay Adams)가 더 성경적입니까?

래리 크랩은 어떻습니까? 그는 혹시 정통 복음주의자로 교묘하게 위장한 자애론자(自愛論者)는 아닙니까? 인간의 안전감과 중요감의 필요에 대해 이야기하는 부분에서는 그 역시 로버트 슐러(Robert Sohuller) 스타일의 자존감 관(觀)에 근접해 가고 있는 것이 아닙니까? 그는 어쩌면 하나님의 거룩하심과 인간의 죄성 그리고 어린 양의 피를 통한 죄 사함과 화목케 됨의 복음을 강조하는 하나님 중심의 상담 모델이 아니라, 인간의 필요에 따르는 심리학적 개념들에서 출발한 인간 중심의 상담 체계를 만들어 낸 사람일지도 모릅니다. 내가 듣기로, 그의 상담관이 형성되기까지는 모세나 누가나 바울보다는 매슬로우(Abraham Maslow)나 로저스(Carl Rogers) 또는 엘리스(Albert Ellis)의 영향이 더 크게 작용하지 않았겠느냐며 의아해 하는 사람들도 있습니다.

이 자아의 가치라는 주제는 상담가들을 여러 분파로 갈라놓는 분기점이 되다시피 하고 있습니다. 그 커다란 격차의 이쪽 한편에 줄지어 서 있는 사람들은, 인간이 다른 사람을 사랑할 수 있기 위해서는 자기 자신을 사랑하는 것이 전제 조건이라고 힘주어 역설합니다. "네 이웃을 네 몸과 같이 사랑하라"는 말씀이 이들의 결정적인 근거 구절이 되고 있는데, 이들은 이 구절을 '이웃 사랑'이 있으려면 우선 '자기 사랑'이 계발되어야 한다고 해석하여 가르칩니다.[1] 이들은 표면적인 문제들의 근원은 사람들이 자기 자신을 잘 수용하지 못하는 데 있다고 봅니다. 자기 수용의 결핍은 실제로 많은 이들의 마음속에서 죄의 본질이 되고 있습니다. 그러므로 이런 상담가들은 사람들이 자기 자신을 좀더 온전히 받아들일 수 있도록 돕는 쪽으로 상담을 진행시킵니다.

그런가 하면 이렇게 생각하는 이들도 있습니다. 사람들은 자기 자신에 대해서 이미 지나치게 관심을 가지고 있으며, 따라서 자존감을 형성하려는 노력이 오히려 문제를 더 심화시킨다고 말입니다. 이들은 인간의 진정한 문제는 채워지지 않은 갈망에서 생겨나는 것이 아니라 인간의 전적인 타락이 빚어 내는 것이라고 주장합니다. 죄가 인간의 마음과 생각을 철저히 눈멀게 해버렸기 때문에, 그 시력을 찾아 줄 수 있는 것은 오직 성경의 진리밖에는 없습니다. 그러므로 하나님 말씀을 연구하는 일은 그 어떤 것보다 우선하는 가장 중요한 일입니다.

자애를 주장하는 사람들은 이러한 견해를 가진 상담가들을 인간의 깊은 필요에 대해 무정하리만치 둔감하다고 생각합니다. 꼿꼿하고 냉랭한 자세로 성경이나 해석하고 앉아 있을 뿐, 성경의 메시지를 관통하는 하나님의 수용과 사랑이라는 온정 어린 진리는 놓친다고 보기 때문입니다.

자애론자들이 서 있는 계곡 반대편에 이처럼 운집해 있는 완고한 주

---

1. 사람은 먼저 자기 자신을 사랑할 수 있게 될 때 비로소 다른 사람들을 사랑할 수 있다는, 에리히 프롬이 개발하여 보편화시킨 개념은 주의 깊게 살펴볼 가치가 있다.

석가들은 "이렇게 자아의 가치 운운하는 것은 원수가 사용하는 트로이의 목마, 즉 하나님 나라의 영역 안에 기독교 용어로 위장한 무신(無神)의 휴머니즘을 쑤셔 넣기 위해 원수가 고안해 낸 책략"이라고 말합니다. 자아의 가치를 인정하는 이론에는 어디에나 인간 중심적인 복음의 왜곡이 도사리고 있다는 것이 이들 주장의 주요 골자입니다. 그러니 이들은 자연히 그런 이론을 강력히 부인하고 반박할 수밖에 없습니다. 자기들이 최초의 신앙을 사수하기 위해 용감히 싸우고 있는 사람들이라 믿으면서 말입니다. 이들 눈에는 자애를 주장하는 사람들이 그저 뒤죽박죽 섞인 무리로밖에는 보이지 않습니다. 즉 진실로 성경적이 되기를 원하는 이들이 있는가 하면 다른 한편에는 극단의 자유주의를 고수하거나 아니면 적어도 신정통주의 신학을 붙들고 있는 이들이 있습니다. 그러나 왜곡되고 미혹당하고 잠재적인 위험을 내포한다는 면에서는 이들 둘 다 마찬가지라는 것입니다.

  나는 이 두 부류 중 어디에도 전적으로 동의할 수 없습니다. 죄란 인간이 어리석게도 자기 충족성을 믿으며 교만하게 반역하는 것을 말합니다. 하지만 자애론자들은 죄를 이보다 덜 악한 것으로 격하시키고 있습니다. 그러다 보니 그들이 제시하는 문제 해결책은 너무나 유약한 것일 수밖에 없습니다. 문제는 하루가 다르게 그 정도가 심해지는 인간의 악독함입니다. 여기에다 대고 인간이 성장할 수 있는 조건들을 제시해 봐야 쓸모 없는 처방에 지나지 않을 것입니다.

  한편 완고한 주석가들은 성경을 정확하게 해석해야 한다는 특유의 입장을 지나치게 강조하여, 성경 본문이 가지고 있는 관계적인 측면과 삶을 변화시키는 생명력을 상실하고 있습니다. 성경을 비관계적이고 비인격적인 측면에서만 이해하려다 보니 자연히 공동체와 친밀함을 강조하는 많은 본문들은 무시해야만 하는 것입니다. 이런 분위기에서는 사랑이나 열린 삶, 거룩함 등의 측면보다는 학식이나 신학적 강경성 등의 측면이 더 두드러지는 이들이 나오게 마련입니다. 하나님 말씀을 정확하게만 해석하면 교리와 실생활은 절대로 분리되지 않는다는 것이 이들의 주장입니다. 제대로 이해하고 선포하고 순종하기만 한다면, 말씀은 그 자체만으로도 충분히 우리의 삶을 변화시켜 줄 수 있다는 것입니다. 그러나 이들은 말은 그렇게 하면서도, 실상 자신들부터 하나님과 말씀을 조금씩 분리시키고 있습니다. 말씀을 공부하는 데 그토록 많은 시간을 들였는데도 그것이 말씀에 영감을 불어넣으신 분께로 가까이 데려다 주지를 못하는 것입니다.

이 완고한 주석가들의 주장은 인간의 경험이라는 방대하고도 중요한 영역에 전혀 손을 대지 못하고 있습니다. 손을 대지 않으니 변화되지 않는 것은 당연합니다. 인생의 핵심 문제들을 꿰뚫는 살아 있는 진리가 자리를 잃고, 그 자리에 학술적인 진리가 들어섰습니다. 이 학술적인 진리가 신학교 시험을 통과하게 하고 해석학적으로 정확한 설교를 하게 해줄지는 모르겠습니다. 그러나 이것이 깊이 있는 대화나 의미 있는 관계를 맺게 하고 진리의 선포를 통해 인간의 진정한 필요를 채워 주지는 못합니다. 우리의 삶을 어떻게 다른 이들의 삶 속에 생산적으로 투입시킬 것인가 하는, 쉽지만은 않은 질문에 능히 대답해 주지 못하는 성경 이해라면 그것은 결코 진정한 성경 이해라 할 수 없습니다.

성경이 하나님의 무오하고 자충적(自充的)인 절대 권위의 말씀이라는 사실을 믿는 그리스도인이라면 누구나 다 간절히 원하는 바가 있습니다. 바로 자기의 생각이 성경의 지배를 받는 것입니다. 다른 말로 하면 성경의 흔들리지 않는 지지를 받으면서 자신의 생각을 발전시켜 나가기를 원한다는 것입니다. 그러나 상담가들이 흔히 부딪히는 질문들 (예: "3년 전부터 아버지로부터 성적 희롱을 당해 온 십대 소녀가 자기 자신을 증오하고 있습니다. 깊이 침체되어 있는 이 아이를 어떻게 도와 주어야 합니까?")의 답을 찾기 위하여 성경에 다가가다 보면, 네 번째 부류의 문제가 등장하게 됩니다.

이 피해 입은 딸을 돕는 데 필요한 정보를 성경에서 찾으려 할 때, 우리는 어떤 해석 원리와 적용 원리를 바탕으로 삼아야 합니까? 당신은 성경이 이런 종류의 문제들에도 답을 제시해 줄 수 있는 책이라고 생각합니까? 만일 그렇다면, 성경 본문을 대하기 전에 이미 가지고 있던 입장을 지지해 줄 만한 구절을 '찾아내려는' 오류에서 어떻게 벗어날 수 있겠습니까? 신학이나 성경 원어를 정식으로 배운 적이 없이 그저 거듭난 신실한 사람일 뿐인 상담가는 오직 주관적인 자기 해석밖에 할 수 없습니까? 그 이유 때문에 '진짜' 해석을 위해서는 식견 있는 신학자에게 의존해야 한다는 말입니까? 그렇다면 사람들이 던져 오는 삶의 어려운 질문들에 제대로 대답하지 못하는 성경 학자들에 대해서는 무어라 설명하겠습니까?

과연 성경은 상담가들을 위한 교과서입니까, 아니면 그렇지 않습니까? 주위를 둘러보십시오. 온전한 그리스도인으로서 철저히 무장하는 데 필요한 모든 지식은 성경 안에 다 계시되어 있다고 믿으면서도, '심리적인' 문제를 가진 사람이 오면 그를 전문적인 방법으로 도와 줄 자격을 갖춘 전문가(예를 들어 성경 외적인 사상에 대해 훈련받은 상담가)에게 의뢰하는 사람들이 있습니다. 참으로 일관성 없어 보이는 일입니다. 이들은 심리적 문제 따로, 영적 문제 따로라는 통상적인 구분을 그대로 받아들입니다. 그리고 성경은 오직 영적인 문제를 다룰 때만 찾아봅니다. 이치에 맞는 일입니까?

심리 장애는 정말 영적인 것과는 전혀 별개의 범주에 속합니까? 만일 그렇다면 그 둘을 구분하는 선은 무엇입니까? 정확히 규명해 본다면 광장 공포증이란 어쩌면 성경이 영적인 문제로 제시하는 어떤 현상에 대한 하나의 명칭에 불과한지도 모릅니다. 적어도 원리상으로는 그럴 수 있습니다. 심리적인 문제와 영적인 문제는 어쩌면 같은 근원에서 출발하는 것일 수도 있습니다.

만일 문제의 두 범주가 따로 분리되어 존재한다면, 우리는 심리 문제에 대해 밝혀 주려는, 거듭나지 않은 심리학자로부터도 통찰을 얻을 수 있습니까? 그렇다고 믿어도 됩니까? 거듭났든 거듭나지 않았든 유능한 의사라면 나의 질병을 정확히 진단하고 처방해 주리라 믿듯이 말입니다. 그렇지 않다면 죄는 순수 지성에도 영향을 미쳐서 불신자가 끌어낸 결론은 모두 도덕적 오류가 있다고 말한 코넬리우스 반 틸(Cornelius Van Til)의 주장이 맞는 것입니까?

이제 우리는 전혀 다른 가능성을 찾아봐야 할 것 같습니다. 즉 장애에는 오직 한 가지 범주만 있고, 이른바 정신 질환과 신경증적 반응들도 겉모습과 명칭만 다를 뿐 실은 아주 복잡한 영적인 문제들이며, 따라서 이 문제들을 이해하는 데 필요한 기본 얼개는 성경에 충분히 제시되어 있다고 보는 입장입니다. 만일 우리가 이러한 노선을 따른다면, 세상 연구가들이 심혈을 기울여 얻어낸 그 많은 자료들은 어떻게 해야 합니까? 그냥 쓸모 없다고 무시하면 됩니까? 성경의 얘기와 맞는 부분은 골라 쓰되, 그들은 진리를 거스르다 넘어지는 이방인이라고 간주해야 됩니까? 아니면 세상 심리학자들이 발견한 것들을 성경적인 가정(假定)의 틀 안에서 재해석하는 것이 옳습니까?

* * *

질문은 끝이 없습니다. 그리스도인들이 제시하는 다양한 대답들도 마찬가지입니다. 지금 기독교 상담 분야가 처한 상황은 마치 복음주의 교회가 여러 교파로 갈라져 서로 싸우고 있는 상황과 매우 비슷합니다. 모든 부정적인 측면에서 말입니다. 목숨을 걸고 싸울 듯한 기세로 저마다 자기가 더 독특하다고 뻐기면서, 다른 쪽 사람들에 대해서는 경멸의 태도로, 때로는 호의라도 베푸는 듯하고 때로는 노골적으로 깔보는 듯하게 대하고 있습니다.

그리스도인 상담가들의 분파 중에는 어느 정도 잘 알려진 학파가 상당수 있으며, 굳어진 운동 세력이 갖추고 있게 마련인 다음과 같은 장식물을 두루 갖춘 학파도 있습니다.

- 금방 눈에 띄는 '유명한' 지도자들
- 열렬하고 목청 높은 제자들
- 특별 집회들(참석자가 주로 신실한 성도인)
- 인정받는 저자 및 강사진
- 특별한 그룹이라는 인상을 심어 주는 독특한 용어들

향후의 대화와 연구를 통해 본질적인 동의가 이루어지는 일은 웬만해서는 일어날 것 같지 같습니다. 모든 보수주의 교파들이 흔쾌히 동의할 만한 교회 통합 노선을 개발하는 일만큼이나 어려워 보입니다. 본질적인 신학 사안들에 대해 헌신된 사람들 사이에도 이런 차이는 그냥 남아 있을 것입니다.

그러나 이것은 '어쩔 수 없는 일이니까 참고 견디자' 하고 그냥 넘어갈 일만은 아닐 수도 있습니다. 오히려 더 잘된 것일 수도 있습니다. 이 세상에서 하나님 말씀을 이해하려는 인간의 노력은 어차피 불완전한 지성을 통해 이루어집니다. 그렇다면 좋은 기본 얼개를 갖춘 다양한 사고 유형이 있다는 것은 건강한 일입니다. 그리스도인들은 서로의 말에 귀기울이되, 자극을 주고받기 위해서라기보다는 서로의 다른 점을 지적해 내기 위해 그리할 때가 너무 많습니다. 그 결과 불확실한 영역에 대한 이해를 확장시켜 줄 창조적 사고들이 말살되어 버립니다.

성경을 최고 권위로 삼는다는 공통 헌신 아래 서로의 다른 견해들을 명확히 규명해 보고 아직 제대로 정립되지 않은 개념들에 대해서는 허심 탄회하게 이야기를 주고받는다면, 현재 우리가 가고 있는 길에 대한 생산적인 검토는 가능해질 것입니다. 또한 사물을 보는 우리의 눈이 중요한 논점들에 적절히 대처하지 못하는 곳이 정확히 어느 부분인지 알게 될 것입니다. 진정 우리가 성경의 지고한 시각(視覺)에 헌신되어 있다면, 우리는 자연히 성경 말씀으로 되돌아가게 될 것입니다. 다만 이번에는 성경을 연구하는 방법이 달라질 것입니다. 그럴지라도 대답을 요구하는 긴급한 질문들에 심혈을 기울인다는 점은 똑같습니다. 서로를 향한 사랑과 존경 그리고 용납의 분위기가 조성된다면 대화는 충분히 유익을 가져올 수 있습니다.

그러나 불신자들도 마찬가지겠지만 그리스도인들 사이의 대화는 분리와 긴장과 적의(敵意)로 치닫고 마는 경우가 종종 있습니다. 파벌 의식에 쓸데없는 궤변과 오해까지 가세하면, 우리 편이라는 좁은 반경 밖으로 마음이 가 있는 이들에게는 가차없이 의혹의 태도를 취하게 됩니다. 반대로 '우리 편'에 대해서는 맞든 틀리든 무조건 지지를 보냅니다. 왜 이런 현상이 나타납니까? 그리스도인이야말로 아무리 의견이 달라도 최고의 아량을 베풀어야 하는 사람들 아닙니까? 그런데 어쩌다가 하나님의 자녀라는 공동체가 이다지도 속 좁고 배타적이며 서로 물고 뜯는 집단이 되었습니까?

대답은 아주 간단하면서도 비참합니다. 우리가 방어적이고 교만하고 위협적인 존재이기 때문입니다. 어느 한 쪽 노선을 주장하는 이들은 자기가 다른 쪽 노선 사람들과 접촉하는 목적이 오직 그들을 가르치고 교정하는 데에만 있다고 생각합니다. 다른 쪽 생각을 귀담아듣기 위해서가 결코 아닙니다. 자신도 모르게 방어적인 입장을 취하면서도, 진리를 위해 서 있다고 착각하곤 하는 것이 우리의 모습입니다. 우리는 대화할 때 좀처럼 자신의 동기를 살펴보지 않습니다. 그저 성령께서 내 편을 들어주시리라고 쉽게 믿어 버리기를 좋아합니다. 그러다 보니 대화는 자연히 쌍방 모두 자기만 옳고, 자기 주장만 내세워, 짐짓 경건한 모양으로 상대측을 거부하는 것으로 끝나고 맙니다.

물론 우리에게는 진리를 위하여 마땅히 지켜야 하는 자리가 있습니다. 선교사는 복음에 완전히 문을 닫은 이슬람 문화권에도 들어가야 합니다. 그들에게 복음의 다리 역할을 하겠다는 각오를 가지고서 말입니다. 사람들을 오류의 길에서 진리의 길로 돌이키고 개종시키기 위한 그 곳이 바로 그가 있어야 할 자리입니다. 이 경우, 그가 가진 목적은 대화를 통한 개념의 혼합을 결코 용납할 수 없습니다.

이와 마찬가지로 그리스도인 상담가들도 하나님의 진리는 사람의 생각이 만들어 낸 길과 아무렇게나 섞여도 되는 가변적 개념이 아니라는 사실을 믿습니다. 진리는 진리이고 오류는 오류이며, 그 진위를 가늠하는 궁극적인 기준은 성경입니다. 성경의 권위를 똑같이 인정하는 그리스도인들간에도 교회론이나 종말론, 성령론 같은 문제들에 대하여 사실상 불일치가 생길 수 있습니다. 그리고 우리는 우리가 연구한 입장을 신실한 확신을 가지고 붙들어야 합니다.

그리스도의 주권과 성경의 권위를 인정하는 하나님 가족들에게는 분명히 나타나야만 하는 몇 가지 특성이 있습니다. 우리가 서로 붙들어 주고 사랑하는 마음으로 대화를 나눌 때, 바깥에 있는 불신자들은 그것을 금방 알아봅니다. 그러나 사실상 그들이 우리에게서 훨씬 더 자주 관찰하게 되는 태도는 "당신이 어디서 내 감정을 건드리는지 잘 보겠어. 만일 그렇게 했다가는 그걸로 끝장이야. 이건 의로운 분노라구!" 하는 것이니 참으로 두려운 일입니다.

우리가 그리스도인 상담가로서 견해가 서로 다를 경우(그렇게 될 수밖에 없겠지만), 우선 내 의견의 독특한 점을 제시하면서 그 확신을 잘 붙들고 있어야 합니다. 그러다가 어디서든 분명한 오류나 위험성이 발견될 수도 있습니다. 그럴 때는 즉시 자신의 입장에 대해 지극히 겸손한 태도를 가져야 합니다. 물론 흔들리지 않는 견고한 자세는 유지하면서 말입니다.

문제는 우리가 이러한 작업을 그리 잘 해내지 못한다는 데 있습니다. 오히려 우리의 죄성은 우리와 다른 견해에 대해서 자기도 모르게 무의식적으로 비난하기를 즐깁니다. 형제가 실수를 하면 가슴이 아프다는 듯 혀를 차지만, 속으로는 자신이 더 우월하다는 짜릿한 흥분에 심장이 고동칩니다. 험담, 특히 그런 말 듣기를 좋아하는 한통속의 무리들과 누군가를 험담하는 것은 자극적인 경험이 될 수 있습니다. 마치 결승전에 진출한 고등 학교 학생들을 모아 놓고 응원을 지휘하는 듯한 흥분이 느껴질 것입니다.

모든 사람들, 특히 우리 그리스도인들은 사람이 얼마나 교묘하게 자기 자신을 속일 수 있는지 분명히 깨달아야 합니다. 우리는 바리새인과 같은 교만을 고상한 동기(動機)인 양 위장해 놓은 사람들입니다. 우리 안에 자신을 높이려는 성향이 있음을 잘 알기에 우리는 서로의 다른 점들을 표현할 때마다 특별히 주의를 기울여야만 합니다. 우리 안에 자기를 높이려는 목적이 있을 수밖에 없음을 늘 인식하고 충분한 기도의 시간들을 통해 자신의 동기를 살펴보아야 합니다. 남의 잘못만 신랄하게 비판하는 겉만 번지르르한 수사학적(修辭學的) 위장을 피하고, 대신 동료 신자의 생각에 협조적이면서 나의 합리성 있는 생각을 내놓는 의견 교환이 이루어져야 합니다.

내가 판단하기에 현상황에서 성경적 상담의 앞날은 매우 황량합니다. 본질적으로 화합하기보다는 심각하게 분리될 잠재성이 더 짙습니다(일부는 이미 드러나고 있습니다). 성경적 상담은 하나님의 진리를 가지고 상한 심령들 속으로 뚫고 들어가는 통로 역할을 해야만 합니다. 그런데 이것이 잘못되면 지도자가 자기 이름을 낼 기념비만 세우는 발판이 될 수도 있습니다. 사실은 서로 사랑하며 살아야 하는 이들 사이에서 그 관계를 개선해 주는 수단으로 사용되어야 할 상담이, 오히려 분쟁과 미움의 이유가 될 수 있는 것입니다. 하지만 사태는 바뀔 수 있습니다.

이제 성경적 상담은 하나님을 영화롭게 해 드릴 긍정적 잠재력을 인식해야만 합니다. 오직 하나님만 마음이 상한 자들을 치유하실 수 있고 죄인들을 당신과 화목하게 하실 수 있습니다. 이를 위해서 나는 우리가 아주 간단하면서도 쉽게 어기곤 하는 몇 가지 지침을 마음속 깊이 새겨야 한다고 생각합니다.

지침 1: 우리의 입장을 조심스럽게 비방어적으로 표명하십시오. 이 입장의 신뢰성과 유용성에 대한 우리의 확신을 뒷받침해 줄 만한 성경의 가르침을 적대적이지 않은 태도로 제시하십시오. 확신이 잠정적인 것이라면 그만큼 목청을 낮추어야 합니다. (지침 1을 따르기 위해서는 자신의 동기를 신중히 검토해야 합니다.)

지침 2: 성경으로 말미암은 새로운 통찰이 반드시 변화를 가져다 준다는 사실을 믿는다면, 지금 가진 그 입장이 변화할 수 있다는 가능성에 대해 늘 개방적인 자세를 가지십시오. 나와 견해가 다른 복음적 상담가들이 주최하는 회의 등에 참석함으로써 그런 개방적인 자세를 입증해 보이십시오. 얼굴을 마주하고 나누는 대화를 통해서 그들의 견해를 신중히 연구하고 숙고하십시오. 신학자들을 초청하여 우리가 성경을 다루고 있는 방식을 평가해 달라고 부탁하십시오.

지침 3: 그렇게 변화를 수용하는 확신 속에서 균형의 줄타기를 잘할 수 있도록 의식적으로 노력하십시오. 줄타기라 함은 '수용주의(진리보다 연합을 더 위에 두는 지나친 개방)'나 '배타주의(다른 견해에 대하여 이해보다는 정죄를 우선하는 지나친 확신)'에 치우치지 않는 것을 말합니다.

할 수만 있으면 동의해야 합니다. 꼭 필요한 경우에는 의견을 달리하되, 경건한 목표를 추구하며 타협하지 않는 범위 안에서 가능한 한 협력해야 합니다.

*　*　*

이 책을 통해 나는 이러한 지침들을 좀더 자세히 살펴보려고 합니다. 성경적 상담을 이해하기 위한 내 노력의 열매를 여기서 소개하는 것이 나의 목표입니다. 또 하나의 상담 분파를 만들려는 의도는 조금도 없습니다. 나의 아이디어를 소개하면 그것이 자극이 되어 토의가 이어지고 잘못된 것은 고쳐져서, 우리가 더 많은 문제를 가지고 하나님 말씀 가운데 깊이 들어가게 되기를 바랄 뿐입니다.

이미 나의 이전 책들을 읽어 본 독자라면 내 개념들에 다소 변동이 있다는 사실을 발견할 것입니다. 그러나 근본적인 변화는 아니라고 생각합니다. 예컨대 지금 내가 얘기하고 싶은 주제는 안전감과 중요성이라는 개개인의 필요가 아니라 관계를 향한 인간의 마음속 깊은 갈망입니다. 내 견해를 다르게 해석하는 이들도 있습니다. 인간의 본질적 성향은 안전감과 중요성의 필요에 의해 결정되며, 따라서 그 필요의 충족이 인간 평생의 관심사가 된다고 말립니다. 자연히 이들은 나의 개념이, 하나님의 영광이라는 목적과 그분을 향한 순종을 강조하는 하나님 중심의 개념이 아니라 인간의 충족에 초점을 맞춘 인간 중심 개념이라 생각할 것입니다.

내가 선택한 이 '필요'라는 단어가 일부 사람들에게는 내가 믿지도 않는, 심지어 내가 강하게 반대하는 바를 전달하는 것 같다는 느낌이 들었습니다. 그래서 나는 '깊은 갈망'이라는 용어를 찾아냈습니다. "주님만이 해결하실 수 있는 갈증"이라는 의미로 사용한 이 단어가 내가 항상 믿어 왔던 바를 좀더 잘 전달하리라 생각합니다. 이보다 더 본질적인 그 밖의 사고 변화는 주의력 있는 독자라면 금방 알아차릴 것입니다.

이 책은 단지 상담과 제자도에 대해 하나의 사고 틀을 제시해 주는 것에 지나지 않습니다. 상담 중에 어떤 질문을 던져야 하는지, 어떤 관찰을 해야 하는지 알기 위해서는 무엇보다 인간을 향한 직관이 필요합니다. 이 직관은 오랜 세월 동안 사람을 상대하고 사람을 들여다보는 것을 통해서만 얻어집니다. 이 책에 나오는 개념들을 완벽히 이해했다고 해서 저절로 유능한 상담가가 되는 것은 아닙니다. 그러나 적어도 이 책은, 올바른 인간 이해의 눈을 길러 주는 기반이 되리라 기대합니다. 사람 안에서 어떻게 변화가 일어나며 상담가가 그 변화를 어떻게 증진시킬 것인가 하는 얘기도, 먼저 인간이 어떻게 생겨나는 것인지 이해하고 난 뒤에야 가능한 것이기 때문입니다. 그 기초를 닦는 것이 바로 이 책이 하려는 일입니다.

이 책을 쓰면서 나에게는 간절한 기도 제목이 있습니다. 복음주의자들 사이에 서로를 향한 관심이 점점 커지고 점점 돈독해져 가는 것입니다. 복음주의자들은 많은 논점에 있어서 갈라져 있기는 하지만, 그래도 본질적인 생각은 같습니다. 부디 우리가 하는 모든 상담의 노력을 통하여 그리스도의 우월성과 성경의 권위가 더 높아지기를 바랍니다.

서론
오직 한 길 예수

"내가 너희 중에서 예수 그리스도와 그의 십자가에 못박히신 것 외에는 아무것도 알지 아니하기로 작정하였음이라"(고전 2:2).

때때로 이런 생각을 해봅니다. 살아가면서 생기는 문제의 해결책은 심리적으로 복잡해진 문화가 요구해 오는 것보다 훨씬 간단할지도 모른다고 말입니다. 프로이드의 정교한 이론은 당시 사람들에게는 굉장히 신기한 것이었지만, 오늘날 보통 사람들은 그런 복잡한 이론에 그다지 관심이 없습니다. 현대인의 생각 속에 자리하고 있는 것은 그보다는 한결 단순합니다. 소위 '대중 심리학'이라는 그것은 로버트 슐러(Robert Schuller)에 의해 기독교화된 것일 수도 있고, 웨인 드와이어(Wayne Dwyer)의 것처럼 세상 형태로 그냥 남아 있을 수도 있습니다. 인생의 가장 어렵고 심오한 문제들에 대하여 이제 사람들은 복잡하지 않은 단순한 해답을 찾아 나서고 있습니다.

이렇듯 단순한 해답을 찾겠다는 경향은 좋은 것이라 할 수 있습니다. 물론 이러한 경향은 사물을 제대로 이해하는 데 반드시 고려해야만 하는 사항들마저 무시되는 경박한 태도를 빚어낼 수도 있습니다. 이런 예를 주변에서 많이 보셨을 것입니다. 또 이것은 진정한 행복을 찾기 위해서는 충분한 값을 지불해야 함에도 불구하고 그저 고통 없이 즉석에서 얻는 해답만 찾으려는 인간의 욕심을 반영해 주는 것일 수도 있습니다.

그럼에도 불구하고, 마음을 열어 놓고 단순한 해결책이 있으리라 믿는 이 자세가 매우 유익하다는 말입니다. 매우 중요한 문제이면서도 그 답은 의외로 간단할 수 있습니다. 얼마든지 그런 일은 가능합니다. 난해한 문제의 해결책을 삶의 현장에서 실제로 시도해 보기는 무척 어려운 일일 수도 있지만, 그 해결책을 찾아내거나 진술하기는 의외로 쉬울 수도 있습니다.

나는 정말 그야말로 수천 시간이 넘게 건강한 부부 관계를 만들기 위해 옆에서 돕는 일을 해왔습니다. 그 일을 하는 동안 남편이 아내에게 조금만 더 관심을 갖고 자신을 내어 준다면, 또 남편을 쥐고 흔들겠다는 아내의 태도가 바뀌기만 한다면 대부분의 결혼 생활이 훨씬 더 아름다워지리라는 생각을 한두 번 한 것이 아닙니다. 복잡할 게 하나도 없습니다. 이를 방해하는 커다란 장애물이 있다면, 그것은 이해심 부족이 아니라 고집스러운 마음입니다.

아이들이라면 누구나 궁금해 하는 몇 가지 질문이 있습니다. 만일 부모가 아이의 이런 질문에 적절하고도 일관성 있게 대답해 주기만 한다면 아이들은 말도 훨씬 더 잘 듣고 사랑스러운 아이로 자랄 것입니다. 그럼 그 질문들을 살펴봅시다. 첫째, "나를 사랑하나요?" 정답은 이것입니다. "그럼, 내가 너를 얼마나 사랑하는데. 내가 너를 온 마음으로 깊이 사랑한다는 분명한 증거가 바로 여기 있단다."

둘째, 아이들은 "내가 하고 싶은 대로 해도 돼요?"라고 묻습니다. 그럴 때는 이렇게 답해야 합니다. "그건 안된다. 거기에는 반드시 치러야 할 대가가 따르게 되어 있어. 네가 하나님의 계획을 거스를 때 거기에 고통스런 결과가 따른다고 하면 이해가 되겠니?"

우리는 하나님께서 내 미래를 주관하고 계시지 않다고 생각하는 부분이 어디인지 찾아내야 합니다. 또한 자신이 가진 두려움의 원인을 어린 시절의 상처로만 돌리고서 안정제 한 알에 의존할 것이 아니라 하나님의 약속을 보다 신중하게 붙드는 법을 배워야 합니다. 그렇게 할 때 불안 신경증(정상인보다 불안의 정도가 심한 이들에게 붙이는 거창한 명칭) 환자도 마음의 평안을 찾게 될 것입니다.

우울증도 마찬가지입니다. 지금껏 억압되어 온 찌꺼기와 상처들을 이른바 치료적 카타르시스를 통해 쏟아 내놓기보다는, 그리스도인의 삶의 목표와 미래의 소망이 무엇인지 정확히 깨닫게 될 때 우울증은 훨씬 더 영구적으로 제거될 것입니다.

"의지하고 순종하는 길은 예수 안에 즐겁고 복된 길이로다." 참으로 단순한 가사입니다. 인생의 문제들도 이렇게 단순해질 수 있겠습니까? 단순한 사고 방식이 도움은커녕 오히려 위험하기까지 한 천박하고 피상적인 얘기로 들리는 이유는 무엇입니까? "예수 안에 답이 있다"고 말하는 이들이, 요긴하고 합리적인 해결책을 제시하는 전문가이기보다는 외골수 광신자로 비치는 이유는 무엇입니까?

'그리스도 안의 단순성'은 상담 분야에도 충분히 적용될 수 있습니다. 아니 그 이상은 어디에도 없습니다. 그럼에도 불구하고 그 동안 대부분의 심리학자들과 신학자들은 용케도 이 사실을 깨닫지 못했습니다. 인간의 타락이 식욕 부진이나 우울증이나 동성애 문제와 어떤 연관이 있는지, 또 어째서 이런 문제의 해답이 그리스도와 성경 안에 있다는 것인지 등의 주제를 가지고 보다 실제적인 이해를 돕기 위해 연구한 모임은 지금껏 하나도 없었습니다.

심리학자들(일부 신학자들과 설교가도 마찬가지)은 죄를 정의할 때, 도덕적으로 악하며 마땅히 심판받아야 할 반역이 아니라 그저 자존감이나 사랑의 부족 정도로 종종 결론짓곤 합니다. 그들은 죄가 얼마나 철저하게 인간 성품의 구석구석까지 파고드는가에 대한 근본적인 성경 견해를 완전 무시한 채, 그리스도께서 십자가에서 돌아가신 대속 사건이 전혀 필요치 않은 해결책들을 제시합니다. 그리스도 없이 문제를 해결하려는 이들의 노력은 아주 그럴듯한 이론이라는 옷을 입고 나타날 수 있습니다. 이들은 현대의 여러 연구가들에게 하나님의 문제 해결 방식은 너무 두리뭉실하여 전혀 도움이 안될 뿐만 아니라 낡아빠진 구식이라는 생각을 집어 넣습니다.

신학자들 역시 인생의 무거운 문제들에 대하여 단순한 해답을 제시하는 데 그들과 마찬가지로 우리를 실망시켜 왔습니다(여기엔 복음주의자도 포함되며 복음주의자들이 특히 더하기도 합니다). 물론 예외가 있긴 하지만 이들의 유능하고 탁월한 전문 학식은 생활 원리보다는 변론 거리들만 만들어 왔습니다. 성경으로 증명된 진리들은 왠지 별힘이 없는 것처럼 되어 버렸고, 가슴이 빠져 버린 이른바 정통이라는 것이, 사람들과 진정한 관계조차 맺을 줄 모르는 메마른 그리스도인을 양산해 냈습니다.

내 말을 오해하지 마십시오. 인간의 현실 고뇌와 직접적으로 아무런 연관이 없는 기초적인 연구들이 있을 수도 있습니다. 정당하고도 꼭 필요한 것입니다. 성서 신학과 조직 신학을 조심스레 연구한다면 나머지 모든 분야는 그것을 기반으로 잘 세워져 나갈 것입니다. 성경 언어, 상황 분석, 문화에 대한 지식과 같은 성경 해석의 도구들 역시 매우 소중한 것들입니다.

그러나 정확한 성경 해석에 자신을 헌신했다는 훌륭한 이들의 해결책들을 보십시오. 고심 끝에 얻은 결론이라는 그들 나름대로의 해석이, 다른 사람은 차치하고 동료 학자들부터 혼란에 빠뜨리는 경우가 종종 있습니다. 그러니 근심에 빠진 부모, 상처받은 배우자, 고질적으로 우울증에 시달리는 사람, 자신을 증오하는 폭식가들이 긴급한 내면의 문제를 가지고 성경 해석가를 찾아간들 거기서 무슨 도움을 얻을 수 있겠습니까!

분명 뭔가 잘못되어 있습니다. 참된 신학이라면 본질상 그것들은 모두 철저히 실제적이게 마련입니다. 성경을 학문적으로 연구하는 것과 실제적인 경건한 삶을 위해서 연구하는 것 사이에는 타당한 구분점이 절대 존재할 수 없습니다. 서로가 불가분의 관계를 맺고 있는 것입니다. 하나님의 진리는 언제나 지적으로 받아들일 만하고, 영적으로 부요한 삶을 가져다 주며, 실제적 적용이 가능합니다. 진리는 개인의 삶에 영향을 미칩니다. 진리는 늘 살아 움직이는 것이어서 우리를 보다 깊은 관계 속으로 이끌어 줍니다. 우리의 대화 속에 이러한 살아 움직이는 모습이 빠져 있다면 그것은 아직 진리를 제대로 이해하지 못했기 때문입니다.

그러나 신학적인 넓이가 영적 깊이나 관계의 성숙을 보장해 주는 것은 아닙니다. 성경 원어와 문화적 상황에 바탕을 둔 해석 능력을 습득했다고 해서 그것이 성도의 안타까운 필요에 대응해 줄 만한 목회자가 되게 한다는 보장은 없습니다. 오늘날 학적인 것과 실제적인 것 사이에는 정로를 벗어난 분리 현상이 나타나고 있습니다.

심리학자들이 인간 정서 장애의 뿌리가 죄라는 사실을 깨닫지 못하고, 또 신학자들이 학문과 실생활을 계속해서 분리한다고 가정해 보십시오. 사람들은 자신을 잠 못 이루게 하는 문제의 해답이 과연 있을까 의아해 할 것입니다. 혼란 속에서 인도해 주지 못하니 심리학에서도 답을 찾을 수 없고, 설교가는 하나님의 진리보다는 개인 지식만 늘어놓기 일쑤니 그에게서도 답을 찾을 수 없습니다. 그쯤 되면 문제를 가진 사람은 초자연적인 실체 대신 값싼 흥분을, 영원한 변화 대신 즉각적인 구제책을 찾음으로써 대충 문제를 해결하려는 유혹에 빠질 수밖에 없습니다. 그 결과 오늘날 수많은 사람들이 주님을 의지한다는 것의 의미를 그저 피상적이고 왜곡된 이미지로만 가지게 되었습니다. 안연한 신뢰의 자리에는 감정적 흥분 추구가 들어섰고, 사람들은 훈련된 인내보다는 기분에 들뜬 열광을 좇게 되었습니다. 한편 그리스도인들도 판에 박힌 의식(儀式) 속에 젖어들게 되었는데 '의식'이라는 게 자기 만족이나 외적인 동조를 위한 것일 뿐 그보다 나을 게 없습니다.

목회자나 그 밖에 그리스도인 지도자들도 보통 그리스도인들처럼 눈이 멀어 있습니다. 심리학도 신학도 그들에게는 거의 도움이 되지 못합니다. 심리학은 휴머니즘적인 사고에 오염되어 있고 신학은 답답하리만치 현실 적용력이 없기 때문입니다. 그러니 성경적인 듯하나 실은 그렇지 않은 전혀 쓸모 없는 생각들을 이들 역시 때에 따라 할 수 없이 받아들이고 있는 형편입니다. 어떻게든 다른 사람들을 돕겠다는 의도에서입니다.

이들은 사람들에게 죄를 자백하고 회개하여 하나님 뜻에 순종하라고 열변을 토합니다. 물론 좋은 일이고 올바른 일입니다. 그러나 듣는 이들은 도대체 어떤 죄를 자백해야 하는지, 어떤 행동을 바꾸는 게 도움이 될지, 또 어떻게 도움이 된다는 말인지 전혀 모른 채 마음만 혼란스러워집니다. 실은 이렇게 권면하는 그들 자신도 이것이 어떻게 문제를 해결해 주는지 제대로 모릅니다. 더러는 더 힘껏 목청을 높임으로써 자신의 불확실한 마음을 감추는 이들도 있습니다.

예레미야는 당시의 얄팍한 종교 지도자들을 엄히 꾸짖고 있습니다. 그들은 백성이 중병에 시달리고 있는데도 그저 가벼운 상처 정도로만 여기고 만사 형통을 장담했습니다. 미확인된 질병의 근원을 파헤치지 못하는 처방은 참으로 해로운 것일 수 있습니다. 치명적인 중병 앞에서도 평안과 건강만 약속한 채 치료는 아예 딴전으로 돌려 버릴 수 있기 때문입니다.

나는 지금 단순한 해결을 주장하고 있습니다. 그렇다고 믿음이니 사랑이니 하는 그럴듯한 말을 앞세우는 얄팍한 치료자가 되고 싶다거나, 표면의 변화만 부르짖는 단순 지상주의(單純至上主義) 상담가가 되고 싶은 마음은 추호도 없습니다. 인간 문제의 복잡성, 그리고 인간의 성장에는 시간과 고통이 따른다는 사실을 거의 무시하는 그런 종류의 그리스도인 상담과는 어떠한 관계도 맺고 싶지 않습니다. 또한 성경 하나만으로 다 된다는 주장을 앞세우면서 말씀을 오해하는 오류를 범하고 싶지도 않습니다. 말씀을 '지극히 주관적으로 일종의 우화로 해석함으로써' 공상에 빠지기를 원치도 않고, '해석을 위한 해석의 소심증에 빠져' 삶과는 무관한 사소한 세부 사항들만 자꾸 부풀리는 사람이 되기도 싫습니다.

이 책을 쓰는 나의 의도는 여기 있습니다. 얄팍함이나 현실과의 유리에 빠지지 않으면서도, 예수 그리스도께서 길이요 진리요 생명이시라는 단순하지만 아주 근본적인 사실을 받아들일 수 있도록 기초를 놓는 것입니다. 이 목표를 달성하기 위해서는 심리 장애라는 것이 하나님을 등진 삶의 추구에서 비롯된 죄성의 결과라는 사실을 반드시 짚고 넘어가야 합니다. 한 걸음 더 나아가 성경에 올바로 접근하는 법도 알아야 합니다. 성경에 올바로 접근할 때 우리는 성경을 정확하게 이해할 수 있으며, 우리의 삶이 그 진리로부터 직접 영향을 받게 됩니다. 나아가 정서 장애의 개념 정리와 치유에 가장 적합한 것이 성경의 진리라는 사실을 알고 그 적용에 대해서도 숙고하게 될 것입니다.

나는 성경적 상담이란 본질적으로 다음 세 가지 가정에서 출발한다고 생각합니다.

첫째, 올바로 접근하기만 한다면 성경은 상담가의 모든 질문에 대한 해답의 기본 틀을 제시하기에 충분한 책입니다.

둘째, 모든 심리 문제, 즉 기질에 관계되지 않은 문제의 본질적 해결에 결코 없어서는 안될 자원들은 그리스도와의 관계를 통해서 얻을 수 있습니다.

셋째, 하나님은 인생 문제들에 대한 당신의 답을 이해하고 또 이해한 그대로 살아갈 수 있는 장(場)으로서, 성경적인 관계 안에서 함께 살아갈 하나님 백성의 공동체를 주셨습니다.

이 책은 위의 세 가지 중심 개념을 주로 다루고 있습니다. 1부에서는 모든 상담 문제에 대한 성경의 충족성을 다루었고, 2부에서는 인간과 인간의 문제를 보는 성경적 견해를 제시했습니다. 이 견해를 통해 우리는 상담의 모든 해답에 왜 그리스도가 반드시 필요한지 분명히 알게 될 것입니다. 3부에서는 인간 성품의 본질적인 변화 과정을 살펴봄과 동시에, 성경적인 공동체가 이러한 변화를 일으키는 이상적인 상황의 기능을 할 수 있는지 다루었습니다.

1부
성경의 충족성

1. 무엇을 믿어야 할지 어떻게 아는가?
2. 성경은 인간이 자기를 믿는 것을 경계한다
3. 성경은 인간의 모든 문제에 충실하게 답변하는가?
4. 성경은 인간의 진정한 관계와 삶에 대한 완전한 지침서

1
무엇을 믿어야 할지 어떻게 아는가?

"당신의 문제는 성경적인 상담만 가지고는 안되겠습니다. 제가 다루기에는 너무나 깊은 문제인 것 같습니다. 당신이 지금껏 묻어 두었던 감정의 뿌리를 완전히 파헤쳐 줄 전문 상담가를 찾아가시는 게 좋을 듯싶습니다." 최근 어떤 목사가 문제를 가지고 찾아온 젊은 여인에게 했던 말입니다.

이 목사는 내담자에게 프라이멀 치료 요법(primal therapy)을 실시하는 전문 심리학자를 소개시켜 주었습니다. 프라이멀 치료 요법은 어린 시절의 잊혀진 외상(外傷) 체험을 감정적으로 재체험케 함으로써 심층 문제를 처리하는 치료법을 말합니다.

아내에게 거부당하여 우울증에 빠진 남편을 '분노 경감 요법' 치료자에게 의뢰한 목사도 있습니다. 이 목사는 정신 치료 이론에 대한 약간의 지식에 근거하여, 이 사람의 우울의 밑바닥에 끓어오르는 분노가 있으며 따라서 그 분노를 경감시켜 주는 상담이 도움이 되리라고 생각했던 것입니다.

여러 차례 그룹 상담을 통해 분노 경감 치료를 받고 나자, 이 남편은 이전의 감추어진 분노에 대해 아주 새롭게 깨달았을 뿐만 아니라 그 분노를 다른 사람에게 있는 그대로 (어떤 때는 노골적으로) 표현할 수 있는 새로운 능력까지 생겼노라고 고백했습니다. 우울증은 말끔히 사라졌습니다.

내담자에게 이른바 '부모 재경험 요법'을 사용하는 상담가도 있습니다. 즉 상담가가 자애로운 부모 역할을 함으로써 내담자로 하여금 그에게 완전히 의존적인 상태가 되도록 격려하는 요법입니다. 이 요법의 골자는 이렇습니다. 전혀 눈치 볼 필요 없는 아주 편안한 상태로 누군가의 사랑 안에서 쉴 때, 바로 그때 사람은 인생의 도전을 맞닥뜨릴 힘이 생겨난다는 것입니다. 이 요법에 관한 책들은 이러한 부모 재경험을 원하는 상처받은 이들 이야기로 가득 차 있습니다.

문제 해결과 보다 건강한 삶을 돕기 위한 접근법들은 이렇게 많은데 우리는 이 접근법들을 어떻게 평가해야 합니까? 가족 체계 치료법(family systems therapy), 게슈탈트 이론, 합리적 정서 치료, 인지 행동 치료, 역동적 심리 치료, 아들러(Alfred Adler)의 상담 이론, 영적인 구마(deliverance, 救魔), 사랑 치료(love therapy), 집단 감수성 훈련(encounter groups), 지시적 치료, 현실 치료(reality therapy) 등등 종류는 얼마든지 있습니다.

세상 사회든 그리스도인 공동체든 요즘은 성장과 온전함이라는 개념에 대해 많이 생각하고 있습니다. 인간이란 어떤 존재이며 문제는 어떻게 생겨나고 변화가 어떻게 일어날 수 있는가 등에 대해 하나같이 다 자기 쪽 설명이 신빙성 있다고 주장합니다. 이렇게 노도처럼 난무하는 개념들 속에서 분명한 방향 감각을 가지고 앞으로 나아가기 위해서는 무엇을 믿어야 할지 결정하는 전략이 분명히 서 있어야 합니다. 우리가 알고 싶은 것은 효과 좋은 길이 아닙니다. 물론 효과 좋은 길도 알아야겠지만, 그리스도인으로서 더 알고 싶은 것은 무엇이 진실되고 올바른 길이냐 하는 것입니다.

어떤 상담 모델을 받아들일 것인지 말 것인지 결정할 때, 그 모델을 사용함으로써 나타나는 결과만 그 결정의 근거로 삼아서는 안됩니다. 그보다는 먼저, 어떤 개념이 진실된 것이며 사람을 궁극의 선(善)으로 이끌어 주는 것인지에 관심을 기울여야 합니다. 얼마나 효과가 있느냐 하는 것도 중요한 문제입니다. 그러나 그것은 적확성과 진실성을 따지고 난 뒤의 문제입니다. 그렇다면 옳고 진실되며 효과적인 것을 어떻게 규정해야 합니까?

* * *

자신이 받아들일 개념을 결정함에 있어서 과학자들은 일반 사람들과는 다른 기준을 사용합니다. 전문 잡지에 글을 실을 때 심리학자들은 자기가 선보이는 개념을 뒷받침해 줄 만한 연구 결과를 반드시 제시해야 합니다. 연구가 정확할수록 결론의 신빙성은 더 높아집니다. 심리학이 하나의 독립 과학으로 자리잡게 된 지난 반세기 동안, 아니 그 이상을 심리학은 실험적 접근을 통하여 진리를 탐구해 왔습니다. 내용이야 어찌 되었던 관찰할 수 있는 사실들만이 받아들여졌고, 자료의 뒷받침이 없는 이론은 가차없이 버림받고 말았습니다.

그러나 어느 시기 이후 심리학은 경험 있는 이들의 뛰어난 통찰을 조심스레 귀담아듣기 시작했습니다. 상담이나 정신 치료 같은 응용 분야에서 특히 그랬습니다. 이들은 자신의 임상 사무실에서 경험한 바를 깊이 연구하면서 그것을 기초로 일관성 있는 이론 체계들을 개발해 냈습니다. 프로이드나 아들러, 융(Carl Gustav Jung)과 같은 정신 분석가들이 내놓은 이론과 좀더 최근으로 와서 엘리스(Ellis)나 펄즈

(Frederick S. Perls)나 매슬로우 같은 심리학자의 이론은 연구 자료의 엄격성에 있어서는 큰 지지를 받지 못하고 있습니다. 그럼에도 불구하고 그런 이론들은 인간 행동을 아주 탁월하게 설명하고 있으며 사람을 돕는 일에 있어서도 매우 유용한 방법을 제시해 줍니다. 그러므로 이제 사람들과의 광범위한 실제 경험에다 통찰력 있는 사고가 겸해질 때, 그 역시 많은 사람들에 의해 진리를 탐구하는 온당한 방법으로 받아들여지고 있습니다.

관찰된 자료나 신중한 통찰이 없는데도 어떤 창의적인 사람으로부터 탁월한 개념이 불쑥 튀어나오는 경우가 종종 있습니다. 그러면 사람들은 무턱대고 그 주위에 우르르 모여듭니다. 어딘가 '옳은 것처럼' 보이기 때문입니다. 또 정말로 잘 맞아 들어갑니다. 느낌도 괜찮고 사람들에게 분명히 도움이 되는 것이라 생각됩니다. 아주 극적인 도움을 주는 경우도 꽤 있습니다. 워너 어하드(Werner Erhard)의 에스트(est: Erhard Seminers Training[심신 통일 훈련])나 일부 명상 기법들이 이 범주에 속한다고 볼 수 있겠습니다. 이 개념에 일단 발을 들여놓은 사람은 그 누구도 증거를 묻지 않습니다. 증거가 전혀 불필요한 것처럼 보입니다. 직관적으로 볼 때 옳아 보인다는 이유 하나만으로 아무 생각 없이 그냥 받아들이는 것입니다.

그리스도인 상담가들은 무엇을 믿어야 할지 결정할 때 이와는 전혀 다르게 접근합니다. 연구 결과나 임상 경험 또는 치밀하게 짜여진 논리에 의존하여 자신이 선호하는 가정들을 변호하는 이들도 있기는 하지만, 대개는 성경에 비추어 자신의 개념을 정직하게 평가합니다. 그리하여 자신의 견해가 성경이 가르치는 바와 같다면 그 신빙성을 주장하고, 위배된다면 그 개념은 거부합니다.

이 장 처음에 언급했던 내담자 여인은 프라이멀 치료자에게 그 시행 방법이 성경적인 것이냐고 물어 보았습니다. "과거의 고통으로 돌아가 그것을 다시 경험하는 법을 배운다는 것은 '뒤에 있는 것은 잊어버린다'고 말한 성경의 견해와는 초점을 달리하는 것이 아닐까요?"

프라이멀 치료자의 방식이 바울의 깊은 가르침에 위배되는 것은 아닌지 알고 싶어서 던진 질문이었습니다. 그러나 치료자는 내담자가 인용한 성경 말씀은 쳐다보지도 않고 대답했습니다. "첫째, 신경학(神經學) 연구를 통해 인간의 뇌에 억압된 정서를 저장해 두는 기능이 있다는 사실이 밝혀졌습니다. 둘째, 프라이멀 치료 요법 이론에 따르면 해소되지 않은 과거의 감정들은 현재의 정상적인 기능을 방해합니다. 셋째, 목회 상담으로 도움을 받지 못한 많은 이들이 이 방법을 통해 문제를 해결하게 되었다고 보고해 왔습니다." 이런 설득력 있는 주장으로 그는 자기 방식만을 변호했습니다.

분노 경감 치료자나 부모 재경험 상담가 역시 자신의 이론들에 대해서 비슷한 주장을 했을 뿐만 아니라, 자신의 개념들과 일치하는 몇 가지 성경 개념들을 언급하기까지 했습니다. "물론 우리가 하는 모든 것의 신빙성을 성경의 특정 구절을 인용함으로써 입증할 수는 없습니다. 하지만 우리는 성경이 상담 교과서로 이용되라고 만들어진 것이 아니라는 사실을 이해해야만 합니다. 그것은 성경이 의사들의 수술 지침서로 만들어지지 않은 것과 마찬가지입니다. 우리는 심리학의 사고와 연구로부터 개념을 끌어오되, 그것이 성경의 가르침에 어긋나지 않도록 조심해야 합니다. 우리는 성경을 하나님의 말씀으로 높여야 한다는 사실을 믿습니다."

상담에 관해 도대체 무엇을 믿어야 할지 바로 안다는 것은 결코 간단한 문제가 아닙니다. 그리스도인으로서의 헌신을 양보하지 않고도 받아들일 수 있는 개념과 방법이 무엇인지를 결정할 때 반드시 짚고 넘어가야 할 두 가지 핵심 사항이 있습니다.

첫째는 '성경의 권위'입니다. 성경이 절대 권위이신 하나님의 자기

계시라는 사실을 믿는 그리스도인들은 성경이 거부한다면 그 어떤 것도 받아들이지 않습니다. 그들은 성경의 권위 아래서 살기를 원합니다. 그러나 거기에는 몇 가지 풀기 어려운 복잡한 문제가 따릅니다. 예를 들어, 성경이 무엇을 인정하고 무엇을 부정하는지 어떻게 확신할 수 있습니까? 경건한 상담가들은 상담 이론 및 실제에 대해 부정적인 많은 신학 이론에 반대 입장을 보입니다. 상담가라면 반드시 해야 하는 질문 가운데는, 세상 심리학에는 명백히 언급되어 있는데 성경에는 언급되지 않은 것들도 있습니다. 성경의 권위에 온전히 헌신하면서도 세상 심리학의 연구 결과들을 공부하는 것이 바람직한 행동입니까? 만일 그렇다면, 세상 연구와 이론으로부터 도움을 얻으면서도 맥퀼킨(McQuilkin)이 적절히 표현한 '행동 과학을 주관하는 성경의 기능적 권위'[1]를 고수할 수 있는 길은 무엇입니까?

둘째는 '성경의 충족성'입니다. 상담 현장에 있다 보면 당황할 수밖에 없는 문제들을 수없이 만나게 됩니다. 그런 갖가지 문제를 접하는 상담가의 지침서로 성경은 과연 충분합니까? 노출증 환자, 식욕 부진 내담자를 대하는 데 필요한 도움을 창세기와 요한계시록 사이의 어딘가에서 정말 찾을 수 있습니까? 아니면 성경은 본래 그런 문제들에 대해서는 충족한 책이 아닙니까? 어쩌면 우리는 성경의 권위는 그것이 다루는 주제에만 해당되는 것이라서 구원이나 회개, 영원한 소망과 같은 영적인 부분에서나 충족한 책이지 상담가들이 안고 있는 많은 당면 과제들은 그 범주에서 벗어난다고 생각해야만 할지도 모릅니다. 일단 그런 입장을 취하게 되면 우리는 성경의 권위를 침해하거나 그 본연의

---

1. J. Robertson McQuilkin, *The Behavioral Sciences Under the Authority of Scripture* (1975년 12월 30일, 미시시피 주 잭슨의 Evangelical Theological Society에서 읽혀졌던 논문).

충족성을 부인하지 않는 범위 내에서, 성경이 전혀 언급하고 있지 않는 영역들을 다루는 다른 도움 자원을 찾아 나서게 될 것입니다.

그러나 한번 상상해 보십시오. 여기 어떤 사람이, 지금 내가 그렇듯이 다음과 같은 사실을 주장하고 싶어합니다. 성경은 상담가의 문제를 해결할 수 있는 광범위한 기본 틀을 제시하기 때문에 이 분야에 있어서도 성경의 권위는 명실상부한 것이라고 말입니다. 이제 그는 성경의 권위가 뜻하는 바가 무엇인지를 정의하고 성경의 충족성을 증명해 보이라는 짐을 어깨에 짊어지게 됩니다. 그것이 바로 내가 1부에서 말하려는 바입니다.

이 장의 나머지 부분과 다음 장을 통해서 나는 우리가 개발하고 옹호하는 상담 개념의 기초는 반드시 성경이어야만 한다는 사실을 얘기하려 합니다. 3장에서는 이렇게 성경을 의존한다는 가정하에 한 걸음 더 깊이 들어가, 모든 상담 이론들을 성경의 빛에 비추어 평가해 볼 책임이 우리에게 있다는 사실을 얘기할 것입니다. 상담 모델이란 단순히 성경과의 일치점 몇 군데를 보이는 수준에서 만족할 수 없습니다. 나는 그렇게 생각합니다. 몇 군데가 아니라 모두가 성경으로부터 나와야만 합니다.

4장에서는 성경의 충족성이라는 난해한 주제에 대해 살펴볼 것입니다. 성경을 기록한 이들 중 편집증이나 이상 식욕증에 대해 기록하려 했던 사람은 단 한 사람도 없는데, 도대체 어떻게 성경으로부터 그런 문제에 대한 지혜를 얻을 수 있다는 말입니까? 기존에 받아들여졌던 성경 해석 원리들을 무시해 가면서까지 상담가의 질문에 대한 있지도 않은 답을 '찾아내야만' 합니까? 아니면 과연 성경 안에 인간의 모든 문제들에 대한 이해의 기본 틀이 제시되어 있다고 보는 것이 바람직한 일입니까?

그럼 먼저 상담 분야에 대한 성경의 권위 문제부터 살펴보기로 하겠습니다.

지식을 얻는 네 가지 방법

상담 개념들의 평가 기준을 정할 때에는, 우선 어떤 대상을 놓고 그 대상에 대한 여러 의견들을 습득하는 방법으로 어떤 것들이 있는지부터 살펴보아야 합니다. 고금의 철학자들은 사람이 지식을 습득하는 방법에는 네 가지가 있다고 말했습니다. 직관, 이성, 경험 그리고 계시입니다. 지금부터 이것들을 하나하나 간단히 살펴보려고 합니다. 자세히 다룬다면 아마 따로 몇 권의 책을 써야 할 것입니다. 만약 여기에 '계시'라는 기준과 기반이 없다면 다른 세 가지 길을 통해 지식을 습득했다 하더라도 그것은 상담가가 지침으로 삼기에는 늘 부족한 것이 될 것입니다. 이 사실을 분명히 해두고 싶습니다.

직관

어떤 특정한 입장이 사실이라는 것을 "그냥 알게 되었다"고 말하는 경우가 있습니다. 바로 직관에 의존하고 있는 경우입니다. 이렇듯 어떤 개념이 너무나 분명하고 정확하게 머리 속에 탁 떠오를 때가 있습니다. 그 개념이 사실이라는 것은 굳이 어떤 증거나 이론을 가져다가 입증해 보일 필요조차도 없어 보입니다. 직관이란 지식 습득의 한 길로써, 거기엔 오직 주관적인 확신만 필요할 뿐 그 신념을 정당화해 줄 만한 합리적인 근거나 외적인 증거는 일체 필요 없습니다.

직관의 뿌리가 무엇이냐 하는 것은 복잡한 문제입니다. 존 칼빈(John Calvin)은 인간이 갖고 있는 개념들 중에는 모든 인간이 똑같이 믿고 있는, 원래부터 주어진 개념이 있다고 말했습니다. 그는 그것을 하나님께서 인간에게 부여하신 인간성(humanness)의 한 부분이라고 보았습니다. 그런가 하면 직관이란 다년간의 경험과 사고의 산물에 지나지 않는다고 말하는 이들도 있습니다. 그런 경험과 사고가 어느 한 순간 '한곳에 모이게 될 때' 인간은 지식을 깨닫게 된다고 그들은 말합니다. 배경이야 어찌 됐든 직관이란 인간의 마음속에서 어떤 생각이 확신 있게 튀어나오는 과정이라 할 수 있습니다. 그때의 확신은 외적인 자료에 기반을 둔 것이 아니라 어딘지 확실치 않은 내적인 근원으로부터 오는 것입니다.

미리 생각해 둔 계획 없이 상담에 들어가게 될 경우 상담가는 직관에 의존합니다. 내담자와의 믿음을 통해서 상담 진행 방향의 '감이 잡히기를' 기대하는 것입니다. 흔히들 전문 치료라 부르는 것의 상당 부분이 너무나 모호한 일반적인 이론을 따르고 있지 않나 생각되는데, 그런 이론들이 말하는 상담 과정이 대부분 이 직관에 의존하고 있습니다. 목회 상담의 상당 부분 역시 예외는 아닙니다.

직관을 지나치게 의존하는 것은 지양해야 할 일입니다. 분명한 이유가 있습니다. 어떤 대상에 대한 지식 습득이 인식 가능한 양식(pattern)을 전혀 무시한 채 이루어진다고 할 때 그 지식은 완전히 예측 불가능하며 그때 우리가 할 수 있는 최선은 저절로 그런 '감'이 떠오르기를 기다리는 일밖에는 없습니다.

그러나 상담가가 다루는 대상은 사람입니다. 물론 사람에게는 알 수 없는 영역과 예측 불가능한 영역이 많이 있지만 사람들의 생활 양식을 충분히 설명해 줄 수 있는 과정 및 원리는 분명히 존재합니다. 그리고 우리는 그런 원리를 알아낼 수 있습니다. 사람은 결코 '저절로' 되는 존재가 아닙니다. 자기를 과시하고 싶은 욕구, 특정 상황에서 느끼는 고통스러운 감정들, 이런 것들은 결코 저절로 생겨나는 것이 아닙니다. 거기에는 반드시 인식 가능한 배경과 원인이 있습니다. 사람이 선택하고 생각하고 느끼고 갈망하는 방식들을 잘 살펴보면 적어도 부분적으로는 이해가 가능하며 체계화가 가능한 것들임을 알 수 있습니다. 그러므로 우리는 사람을 이해하는 과정에서 능히 직관의 범주를 넘을 수 있습니다. 물론 직관이 여전히 한 부분을 차지하지만 말입니다.

이성

흔히들 마음은 인성(personality)의 중심이요 인간과 동물을 가장 명확하게 구분지어 주는 요소라고 말합니다. 아리스토텔레스는 인간의 마음에는 자연 세계와 초자연 세계를 연결시키는 능력이 있다고 말했습니다. 토마스 아퀴나스는 전통적인 로마 가톨릭의 입장을 받아들여, 인간이 죄를 지어 타락할 때에도 마음만큼은 영향받지 않는다고 생각했습니다. 우리가 죄성을 가진 존재임에도 불구하고 사고 능력은 전혀 타락하지 않은 처음 상태일 수 있다는 것입니다. 그가 주장한 자연 신학(natural theology)은 바로 이런 전제를 바탕으로 하고 있습니다. 요컨대 인간은 이성을 통해 능히 하나님을 알 수 있다는 신학입니다.

지식이 계속 진보해 가면서 인간의 마음은 그 지식을 터득하는 최상의 도구로서 점점 더 중요하게 취급되었습니다. 하나님이든 자연이든 인간이든, 우리가 알고자 하는 바가 무엇이든 마찬가지였습니다. 이렇게 마음을 숭배하는 데서 생겨난 것이 이른바 이성주의입니다. 아무 도움 없이, 이성만으로 모든 진리를 깨달을 수 있다는 주의입니다.

이성주의와 이성의 적절한 사용은 다른 것입니다. 이것을 구별하는 일은 중요합니다. 무엇이든 본질적으로 비이성적이어야만 옳은 개념으로 받아들인다면 그 사람은 신비주의자입니다. 이런 신비주의자 외에는 아무도 이성의 명확한 기능 없이 진리를 깨달으려고 하지 않을 것입니다. 인간이 신념을 형성하는 과정에서 이성은 분명 중요한 역할을 차지합니다.

그러나 이성주의자들은 이보다 더 깊이 들어갑니다. 그들에게는 이성 외에는 아무런 권위도 없습니다. 이들은 단순히 사물을 타당성 있게 이해하는 것으로 만족하지 못합니다. 자기들 논리의 틀에 들어맞으면 받아들이지만 그렇지 않은 경우에는 가차없이 내칩니다. 올바른 인간 이해 모델은 이성의 한계를 반드시 인정해야만 한다는 사실을 그들은 전면 거부합니다.

이성주의에 빠지면 곧바로 심각한 문제에 봉착하게 됩니다. 여기 이성주의자들이 반대하는 견해가 있다고 합시다. 사상가 몇 명이 나와 그 견해가 이성적인 것이라 주장한다면 어떻게 해야 합니까? 상대방은 자기 생각이 옳다고 믿고 있는데, 나는 내 생각이 진리라고 주장합니다. 단지 내가 그렇게 생각한다는 것 자체가 이유라면 참 어리석은 일입니다. 이때 문제를 해결해 줄 수 있는 유일한 중재자가 곧 이성입니다. 그런데 양쪽 다 이성이 자기 편에 있다고 주장합니다. 결국 내 입장이 옳다는 것을 증명하기 위해서는 내 이성이 상대의 이성보다 더 훌륭하다는 것을 보여 주어야 합니다. 그것이 내가 할 수 있는 최선이라 생각합니다. 그러면서 '언젠가는 상대방도 이 사실을 깨달을 수 있을 만큼 똑똑해질 거야' 하고 생각합니다.

나는 인간의 마음은 최종 중재자 역할을 감당할 자격이 없다고 생각합니다. 무엇이 이성적인가에 대해서는 저마다 생각이 다릅니다. 때로는 왠지 이게 더 맞을 '것 같다'는 이유만으로 이성적인 주장을 거부하기도 합니다. 순수한 이성만을 무기로 하여 감정에 치우친 어떤 주장을 꺾어 보려 했던 경험이 있는 사람이라면, 그런 상황에서 이성이 얼마나 쓸데없는 것인지 잘 알 것입니다. 인간이 개념과 확신을 형성하는 데에는 논리 이상의 무엇인가가 작용하는 것입니다.

경험

지식을 얻는 길로써 또 하나 잘 알려져 있는 것은 경험이 최고의 선생이라고 하는 주장입니다. 직관은 너무 주관적이고 이성주의는 화합할 수 없는 의견 차이를 유발합니다. 우리에게는 감정과 사고 바깥에 있으면서 감정과 사고 둘 다 다스릴 수 있는 어떤 권위가 필요합니다. 경험주의란 관찰과 측정이 가능한 확실한 경험 자료가 바로 그 권위의 역할을 해준다고 믿는 인식론입니다.

누가 어떤 개념을 내놓고 그것이 사실이라 주장하면 경험주의자는 이렇게 소리칩니다. "그것을 입증해 보시오. 증거는 어디 있습니까?" 예를 들어 한 가정 문제 상담가가 "아이가 말을 안 들을 때는 부모는 매를 들어야 합니다"라고 말했다면, 경험주의자는 선택된 측정 기준에 비추어서 매맞은 아이가 맞지 않은 아이보다 더 나아진다는 사실을 입증하는 자료를 보여 달라고 할 것입니다.

이때 직관주의자는 "그냥 그렇게 하는 편이 맞을 것 같습니다"라고 말합니다. 이성주의자는 "아이는 벌받을 일을 점점 적게 할 테니까 논리적으로 맞는 말입니다" 합니다.

"성경이 매를 들어 교정할 것을 가르치고 있습니다." 이것은 그리스도인의 주장입니다.

그러나 경험주의자는 이 세 가지 대답 중 어떤 것으로도 만족할 수 없습니다. 매질을 하지 않을 때는 나타나지 않던 결과가 매질을 함으로써 나타나게 된다는 연구 자료를 보기 전까지는, 그는 결코 이 문제를 해결된 것으로 간주하지 않을 것입니다.

중요한 사실이 있습니다. 우리들 대부분이 이러한 경험주의에 입각하여 살아가고 있다는 것입니다. 이것은 자신도 모르는 사이에 일어나지만 매우 일관성 있는 현상입니다. "이렇게 해보았더니 효과가 나타나더라"는 식의 간증을 들을 때마다, 모두들 나도 그렇게 해봐야겠다는 생각을 자연히 하게 마련입니다. 정치가는 한 번 시도하여 실패한 정책은 반대합니다. 소위 '입증된' 판매 전략이라는 것은 곧 이전의 사용 결과에 의해 입증되었다는 말입니다.

한 그리스도인 지도자가 생각납니다. 사람들로부터 존경을 받고 그 사역 또한 영향력 있는 사람이었습니다. 누군가 그에게 그러한 사역의 원천이 무엇이냐고 묻자 그가 대답했습니다. "지난 50년 동안 나는 적어도 매일 한 시간씩 기도하고 성경 읽는 데 시간을 보냈습니다. 나의 능력은 전부 거기서 비롯됩니다." 이런 말을 들으면 많은 사람들이, 나도 저분처럼 하루 한 시간씩 기도하고 성경을 읽는다면 큰 능력을 얻겠구나 하는 생각에 빠집니다. 이런 주장은 경험직입니다. 경험의 호소를 통해 사람을 움직이고 있는 것입니다.

그러나 경험주의에는 한계가 있습니다. 첫째, 경험주의자가 할 수 있는 최선은 주어진 자료를 보고하고 거기서 일반화가 가능한 유형들을 찾아내는 일뿐입니다. 그는 나타나는 현상만 말할 수 있을 뿐, 무엇을 어떻게 하는 것이 옳은지는 결코 말해 주지 못합니다. 경험주의는 절대로 도덕적인 진리를 터득하는 길이 될 수 없습니다. 경험주의가 할 수 있는 일은 현상 묘사일 뿐, 처방은 그 영역 바깥의 일입니다.

둘째, 경험주의자는 결코 그 어떤 것도 확신을 가지고 말할 수 없습니다. 그가 주장할 수 있는 것은 고작 현실에 대한 특정한 가정들을 지지해 주는 자료 안에 나타난 규칙성에 지나지 않습니다(이런 주장의 자세만큼은 그리스도인이 배워야 할 소중한 자세입니다). 그러나 모든 자료 또는 가능한 자료들을 모두 관찰한 사람은 아무도 없습니다. 나는 강물이 갈라지고 그 사이로 마른 땅이 생기는 현상을 한 번도 본 적은 없지만, 그렇다고 그 일이 일어나지 않았다거나 일어나지 않으리라고 말할 수는 없습니다. 다만 내가 할 수 있는 말은 그 일이 일어나는 것을 직접 본 일이 없다는 것뿐입니다.

경험주의는 개연성은 이리저리 재 볼 수 있겠지만 확실성은 보장할 수 없습니다. 다른 말로 표현해 보겠습니다. 경험주의는 우리 행동의 실용적인 근거 역할은 할 수 있지만(예를 들어 '강물이 갈라지기를 기도하기보다는 강물을 건널 수 있는 다리가 있는지 찾아보는 편이 좋을 것 같다'), 궁극적인 명제(예를 들어 '하나님은 존재하시는 분이며 언제든 마음만 먹으면 강물을 가르실 수 있는 분이다')의 진실성 여부를 밝혀 낼 수는 없습니다.

셋째, 경험주의는 그 범위가 볼 수 있는 것에 제한됩니다. 경험주의의 모든 기초는 관찰 가능한 자료이며, 그로 인하여 경험주의자가 할 수 있는 이야기는 심각하게 제약을 받습니다. 눈에 보이는 차원으로 쉽게 격하될 수 없는 실체들은 얼마든지 많습니다. 사랑, 의미, 기쁨, 슬픔, 공의 등은 그 중 몇 가지 예에 지나지 않습니다. 경험주의자가 이런 종류의 실체들을 연구하려 한다면, 그는 자신의 관찰 가능한 증거라는 관점에서 이런 것들을 재정의해야만 합니다. 그러나 머지않아 그는 이런 실체들이 조금씩 조금씩 빠져 나간다는 사실을 발견하게 됩니다. 만일 아내를 향한 남편의 사랑을 입맞춤이나 칭찬의 횟수로 측정한다면, 그 방식을 좋아할 사람은 거의 없을 것입니다. 이처럼 경험주의자들이 눈에 보이지 않는 실체의 연구를 맡게 되면, 잡지 기사 거리 정도로나 쓰일 뿐 실제로는 하나도 중요하지 않은 결과나 만들어 내는 경우가 허다합니다.

* * *

여기까지만 본다면 무엇이 옳은지 결정하려는 우리의 노력은 한층 더 좌절에 부딪히게 됩니다. 뿌리 깊은 갈등을 해결하기 위해서 그리스도인들이 프라이멀 치료 요법을 실시해야 합니까? 이 문제에 대한 우리의 답은 무엇입니까?

　직관을 따르려면 주관적 확신이 생길 때까지 기다려야만 합니다. 그렇지만 과거를 돌아볼 때 사람들은 잘못된 것에도 '확신'을 갖곤 했습니다. 이성주의를 따르려면 사고를 철저히 하든지, 나보다 훌륭한 다른 이의 생각에 의존하든지 해야 합니다. 그러나 아무리 훌륭한 사상가라 할지라도 저마다 생각이 다 다릅니다. 경험주의를 따르려면 결과를 보아야 합니다. 프라이멀 치료 요법이 과거에 우울증을 치료한 적이 있었는지를 물어야 하는 것입니다. 그런데 자료는 우리를 헷갈리게 합니다. 상담 이론들치고 훌륭한 결과를 주장하지 않는 것은 없습니다. 그러나 어떠한 상담 이론도 그 이론이 오히려 해로운 결과를 낳았던 끔찍한 과거를 가지지 않은 것은 없습니다. 설사 결과가 나온다 해도, 그 결과들은 도덕적인 의미에서 건전한 것입니까? 경험주의는 이 문제에 답변할 수 없습니다.

　확신의 자리에 도달하기 위해서는, 중요한 질문에 대한 답을 터득하는 방법으로써 직관이나 이성주의 또는 경험주의가 아닌 다른 무엇이 필요합니다. 그것이 바로 남아 있는 한 가지, 계시입니다.

　다음 장에서는 지식의 참 기초가 되는 계시에 대해 알아본 뒤, 계시를 바탕으로 상담에 관한 질문들의 답을 찾고자 할 때 거기서 생겨나는 몇 가지 문제를 살펴보겠습니다.

2
성경은 인간이 자기를 믿는 것을 경계한다

만약 우리가 하나의 상담 모델, 특히 그리스도인이 확신을 가지고 사용할 수 있는 모델을 개발하는 데 따르는 필수 요건으로 계시를 받아들인다고 합시다. 그렇다면 우리는 먼저 그 말이 무슨 뜻인지 정확히 알아야 합니다. 하나님은 우리에게 진리를 어떻게 계시해 주셨습니까? 내담자를 돕기 위해 상담자가 알고 있어야 하는 것들을 하나님은 어디에 계시해 놓으셨습니까? 일단 어디에 계시되어 있는지 알고 난 뒤에는, 그 계시된 지식을 어떻게 얻어야 합니까?

계시라는 것은 그 개념 자체에 계시자가 존재한다는 사실이 내포되어 있습니다. 계시자란 자기가 알고 있는 사실을 최소한의 것이라도 다른 사람들에게 알려 주는 사람을 말합니다. 그리스도인들은 하나님이 계시다는 사실과 그분이 사고하시며 선택하시며 느끼시는 진정한 인격이라는 사실, 그리고 당신의 피조물들을 너무나 사랑하시기에 우리의 문제가 무엇이며 그 해결책은 어디 있는지 알려 주시는 분이라는 사실을 믿습니다.

대부분의 신학자들에 의하면, 오늘날 하나님은 크게 두 가지 수단을 통해 당신 자신을 우리에게 계시해 주신다고 말합니다. 바로 자연과 성경입니다. 우리는 자연을 일반 계시라 부릅니다. 일반 계시라는 용어 속에는 인간이 창조된 세계 질서를 관찰할 때 거기서 중요한 진리를 배울 수 있다는 사실이 잘 나타나 있습니다. 창조는 창조주가 존재할 때에만 설명이 가능합니다. 질서 정연한 창조물들을 볼 때 우리는 그것이 질서를 아는 자의 작품임을 느끼게 됩니다. 창조주는 지성을 가진 존재임에 틀림없습니다. 이 세상에 인격이 존재한다는 사실도 인격적인 창조주에 의해서만 설명이 가능합니다. 자연을 좀더 주의 깊게 관찰해 보면 그 속에 만물 운행의 일정한 규칙이 있음을 알게 되고, 인간의 질병을 더욱 효과적으로 치료하는 방법, 그리고 보다 훌륭한 건축법도 '발견하게' 됩니다. 이 세계에서 관찰할 수 있는 예측 가능한 인과 관계들이 있기에 과학은 그 존재 자체가 가능한 것입니다.

우리에게는 참된 삶을 살기 위해서 반드시 알아야 할 보다 구체적인 세부 사항들이 있습니다. 그런데 이것은 일반 계시를 과학적으로 연구하는 것만으로는 결코 발견할 수 없습니다. 따라서 하나님은 자연 계시를 초월하여 당신 자신을 계시해 주시는데, 이것을 우리는 신학 용어로 특별 계시라 부릅니다. 성경을 보면 하나님은 언어라는 것을 사용하여 우리 마음속에 말씀해 주십니다. 언어는 이성적으로 이해할 수 있는 대화의 매개체입니다. 우리가 할 일은 우리의 마음을 사용하여 그분의 말씀을 이해하는 것이며 또한 그 말씀에 우리의 의지를 순복하는 것입니다.

종종 우리는 자기가 하나님께서 내려 주신 하나님의 생각을 따라 산다고 이야기합니다. 곧 계시를 의존하여 산다는 말과 동일합니다. 오늘날 많은 이들이 하나님께서 자신에게 뭔가 계시해 주셨다고 주장합니다. 찬양 작사가나 상담가, 심지어 이단 종파 지도자들까지도 그렇게 주장합니다. 과연 이런 주장들이 정말 타당한 것인지 살피는 일은 또 하나의 긴급한 문제로 떠오릅니다. 우리 생각에 하나님께서 말씀하셨다고 하는 그것이 '정말 하나님께서 말씀하신' 것입니까? 어떤 그리스도인 상담가가 세상 심리학의 연구 결과를 근거로 자신의 견해를 피력하고 있다고 합시다. 그때 그는 하나님께서 당신의 세계에 대한 과학적 연구를 통해 당신을 계시해 주신 것이라고 주장할 수 있습니까? 아니면 성경 말씀에 대한 이해를 자기 상담 개념들의 최종 권위로 인정하는 상담가가 그보다 더 합당한 모습으로 계시를 의존하는 것입니까?

앞장에서 나는 계시가 빠진 직관, 이성, 경험은 그 가치를 상실하고 만다고 말했습니다. 인간의 진리 추구는 궁극적으로 하나님이 어떤 분이시며 또 그분이 어떤 일을 행하셨는지 알려는 노력의 일환이라 할 수 있습니다. 그러나 인간은 그 사실을 부인합니다. 그리고 계시를 저버립니다. 그때부터 인간의 진리 추구는 안내자 없이 미로를 헤매는 꼴이 되고 말았습니다. 계시의 기본은 하나님께서 존재하시는 것과 그분이 우리에게 말씀하시는 분이라는 사실입니다. 이것이야말로 우리 모든 사고의 전제요 배경이 되어야 합니다. 칼빈은 이것을 다음과 같이 표현했습니다.

노인이나 시력이 약한 사람들은 책을 읽어도 글자가 눈에 잘 들어오지 않지만 안경의 도움으로 밝히 볼 수 있다. 마찬가지로 하나님에 대한 개념들도 매우 혼탁해져 있지만 성경이 그것을 분명하게 해준다. 성경은 어둠을 몰아내고 참되신 하나님을 우리에게 밝히 보여준다. …하나님께서 은혜로 주신 당신 자신에 관한 증거를 두렵고 떨리는 마음으로 받아들일 때, 우리는 비로소 참된 지식을 향하여 첫걸음을 떼어놓았다고 말할 수 있다. 참되고 온전한 믿음은 순종을

통해서만 생겨난다. 모든 건전한 지식 역시 순종을 통해서만 생긴다.[1]

그리스도인 심리학자들과 상담가들은 이런 기본적인 사항에 아마 전심으로 동의할 것입니다. 그러나 이렇게 '계시에 대한 헌신' 조항에 동의하는 것과 실제로 하나의 상담 모델을 개발해 내는 것은 전혀 다른 일이라는 사실을 알고, 우리는 자신이 과연 계시에 의존하고 있는지 다시 한 번 주의 깊게 검토해야만 합니다.

내가 보기에는 성경을 절대 권위의 책이 아니라 그저 도움이 되는 책 정도로 삼는 그리스도인 상담가들이 상당히 많은 것 같습니다. 그들에게 있어서 성경은 좋은 통찰과 정보를 제공해 주는 책이지 결코 자충적(自充的)인 책이 아닙니다. 그들은 이렇게 해서 성경을 약화시킵니다. 그들에게 있어 성경은 더 이상 최종적인 말이 될 수 없습니다. 개인이 가진 구체적인 문제의 답을 찾기 위해 성경을 한장 한장 펼치는 일은 거의 사라지게 됩니다. 심리학이 성경의 자리를 빼앗았습니다. 계시가 지식 습득에 꼭 필요한 통로라고 강하게 주장하는 이들 마음속에서도 이것은 마찬가지입니다. 그러므로 이제는 계시하시는 하나님 및 성경과 자연 속에 나타난 그분의 계시를 인정하고 그것에 헌신하는 것만으로는 충분치 않습니다. 성경의 권위를 진짜 유효한 개념으로 고수하기 위해서는, 그것을 상담학에 어떤 식으로 적용할 것인지를 심각하게 생각해야 합니다.

성경적 상담의 깊은 의미를 심각하게 침해하는 연구 방식 중 '책 두 권 견해(the two-book view of revelation)'라는 것이 있습니다. 계시

---

1. John Calvin, *The Institutes of the Christian Religion*, Tony Lane and Hilary Osborne편집(London: Hodder and Stoughton, 1986), pp. 39-40.

를 두 권의 책으로 이해한 이 견해는 이렇습니다. 하나님은 자연과 성경이라는 두 권의 '책'을 쓰셨습니다. 계시를 바로 알려면 이 두 가지 다 공부해야 합니다. 관심 있는 지식 분야가 약학이든 천문학이든 정치학이든 심리학이든, 그 분야를 보다 깊이 이해하기 위해서는 두 권을 다 살펴보아야만 하는 것입니다. 만일 하나님께서 어떤 특별한 주제에 대해 이 책보다는 저 책에서 훨씬 더 분명히 말씀하셨다면, 우리는 그 책을 공부하는 데 더 많은 시간을 할애해야 할 것입니다.

예를 들어, 치의학을 전공하는 그리스도인 학생이 있다고 합시다. 만일 그가 잇몸 질환에 대해 이야기하고자 한다면 그는 바울 서신보다는 전공 서적에 몰두해야 옳습니다. 그러나 만일 그가 죄의 정의와 죄를 극복하는 방법들에 의문을 갖게 되었다면 그때는 성경을 읽는 것이 마땅합니다. 성경에는 잇몸 질환에 대해서는 아무것도 나와 있지 않습니다. 마찬가지로 치과 전공 서적은 죄가 무엇인지에 대해 전혀 언급하지 않습니다. 그러므로 우리가 가진 질문이 무엇이냐 하는 것은 우리가 어떤 책을 읽어야 할지를 결정해 줍니다.

인간이라는 존재와 인간이 가지고 있는 문제들을 이해하려 할 때 많은 그리스도인 상담가들이 이 접근을 취합니다. 사람들을 직접 관찰하여 그 결과로 나온 개념들을 모은 것을 '심리학'이라고 하며, 성경을 연구하여 그 결과를 정리해 놓은 것을 '신학'이라고 부릅니다. 이 둘이 각각 우리의 상담 이론에 중요한 자료를 제공해 주는 서로 보완적인 학문이라고 이들은 간주합니다.

'책 두 권 견해'가 취하는 접근은 바로 심리학과 신학을 통합하려는 접근입니다. 우리는 이 견해를 그림 2-1과 같이 간단히 정리해 볼 수

---

2. 이미 알려져 있듯이 제이 아담스(Jay Adams)와 찰스 솔로몬(Charles Solomon)의 책들은 예외이다.

있습니다. 기독교 상담 모델 중 대부분이 이런 접근을 사용합니다.[2] 이러한 사고 노선을 택할 경우 성경 공부보다는 심리학을 연구하고 심리학적 사고를 훈련하는 데 더 많은 시간을 들이게 됩니다. 거기에는 그럴듯한 이유도 있습니다. 상담가들이 품고 있는 의문에 성경은 간접적으로밖에 언급하지 않는다는 것입니다. 두 권의 책 중 더 관련이 많은 직접적인 책에 시간을 투자하다 보니 자연히 성경은 경시됩니다. 성경을 더 많이 연구해야 되지 않느냐는 도전 앞에서 흔히 이러한 그리스도인 상담가들은 이렇게 반응합니다. "하나님은 애초부터 성경을 상담가를 위한 교과서로 만들지 않으셨다." 상담이라는 주제에 관한 한 '다른 책'이 훨씬 더 적합하다는 말입니다.

〈그림 2-1〉

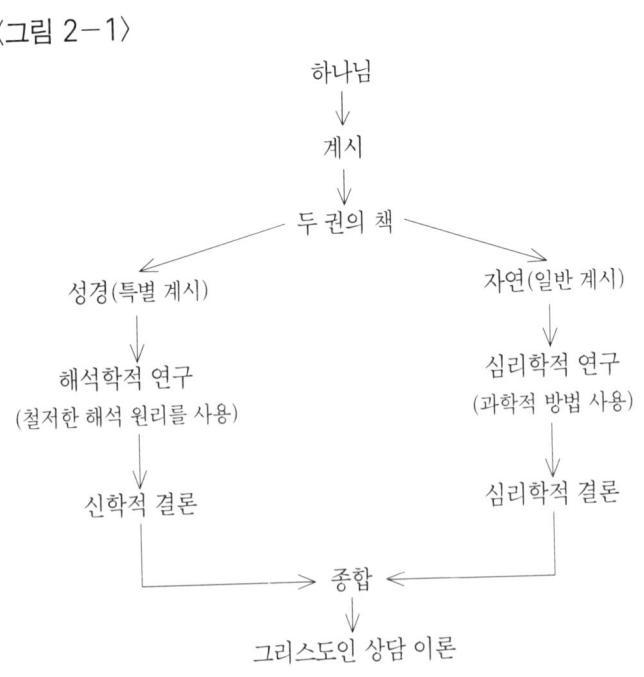

우리는 이런 논리가 어떤 결과를 초래하는지 잘 보아야 합니다. 상담을 이해하려는 우리의 노력은 더 이상 성경의 인도하심을 받을 필요가 없게 됩니다. 그저 우리가 어떠한 결론을 이끌어 내든 그것이 성경과 모순되지만 않으면 되는 것입니다. '인도하심을 받는 것'과 '모순되지만 않으면 되는 것' 사이에는 엄청난 차이가 있습니다. 성경의 인도하심을 받은 이론가는 성경의 권위를 보다 온전하게 인정하는 것이지만, 다른 자료의 인도를 받은 뒤 그것이 성경에 모순되지 않는지를 확인하는 것은 성경을 단지 보조적인 것으로 간주하는 데 지나지 않습니다. 이 후자의 사고 노선에서 비롯된 결과는 엄격히 말해서 '성경적'이라 할 수 없습니다.

그리스도인 상담가의 많은 상담이 사람들을 그리스도에게서 멀어지게 하고 있습니다. 또한 내가 생각하기에 그 책임은 바로 이러한 모델에 있습니다. 만일 그게 사실이라면 이 모델은 분명히 잘못된 것입니다. 그리고 그 잘못의 핵심은 성경의 권위를 약화시키는 데 있습니다. 이제 이 모델이 성경의 권위에 대한 온전한 헌신을 어떻게 허물고 있는지, 그 두 가지 요소를 살펴보겠습니다.

이성주의로의 복귀

첫째, 성경적 연구의 결론과 심리학적 연구의 결론이 서로 일치하지 않을 때 우리는 어떻게 해야 합니까? 예를 한 가지 들어 보겠습니다. 심리학에서는 아이에게 매질을 하면 그것이 아이의 인간 관계에 적대적이고 공격적인 성향을 길러 주게 된다는 의견이 지배적입니다. 그러나 대부분의 성경 해석가들은 잠언 22:15을 근거로, 매질은 반항심을 없애는 효과적인 훈련 방편으로 하나님께서 정해 주신 것이라는 결론을 내렸습니다. 우리는 어떤 말을 따라야 합니까? 심리학입니까, 신학입니까? 아니면 이쪽이 저쪽에 잘 들어맞도록 어느 한 쪽 개념에 대한 이해를 바꾸어야 합니까? 만일 그렇다면 어느 쪽 개념에 대한 이해를 바꾸어야 합니까? 부모에게 자녀가 불순종할 때 어떻게 하라고 말해 줘야 합니까?

'책 두 권 견해'의 이론가들은 이 양측 결론이 모두 우리가 전적으로 확신할 수 있는 결론이 못 된다고 이야기합니다. 옳은 지적입니다. 심리학적인 연구든 신학적인 연구든 거기에는 인간의 유한하고 타락된 마음이 작용하게 됩니다. 그러므로 자연에서 온 것이든 성경에서 온 것이든 우리 인간의 마음에 떠오르는 개념들 속에는 하나님께서 계시하신 진리를 잘못 제시할 가능성이 얼마든지 있습니다. 물론 우리는 성경이 무오하다는 사실을 의심 없이 믿습니다. 그러나 성경 말씀 자체와 성경에 대한 우리의 이해는 다릅니다. 성경을 확신한다고 해서 우리의 이해까지 똑같이 확신할 수는 없는 것입니다. 이와 마찬가지로 과학적인 연구도 때로는 정확한 자연의 사실이 아니라 우리의 왜곡된 인식을 담을 수도 있습니다.

신학과 심리학 사이에 불일치 현상이 나타날 때, 우리는 양쪽의 결론 체계를 다 재평가해 보아야 합니다. 그것이 '책 두 권 견해'의 이론가로부터 간접적으로 얻을 수 있는 도움입니다. 분명히 밝혀 두거니와 나는 이 점엔 전적으로 동의합니다. 성경 본문이든 자연의 자료이든 그것에 대한 우리의 이해는 얼마든지 잘못된 것일 수 있습니다. 그러나 이 두 권의 책을 재평가하는 태도만큼은 매우 신중을 기해야 합니다.

'책 두 권' 이론가들은 우리가 양쪽 결론 체계를 모두 다시 연구해야 한다고 주장합니다. 여기에는 우리가 온전히 받아들일 수 있는 '심리학적 진리'가 실험실이 아니라 성경 속에서도 발견될 수 있다는 사실에 대해서는 한가닥 희망도 없습니다. 계시를 이런 식으로밖에 의존하지 않는다면 그 결과로 남는 것은 불확실성뿐입니다. 성경으로도 과학으로도 해답을 찾을 수 없게 되는 것입니다.

그렇게 되면 어떤 결과가 초래합니까? 부모는 그리스도인 전문가들로부터 어떤 해답을 기다리고 있습니다. 그런데 그들에게는 확실한 해답이 없습니다. 책 두 권 방식만 계속 사용해 온 경우에 성경적인 결론과 심리학적인 결론 사이의 불일치를 해결할 수 있는 길은 오직 개인적인 판단밖에 없습니다. 계시는 사실상 쓰레기나 다름없고 인간의 이성이 최종 권위가 되는 것입니다. 책 두 권 이론가들은 자신들이 계시를 의존하고 있다고 주장하지만, 사실은 불가피하게 이성주의와 경험주의로 되돌아감으로써 그 주장은 저절로 무효회되고 맙니다.

모든 진리는 하나님의 진리

책 두 권 이론에 대해 마음에 걸리는 두 번째 요소는, 그들이 "모든 진리는 하나님의 진리"라는 말을 잘못 사용하고 있다는 점입니다. 물론 이 말은 정확한 말입니다. 과학적인 진리든 신학적인 진리든, 심리학자의 실험실에서 발견된 것이든 성경 연구가의 서재에서 발견된 것이든 진리는 진리입니다. 성경적인 진리라고 해서 과학적인 진리보다 더 권위 있는 것처럼 말하는 것은 어리석은 일입니다. 진리가 권위를 갖는 것은 오류에 대해서지 다른 진리에 대해서가 아닙니다. 물론 어떤 특정한 문제에서는 이 진리가 저 진리보다 더 적절할 수 있습니다. 그러나 다른 진리보다 더 권위 있는 진리란 없습니다. 진리의 권위는 그것이 어디에서 발견되었느냐에 있지 않고 얼마나 진실성 있느냐에 있습니다.

그 두 책 중 어떤 '책'이 상담이라는 주제에 더 적절한 것인가 하는 문제를 계속 이야기해 본다면, 성경이 심리학보다 상담가에게 주는 말이 훨씬 더 많다는 사실을 확증시켜 주는 사례를 얼마든지 나열할 수 있습니다. 얽히고설킨 증상과 호소들 속에서 자신이 갈 길을 찾아가야 할 때, 상담가는 결국 사랑이나 인생의 목적 또는 죄와 같은 기본적인 관심사들에 부딪히게 될 것입니다. 성경은 하나님께서 인간에게 인생의 본질적인 의미를 계시해 주신 책입니다. 그러므로 우리는 중요한 문제들의 해답을 성경 속에서 찾으리라고 기대하는 것이 당연합니다.

그러나 지금 내가 얘기하고자 하는 것은 적절성의 문제가 아니라 권위의 문제입니다. 모든 진리가 하나님의 진리라고 해서 성경에서 얻은 진리가 실험실에서 얻은 진리보다 더 권위 있다고 생각한다면 과연 타당합니까?

조금 전에도 얘기했듯이 성경에 대한 이해든 과학에 대한 이해든 우리가 진리라 이해하는 것 속에는 어느 정도의 불확실성이 반드시 들어 있게 마련입니다. 우리가 진리를 탐구하는 과정 속에는 우리의 유한하고 타락된 지성이 작용하기 때문입니다. 타락은 우리의 사고력에도 영향을 미쳤습니다. 따라서 우리는 모든 진리가 하나님의 진리임에도 불구하고, 우리가 이해하는 진리는 결코 진실된 것이 아닐 수도 있다는 사실을 인정해야 합니다.

이러한 논리의 흐름을 따르다 보면 우리는 희망 없는 회의주의로 가는 것이 불가피합니다. 추측과 짐작으로 갈 길을 찾으면서 평생 방황하도록 운명지어진 것입니다. 책 두 권 견해에 대한 나의 두 가지 우려는 여기에서 비롯됩니다. 첫째는, 앞에서도 얘기했듯이 그 견해는 신학과 심리학이 서로 상반될 때 우리를 다시 이성주의로 돌아가게 합니다. 성경은 최종 중재자로서의 뜻 깊은 역할을 빼앗겨 버리고 맙니다.

바로 여기서 두 번째 우려가 뒤따르게 됩니다. 즉 그것은 우리가 개념을 형성하는 모든 과정에 있어서 본질적으로 불확실한 부분에 대해서는 어떻게 반응할 것인가 하는 문제입니다(예컨대 신학과 심리학이 서로 상반되지 않는 경우라 하더라도 여전히 불확실한 부분은 존재합니다). 이렇게 불확실성을 피할 수 없는 상황에서 가장 설득력 있는 선택의 기준은 아마 실용주의일 것입니다. 어느 쪽을 선택해야 지금 내가 중요하게 생각하는 결과가 나타나느냐입니다. 만일 프라이멀 치료 요법이 우리를 정서적 긴장으로부터 벗어나게 해준다면 그 방법을 사용하지 않아야 할 이유는 없습니다. 만일 무엇이 진짜 진실된 것인지는 아무도 모른다는 견해에 동의한다면, 프라이멀 치료 요법 이론이 진실된 것이 아닐 수도 있다는 반론은 힘을 잃고 맙니다. 부모 재경험 상담이 불행한 한 여인에게 심리적인 안정을 가져다 줄 수 있다면, 누가 그 방법을 반대하고 나설 수 있겠습니까?

   진리가 존재하지 않는 세상에서는 결과가 모든 것을 좌우합니다. 책 두 권 견해, 즉 인간 해석에는 언제나 오류의 가능성이 있기 때문에, 우리는 할 수 있는 한 광범위한 자료에 의존해야 한다는 입장은 우리로 하여금 성경에 의존하는 태도를 버리고 이성주의와 경험주의를 향해 나아가게 합니다. 신학의 결론과 심리학의 결론 사이에 불일치 현상이 나타나면, 이성을 사용하여 스스로 답을 찾으면 됩니다. 성경 말씀에 복종하는 태도는 필요하지 않습니다. 이것이 바로 이성주의입니다.

   설사 신학과 심리학이 상호 지지하는 입장이 된 경우라 할지라도, 우리가 내리는 모든 결론은 여전히 잠정적인 것일 수밖에 없으므로, 이제 우리는 우리가 진리라고 생각하는 것에 영향을 받는 것이 아니라 (그것이 과연 진리인지 아무도 모르기 때문) 무엇이 눈에 보이는 직접적인 결과를 가져다 줄 것인가에 영향을 받아(적어도 이것은 측정 가능하다) 차후 행동을 결정해야 합니다. 이것이 바로 경험적 실용주의입니다.

흔들리지 않는 성경의 권위

어떻게 상담해야 할 것인지 정립하는 데 이성주의와 실용주의에서 벗어나는 길이 있다고 합시다. 그렇다면, 그 길은 성경 연구 중에 얻는 결론들이 과학 연구 중에 얻는 결론들보다 우리의 이론 정립 과정에서 훨씬 비중 있는 내용으로 받아들여져야 한다는 사실을 깨달을 때에만 찾을 수 있습니다. 물론 둘 다 오류의 가능성이 있긴 하지만 말입니다. 과학을 초월하는 진정한 권위의 자리를 다시 성경에 내어 주기 위해서는, 심리학 공부에서 나온 가정들보다 성경에서 얻은 개념들에 더 깊은 확신을 두는 것이 바람직하다는 사실을 바로 알아야 합니다. 물론 양쪽 다 오류가 있을 수 있습니다. 그러나 둘 중 어느 한 쪽을 잘 선택하여 그 쪽을 더 많이 의존하는 것이 훨씬 안전합니다.

지금부터 이것이 왜 그러한지 자세히 살펴보고자 합니다. 우선 우리는 과학의 연구를 통해 얻어진 상담 모델보다는 성경의 기초 위에 세워진 상담 모델이 오류가 적으리라는 점을 생각해 보아야 합니다. 이것이 바로 내 주장의 요지입니다.[3] 이 주장을 네 가지 요점으로 정리할 수 있습니다.

1. 하나님께서 성경을 통해 당신을 계시해 주시는 목적과, 자연을 통해 계시해 주시는 목적은 서로 다릅니다. 하나님은 자연을 통해서는 당신의 "영원하신 능력과 신성"(롬 1:20)을 나타내 보이십니다. 사람들이 핑계치 못하고 창조주 앞에 무릎 꿇게 하시기 위해서입니다. 사

---

3. 타락하고 유한한 인간에 의해서는 최종적이거나 결론적인 상담 모델이란 영원히 개발될 수 없다. 가장 좋다는 모델 속에도 불완전한 부분들은 언제나 있게 마련이고, 이런 것들은 보다 새로운 사고와 자료에 대한 개방적인 자세에서만 부분적으로 다듬어질 수 있다.

물 현상을 더욱 잘 이해하기 위해서 물리적인 우주를 연구하는 것은 물론 바람직한 일입니다. 그것을 통해서 우리는 겨울에 실내 온도를 어떻게 따뜻하게 하며, 난청 증세가 있는 귀는 어떻게 치료해야 좋은지 알게 됩니다. 그러나 하나님께서 자연에 두신 분명한 목적은 결국 한 가지입니다. 인간에게 당신 자신을 보여 주사 인간이 하나님의 존재를 인정하게끔 하시는 것입니다.

하지만 성경을 통해서는 그보다 훨씬 더 많은 일을 하십니다. 하나님께서 성경 속에 두신 목적은 자연과는 다릅니다. 즉 성경을 통해 긍휼히 여기는 마음으로 인간의 죄를 지적하시고, 그 문제에 대한 해결책을 알려 주시고, 그 해결책을 받아들이는 방법을 가르쳐 주시는 것입니다. 성경은 생명(Life) 얻는 길을 보여 주는 책입니다. 상담의 궁극적인 목적도 바로 이것입니다. 여러 가지 문제들로 진정한 삶(Life)을 유린당하고 있는 이들이 문제를 극복하고 본래 창조주께서 주려 하셨던 삶을 살아가도록 돕는 것이 상담입니다.

자연은 삶을 위한 교과서로 주신 것이 아닙니다. 생명을 주는 책은 성경입니다. 사람들이 상담가에게 가지고 오는 문제들에는 하나같이 삶의 역기능적인 요소가 포함되어 있습니다. 광장 공포증에 걸린 사람은 불안 때문에 집 밖으로 나가지를 못합니다. 우울은 우리에게서 삶의 기쁨과 의미를 빼앗아 갑니다. 강박증은 행동의 정상적인 기능을 방해하여 이상한 행동을 하게 만듭니다. 이 모두가 삶다운 삶의 장애물들입니다. 상담가는 본래 의도된 대로의 삶을 영위하도록 돕는 사람이고, 성경은 우리가 어떻게 문제를 해결하며 삶다운 삶을 살아갈 것인지 말해 주는 책입니다. 그렇다면 우리는 당연히 과학보다는 성경이 상담가들에게 많은 지침을 제시해 주리라고 기대해야 합니다.

2. 우리가 확신을 가지고 성경을 의존할 수 있는 것은 성경의 명료성 때문입니다. 성경에는 이해하기 어려운 것들도 많이 있습니다. 하지만

성경은 언어라는 형태로 명확히 표현된 계시입니다. 그것은 일상 용어로 표현되어 있으며 실제 인물들이 또 다른 실제 인물들에게 합리적으로 표현 가능한 삶의 문제들에 대해 이야기한 내용들입니다. 자연은 분명한 명제로 표현된 계시가 아닙니다. 자연은 말하는 것이 아니라 보여 주는 것이기 때문에 우리는 자연을 보면서 말을 듣는 것이 아니라 관찰을 하게 됩니다. 그 관찰한 바를 제대로 이해하기 위해서는 그것을 다시 언어적인 상징 체계로 바꾸어야 합니다. "백문이 불여 일견"이라는 말도 있지만, 정확한 의미를 파악하는 것이 우리의 목적이라면 그때는 말이 훨씬 더 유용합니다. 명제적인 계시는 그 어떤 다른 형태의 계시보다도 훨씬 더 명료합니다. 이것을 근거로 상담 모델의 개발에 있어서 과학보다는 성경에 더 많이 의존해야 한다고 주장합니다.

3. 타락하지 않은 계시인 성경의 순결성은 저주받아 신음하는 결함 투성이의 자연과는 완전히 다릅니다. 성경이 말하는 것이라면 우리는 무엇이나 믿을 수 있습니다. 죄의 영향이 성경의 가르침에 얼룩을 남기지 못하도록 하나님께서 초자연적으로 막아 주셨기 때문입니다. 그러나 자연은 그렇게까지 보호되지 못했습니다. 자연을 통해 배우는 것 속에는 죄의 결과가 배어 있을 수도 있습니다. 오늘날 일부 심리학자들이 발표한 연구 결과에 의하면, 혼전 성 경험 없이 결혼하는 사람들보다 성을 즐겨 보고 결혼하는 사람들이 결혼 이후 정서적 만족도가 훨씬 높다고 합니다. 이런 것들은 인간의 삶을 본래 의도와 다르게 왜곡하는 죄의 영향력이 존재하기 때문에 가능합니다.

우리는 개미를 보고 근면성이라는 교훈을 얻을 수 있습니다. 그러나 이것도 성경이 그 교훈을 인정하기 때문에 가능합니다. 만일 성경의 가르침을 무시하고 자연의 다른 예들을 그대로 따르려 든다면, 우리는 약자를 잡아먹어야 하고 겨울 내내 잠을 자야 하며 마음 내키는 대로 교미를 해야 할 것입니다. 우리는 성경이 말하는 것이라면 무엇이든 옳은 길이라는 확신을 가지고 행할 수 있습니다. 성경의 가르침이 도덕적으로 완벽하기 때문입니다. 그러나 자연은 그렇지 못합니다. 그러므로 우리는 자연 연구에서 얻은 개념들보다는 성경 연구를 통해 나온 결론들을 당연히 더 깊이 신뢰해야 합니다.

4. 정직하고 겸손히 배우겠다는 태도로 성경에 접근할 때 성령께서는 우리를 돕겠다고 분명히 약속하셨습니다. 과학자들의 연구에 대해서는 어느 누구도 이런 약속을 한 적이 없습니다.

다른 이유도 있지만, 성경의 목적과 명료성과 순결성, 그리고 성경을 연구할 때 성령께서 우리를 돕겠다고 하신 약속, 이 네 가지 이유들은 서로 어우러져 우리가 과학적 연구에서 얻은 결론보다 성경 연구를 통해 도달한 결론을 더 의뢰해야 한다는 사실을 입증해 줍니다. 그러나 양쪽 모두 오류의 가능성은 있습니다.

* * *

어떤 상담 모델을 개발하려 할 때, 기록된 하나님 말씀의 연구가 그 어떤 자료들보다 내 사고의 기준으로 서 있어야 한다는 확신이 나의 출발점입니다. 성경이 이야기하고 있는 부분이라면 절대 권위는 성경에 있습니다. 성경이 이야기하지 않는 부분에 대해서는 다른 정보나 자료를 통해 도움을 얻을 수 있습니다.

다른 사람의 사고를 연구한다는 것은 그가 그리스도인이든 아니든 얼마든지 정당한 일이며 연구에 자극이 될 수 있습니다. 심리학 보고 자료와 이론들은 촉매 역할을 할 수 있습니다. 새로운 방향으로 사고할 수 있도록 우리를 자극합니다. 상담 모델을 개발하는 과정 중에 우리는 직관이나 이성의 힘을 모두 허용해야 합니다. 그러나 이 모든 것들을 사용할 때, 성경은 우리 연구의 기본 틀이 되어야 하며 모든 결론의 전제가 되어야 합니다.

성경에는 상담가가 다루어야 하는 많은 문제들이 언급되어 있습니다. 또한 상담가들이 씨름하게 되는 모든 본질적인 논점에 대한 이해의 기초가 제시되어 있습니다. 그러므로 상담 분야에 대해서 성경의 권위를 주장할 때 의미는 크게 두 가지입니다. 첫째, 확신하는 마음, 순종하는 마음으로 성경에 접근해야 합니다. 둘째, 심리학 개념을 촉매와 자극제로만 사용해야지 결코 최종 권위로 삼아서는 안됩니다. 심리학의 연구 자료를 결코 무시해서는 안됩니다. 우리는 관찰할 것들을 모두 접수한 뒤, 그 자료가 왜 존재하게 되었으며 관찰한 것에 어떻게 반응해야 할지를 알기 위해 성경으로 돌아가야 합니다. 어떠한 경우에도 최종 권위는 성경의 가르침에 있습니다.

지금까지 나는 이 장에서 두 가지를 이야기했습니다. 우리의 상담 개념의 근거로서 계시를 의존해야만 한다는 것과, 성경의 계시가 상담에 대한 우리 모든 사고의 최종적인 기준이 되어야 한다는 것이었습니다.

이제 이 주장을 한 걸음 더 발전시켜 보고자 합니다. 성경이 범사에 우리의 최종 권위가 되어야 한다고 주장하는 것과 상담가들이 가진 모든 문제를 성경이 실제로 다룬다고 믿는 것은 전혀 다른 문제입니다. 지금까지는 상담 모델을 정립하는 데 있어서 성경의 권위에 대해 이야기했습니다. 다음 장에서는 그 일을 하는 데 성경이 가지고 있는 포괄적인 충족성에 대해 살펴보겠습니다. 그 이야기를 하기 위해서는 성경해석이라는 까다로운 문제 또한 살펴보지 않을 수 없습니다. 성경이 정말 충족한 책이라면 상담가들이 갖고 있는 문제의 답도 분명 그 안에 들어 있을 텐데, 그러면 그 답들을 어떻게 찾느냐 하는 질문이 나오기 때문입니다.

3
성경은 인간의 모든 문제에 충실하게 답변하는가?

    성경은 상담을 위한 교과서입니까? 아닙니까? 상담가가 복잡한 일상 생활 속에서 부딪치게 되는 까다로운 문제들에 대하여 성경은 그 해결에 권위 있는 도움을 제공합니까? 상담가는 성경 공부를 하면서 우울증을 극복하도록 돕는 법을 배울 수 있습니까? 아니면 다른 자료를 찾아가야 합니까? '내담자의 저항을 다루는 법'이나 '병적인 폭식 현상의 원인'과 같은 문제의 답이 창세기와 요한계시록 사이 어딘가에 들어 있습니까? 아니면 하나님은 성경을 '심리학적인' 문제에 대해서는 아무런 답도 제시해 주지 않는 책으로 만드셨습니까?

    만일 어떤 문제에 대해서 성경이 해답을 갖고 있다면 그 답은 아주 정확한 것입니다. 때로 우리가 생각하는 것처럼 아주 자세하지 않을 수도 있지만, 그 답은 언제나 정확합니다. 성경이 상담가의 문제들에 대해 해답을 제시한다면 우리는 그 해답을 권위 있는 것으로 받아들여야만 합니다. 만약 해답이 나와 있지 않은 경우라면 다른 자료의 도움을 받는 것이 합당하며 또 반드시 그 작업이 필요합니다.

나는 인간이 갖고 있는 문제들을 두 가지 범주로 명확히 구분해야 한다고 생각합니다. 그 범주에서 각각의 고유한 질문들이 생겨나게 됩니다. 첫 번째 범주는 신체적, 자연적 원인에서 비롯되는 문제들이며, 두 번째 범주는 근본적으로 말해 도덕적인 원인에서 비롯되는 문제들입니다. 그러면 첫 번째 범주에 포함되는 문제들부터 보겠습니다.

- 일부 우울증(결코 전부가 아님)과 다른 정서 장애들
- 화학적 불균형이나 신체적인 기능 장애 또는 퇴행성 질환(예: 폐경으로 인한 불안 증세)으로부터 비롯되는 행동이나 정서상의 문제들
- 인지 기능 장애나 초기 학습 결핍 등으로 인한 학습 능력 결함
- 약물 중독으로 인한 정신 장애

우리는 여러 가지 인생의 문제들을 만날 때 그 해결책이라고 생각되는 길을 선택합니다. 때로는 자신도 모르는 사이에 선택하는 경우도 있습니다. 두 번째 범주의 문제들은 바로 이 선택을 잘못할 때 생기는 문제들입니다. 즉 주님을 깊이 신뢰하고 점점 더 주님께 온전한 순종의 모습으로 반응하기보다는 그것과는 전혀 상반되는 길을 선택하기 때문에 문제가 생깁니다.

2부에서도 살펴보겠지만, 상담가들이 만나게 되는 문제들 대부분이 이 범주에 속합니다. 그러므로 이런 문제들은 본질상 도덕적인 문제들로 다루어질 때 올바른 해결의 길로 들어설 수 있습니다. 이 장과 다음 장에서는 이 두 번째 범주에 속하는 문제를 이해하고 다루는 데 필요한 명확하고도 적절한 틀이 성경에 충족하게 제시되어 있다는 사실을 이야기하고자 합니다.

이제 질문을 간단히 정리해 보겠습니다. 성경은 상담가가 만나게 되

는 모든 문제에 대한 해답의 기본 틀을 제시하는 충족한 책입니까? 먼저 성경의 권위 문제가 정리되면, 그 다음에는 성경의 충족성 문제를 반드시 짚고 넘어가야만 합니다. 성경의 권위를 인정한다 해도 하나님께서 성경을 충족한 책으로 만드셨다는 사실을 부정한다면 아무 소용이 없습니다. 그러므로 이제 성경이 충족한 해답을 주도록 되어 있는 문제들이 어떤 것인지 알아보아야 합니다. 매우 중요한 일입니다.

이에 대해서 최소한 세 가지 다른 입장이 나올 수 있습니다.

1. 성경은 충족한 책이 아닙니다. 성경에는 인생의 모든 문제들, 어떻게 하면 이 땅에서 인생을 효과적인 방식으로 살 수 있나 등에 대한 직접적인 해답이 나와 있지 않기 때문입니다.

2. 성경은 충족한 책입니다. 성경은 인생의 모든 문제들, 어떻게 하면 이 땅에서 인생을 효과적인 방식으로 살 수 있나 등에 대하여 직접적인 해답을 제시하기 때문입니다.

3. 성경은 충족한 책입니다. 성경은 인생의 모든 문제들, 어떻게 하면 이 땅에서 인생을 효과적으로 살 수 있나 등에 대한 해답을 직접적인 내용 또는 권위 있는 지침들을 통해 제시하고 있기 때문입니다. 어떤 주어진 문제에 대하여 성경이 분명하게 말하지 않을 경우에는, 그 문제에 대한 적절한 해답을 찾는 데 있어서 성경의 지침들이 기본 틀로 작용하게 됩니다.[1]

---

[1] 심리학의 자료와 이론들은 매우 유용하게 사용될 수 있다. 그것은 학습 부진이나 정신 병자에 대한 의약 처방의 문제에서도 도움이 될 뿐만 아니라, 사람이 갖고 있는 문제는 무엇이며 그에 대한 보다 적절한 반응은 어떤 것인가 하는 심층 질문을 자극하는 역할도 한다. 그러나 사람이 삶을 어떻게 살아야 하며 또 어떻게 하면 그렇게 살 수 있는가에 대한 권위 있는 해답과 그것을 결정하는 사고의 범주는 오직 성경 하나에 충족하게 들어 있다. 이것은 입장 1과 입장 3의 본질적인 차이점으로 아무리 강조해도 지나치지 않다. 입장 3은 성경의 권위와 성경의 충족성을 동시에 인정하고 있다.

이 세 가지 입장을 하나하나 살펴보는 동안, 내가 성경의 영감과 무오성과 권위를 배경에 두고 얘기하고 있다는 사실을 기억하기 바랍니다. 성경이 이야기하는 것은 무엇이든 다 정확합니다. 성경의 가르침에는 사람을 변화시키는 힘이 있습니다. 지금 우리가 살펴보고자 하는 요지는 성경의 충족성 문제입니다. 성경에는 그리스도인 상담가가 믿고 따를 만한 지침이 과연 충분히 들어 있습니까?

입장 1

성경에는 상담가가 만나게 되는 모든 가능한(온당한) 문제들의 직접적인 해답이 들어 있지 않다. 그러므로 심리학 자료와 이론으로 눈을 돌려 거기서 도움을 받을 필요가 있으며, 또 그것은 옳은 일이다.

성경은 상담 교과서입니까? 이 질문에 많은 그리스도인들이 이렇게 대답합니다. "물론 아닙니다. 성경을 배관공에게 막힌 하수구 뚫는 법을 가르치기 위한 책으로 만들지 않으신 것과 마찬가지로 상담가를 위한 상담 지침서로 만들지도 않으셨습니다. 성경이 다루고 있는 것은 영적인 문제들입니다. 배관공의 관심사는 하수구이고, 치과 의사의 관심사는 치아이며, 상담가의 관심사는 심리적인 문제입니다. 어떤 책을 읽어야 할 것인지는 자기 관심 분야가 무엇인지에 따라 결정하면 됩니다."

만일 우리가 이러한 사고 노선을 따른다면, 우리는 심리학의 연구와 임상 경험에서 나온 개념들을 그대로 추종하게 될 것입니다. 단순히 그러한 연구 결과들에 자극을 받기 위해서가 아니라, 인생의 중요한 문제들의 답이 성경에는 나와 있지 않기 때문에 그러한 연구 결과들을 통해 답을 찾기 위해서 말입니다. 많은 사람들이 우리가 따라야 할 교리적이고 윤리적인 입장들이 성경에 나와 있다는 사실에 대해서는 인정합니다. 그러나 상담 이론과 방법 면에서 세부적인 사항들은 다른 수단을 통해 배워야 한다고 생각합니다. 상담이라는 주제를 다루는 데 있어서 성경이 아닌 다른 자료가 출발점과 종착점 역할을 담당하도록 허용하는 것입니다.

입장 1에서, '성경적인'이라는 단어가 어떤 뜻으로 쓰이고 있는지를 우리는 주의 깊게 살펴보아야 합니다. 어떤 상담 모델이 성경적이라고 할 때, 여기서는 그 모델이 교리나 윤리에 대한 성경의 가르침과 명백하게 위배되지만 않으면 된다는 뜻으로 쓰입니다. 그러니까 우리의 상담 개념이 성경으로부터 나왔느냐 하는 것은 별로 중요하지 않습니다. 그저 단순히 성경에 모순되지만 않으면 됩니다.

성경을 그다지 절대적인 것으로 보지 않는 그리스도인 상담가들이 많이 있습니다. 이들은 이러한 입장을 취하는 것이 조금도 불편하지 않습니다. 성경은 종교 문제를 이야기하는 책입니다. 인생의 중대한 문제들의 답을 찾는 일이라면 현대 심리학이 전문이기 때문에 거기로 가면 됩니다.

그런데 여기서 한 걸음 나아가 오늘날 성경의 권위와 무오성을 강력하게 주장하는 보수적인 복음주의자들 중에도 이 첫 번째 입장을 따라 사는 사람들이 있습니다. 성경을 가르치는 아주 많은 강단에서 벌어지는 일들을 한번 생각해 보십시오. 물론 모든 강단에서 일어나는 일은 아닙니다.

설교가들은 성경 해석에 몰두한다는 것을 방패 삼아 사람들 삶 속에서 일어나는 많은 복잡한 문제들과 적당한 안전 거리를 둡니다. "남편들이여, 아내를 사랑하라"로 시작되는 그들의 설교는 이후 30분 동안 본문에 충실한 자신들의 깊은 연구 결과를 소개하는 것으로 계속됩니다.

강해가 계속되는 동안, 32세 된 한 보험 회사 세일즈맨이 아주 불편한 모습으로 자기 아내를 처다봅니다. 이유는 알 수 없지만 아내가 말을 하기만 하면 거의 예외 없이 남편은 속에서 분노가 끓어오릅니다. 설교를 들을수록 죄책감만 더해 갑니다. 그는 도움을 청하기 위해 목사를 찾아갑니다.

월요일 저녁 상담 시간에 그는 고백했습니다. "저는 바울이 에베소서에서 말한 그 사랑으로 제 아내를 사랑해 보려고 그 동안 무척 애를 썼습니다. 그러나 아직까지도 도대체 어떻게 해야 할지 모르겠습니다. 아내에게는 진심으로 용서를 구했고 매일 시간을 내서 성경도 읽지만 아무 도움이 안됩니다. 사랑으로 행동하면 사랑의 감정이 생길까 싶어 그렇게도 해보았습니다. 하지만 소용 없습니다. 이제 어떻게 해야 합니까? 그냥 지금까지 했던 대로 계속하면 됩니까?"

그러자 목사가 말합니다. "아내를 마땅히 사랑해야 할 그 사랑으로 사랑할 수 있도록 하나님께서 당신에게 능력을 주실 것입니다. 당신이 아내를 향하여 진정으로 하나님의 사람이 되기 원한다면, 주님과 아내를 향한 당신의 그 헌신을 더욱더 소중히 여기십시오. 성경적인 사랑은 감정이 아니라 행동이라는 사실을 잊지 마십시오. 당신이 옳다고 여기는 바를 계속해서 행동으로 옮기면 됩니다."

몇 주 후 그는 다시 목사를 찾아왔습니다. "목사님, 목사님 말씀대로 해보았습니다. 정말 최선을 다했습니다. 하지만 상황은 점점 악화되고 있습니다. 어젯밤에는 처음으로 아내를 구타까지 했습니다. 이런 나 자신이 너무나 싫습니다. 이러다가 아내에게 진짜 해코지라도 하지 않을까 두렵습니다."

이쯤 되면 많은 경건한 목사들이 이 문제는 너무 깊어서 자기 힘으로 다룰 수 없다고 느낍니다. 맞습니다. 과연 옳은 일입니다. 그들은 격렬한 분노에 찬 사람을 다루어 본 경험이 없기 때문입니다. 이제 그들은 전문적인 훈련을 받은 상담가에게 의뢰하는 것이 타당하다고 생각합니다.

그러나 그것이 왜 타당합니까? 상담가에게 의뢰한 핵심은 이 남편이 최선의 도움을 받아야 한다는 사실입니다. 그러나 이들의 의뢰에는 그 이상의 의미가 들어 있을 수도 있습니다. 목회 상담가들이 전문 상담가에게 의뢰할 때, 많은 경우 그 밑바닥에는 자신의 경험 부족 인식 이상의 것이 도사리고 있다고 나는 생각합니다. 마음 아픈 것은, 성경이 우리에게 필요한 도움을 결코 다 제시해 주는 충족한 책이 아니라는 목사의 신념이 종종 이러한 의뢰를 낳는다는 사실입니다. 물론 그들은 자신이 이런 견해를 가지고 있다는 사실을 감추려 듭니다. 문제의 감정적 뿌리를 이해할 때 성경의 해답을 받아들일 준비가 되는 것이라는 게 그들의 논리입니다.

이 목사에 대해 우리가 눈여겨봐야 할 점은 이것입니다. 극심한 분노를 다루려 했을 때 그가 성경에 어떠한 지침이 제공되어 있을지도 모른다는 가능성에 대해서는 전혀 생각해 본 흔적조차 없다는 점입니다.

대부분의 그리스도인들은 성경이 모든 인생 문제에 대해 의미 심장한 언급을 하고 있다는 전제를 확신하지 못합니다. 신학교들마저도 은연중 그러한 회의(懷疑)를 조장합니다. 사람들이 흔히 물어 오는 다음과 같은 인생 현장의 여러 곤란한 문제를 놓고 고민하는 학생들에게 신학교는 구체적이고도 철저하게 대응해 주지 못합니다.

- 자위 행위 욕구를 어떻게 이겨낼 수 있습니까?
- 늘 걱정을 가져다 주는 돈 문제에서 어떻게 벗어날 수 있습니까?
- 강간당한 후 저는 줄곧 혼자 사는 것이 두렵습니다. 어떻게 해야 좋지요?

- 저는 사람과 가까워지지를 못합니다. 사람들을 대할 때 왠지 어색한데 어떻게 극복해야 합니까?
- 왜 자꾸만 모든 것이 공허한지 모르겠습니다. 풍성한 삶이란 도대체 어디 있습니까?
- 제 남편은 아이들이 혹 잘못되기라도 할까 봐 날마다 아이들에게 설교를 해댑니다. 그런데 정도가 심합니다. 남편을 어떻게 대해야 합니까?

물론 성경을 전문적으로 연구하는 사람들도 성경이 실생활에 적합한 것이어야 한다는 데 관심을 갖고 있습니다. 그러나 그들은 종종 하나님 말씀은 그 자체에 능력이 있으며, 설교가는 그저 말씀을 신실하게 선포하기만 하면 된다고 생각합니다. 아마도 사람들이 성경의 위대한 진리에 사로잡히기만 하면 위와 같은 문제들은 조용히 사라지리라고 생각하는 것 같습니다. 그렇게 되면 목사들은 사람들이 삶 속에서 부딪치는 복잡하고 냄새 나는 문제들에 대해서는 전혀 신경 쓸 필요가 없게 됩니다. 말씀 자체에 성결케 하는 힘이 있어서 성경이 어떤 식으로든 사람들 삶을 깨끗하게 해줄 텐데, 목사가 굳이 회중의 문제 속으로 뛰어들 필요가 뭐 있겠습니까!

그리스도인은 서로 강퍅하게 됨을 막아 주고(히 3:13) 사랑으로 격려해 주는(히 10:24) 참으로 소중한 교제권 안에 있어야 합니다. 그러나 이들의 생각은 그러한 성도간의 교제를 부인하는 결과를 낳습니다. 그러면 교회는 공동체가 아니라 단순한 청중으로 격하되고 맙니다. 중요한 것은 오직 설교자의 강단뿐입니다.

그러나 사람들 삶 속에서 일어나는 일들을 제대로 인식하는 정직한 목사라면, 사람들이 물어 오는 개인적이고 중요한 문제들 중에는 자신이 답해 줄 수 없는 문제도 있다는 사실을 대번에 알 것입니다. 그래서 그들을 전문 상담가에게 의뢰합니다. 그러나 마음속에는 자신의 무능함에 대한 불편한 감정이 남게 됩니다. 자신이 성경으로 해결해 주지 못하는 인생 문제의 영역이 있다는 사실 때문입니다. 그러면서도 한편으로는, 그런 것들은 영적인 문제가 아니라 심리적인 문제라 생각하며 자위합니다.

문제 자체에 직접 손대지 않아도 설교 잘하고 성경 공부 잘하면 문제가 해결되리라는 이런 견해를 볼 때, 또 하나 떠오르는 생각이 있습니다. 바로 이런 견해를 가장 열렬히 가르치는 교수들에 대한 것입니다. 때로 자기 보호를 위해 사람들의 실제적인 문제들을 철저히 외면하는 그들은 자신의 그런 태도에 대해서는 정말 아무런 죄책감도 느끼지 않는지 가끔 의아하기도 합니다. 그들 중에는 사람들이 던져 오는 곤란한 문제들을 도대체 어떻게 다루어야 하는지에 대해서 전혀 무지한 이들도 분명 있을 것입니다. 어쩌면 그들 자신의 인생부터 아직 해결되지 않은 문제들로 얼룩져 있는지도 모릅니다. 그들은 자신의 인생 현장에서 긴급한 문제가 생겼을 때 그것을 들고 성경으로 달려가지 않고, 사람들과 그들이 갖고 있는 문제로부터 물러나 학문이라는 그럴듯한 울타리 뒤로 숨습니다. 이제 성경 해석의 원리라는 도구도 한낱 인생 문제의 실체를 부인하는 수단으로 전락하고 맙니다. 설교가들이 외치는 살아 있는 말씀은 죽어 있는 말로 탈바꿈하고, 실생활의 문제들은 여전히 외면당한 채 해답을 찾지 못합니다.

지금 나는 굉장히 조심스럽게 이 얘기를 하고 있습니다. 내 말이 오해되어서는 안되겠기 때문입니다. 성경을 학문적으로 깊이 있게 연구하는 것은 대단히 중요한 일입니다. 히브리어, 아람어, 헬라어 지식과 성경이 쓰여질 당시의 문화적 정황에 대한 인식이 값진 것이라는 사실에는 논란의 여지가 없습니다. 성경을 해석하고 적용함에 있어서 자신의 주관적인 일은 매우 가치 있는 일입니다. 그리고 성경 학자들이 이런 문제를 부지런히 연구하는 것도 참으로 바람직합니다.

그러나 성경 해석은 대부분 우리를 인생의 현실로부터 너무나 멀리 격리시키고 있습니다. 사랑의 하나님께서 당신이 지으신 사람들에게 주신 메시지가, 그 삶 속에서 호흡되어야 할 놀라운 진리가 아니라 하나의 연구 대상인 학문적 논문이 되고 있으니 뭔가 잘못된 것이 분명합니다.

성경 본문의 원래 의미와 그것이 오늘날 사람들에게 주는 의미를 잘 연결시켜야 한다는 것은 어제 오늘의 이야기가 아닙니다. 그런데도 여전히 중대한 문제로 남아 있습니다. 사실상 거의 진전이 없는 상태입니다.

문제의 핵심은 성경 연구 방법이 아니라 연구의 목적에 있습니다. 오늘날 많은 신학교가 부르짖는 학문의 강조점을 보면, 그 목적이 성경 본문의 진정한 의미를 분별하는 것이 아니라 낮은 곳으로 내려가 사람들의 복잡한 문제를 다루는 일로부터 벗어나려는 데 있지 않나 하는 생각이 듭니다. 사실 인생의 집요한 문제들의 현실 속으로 뛰어드는 일보다는 진귀하게 사용된 히브리어 단어의 어원을 추적하는 일이 더 쉽습니다. 많은 경우 신학 서적은 우리를 하나님의 살아 있는 진리로 무장시켜서 삶의 깊은 부분들 속으로 들어가게 해주는 책이 아니라 인생을 피해 숨는 은신처 역할을 합니다.

결과는 비극적입니다. 성경이 인생 모든 문제에 참으로 적절한 책이라는 사실을 알지 못하는 목사의 가르침을 받는 교회들은 정통 신학을 엄격히 고수해야 한다는 명목하에 격리와 부정(否定)의 전통을 그대로 답습하는 축소판 신학교가 되고 있습니다. 이런 교회들이 내세우는 메시지는 분명합니다. "하나님 백성의 공동체는 우리 인생을 갉아먹는 현실 문제나 다루자고 있는 곳이 아닙니다. 우리는 정통 신학을 수호하고 그것에 합일되는 행위를 증진시키기 위해 존재합니다. 여러분의 개인적인 문제들을 돕는 것은 교회가 할 일이 아닙니다."

아니, 그것이 왜 교회가 할 일이 아닙니까? 모든 사람이 가지고 있는 깊은 문제를 근원적으로 다루어 주어 그들로 하여금 삶을 더 잘 이해할 수 있도록 돕는 것이 왜 교회의 일이 아니란 말입니까?

치과 진료소나 장애인 학교를 후원하는 일 등은 당연한 관심사들입니다. 그러나 그 일들을 하지 못한다고 해서 교회가 죄책감에 휩싸일 필요는 없습니다. 물론 그것이 모두 옳은 일이며 그리스도인이라면 마땅히 관심을 가져야 할 일이지만, 교회의 고유한 부르심은 아닙니다.

그보다, 교회는 성경의 메시지를 가르치고 그 메시지에 합당한 생활양식을 심어 줄 책임이 있습니다. 그것이 교회를 향한 부르심입니다. 만일 성경이 인간의 감정적인 문제에 대해 정말 아무 관심이 없다면, 교회는 그러한 문제들을 성경적인 신앙에 어긋나지 않는 유능한 전문가에게 의뢰할 수밖에 없을 것입니다.

우리는 이 점을 분명히 해야 합니다. 모든 사람들의 내면에는 깊은 개인적인 문제가 숨어 있습니다. 그런데 성경을 믿는 교회가 사람들의 깊은 개인적인 문제를 돕는 사역을 교회의 사명에 포함시키지 않는다면, 그것은 성경이 그런 문제에 대해 전혀 언급하지 않는다고 말하는 것과 같습니다.[2]

과연 성경이 상담 교과서라면, 하나님께서는 우리에게 성경을 주시되 건강한 삶을 저해하는 인생의 문제들을 이해하고 다루는 법을 가르쳐 주기 위해 주셨을 것입니다. 그렇다면 기질적인(organic) 문제를 뺀 모든 상담 문제의 해답은 그리스도인 공동체 안에서 성경을 통해 찾아

---

2. 이 책 2부에 나오는 나의 주장, 즉 인간은 아무리 성숙한 사람이라 할지라도 여전히 중요한 문제들을 갖고 씨름하고 있으며, 그런 문제들은 성경적인 공동체 안에서 표현되어야만 한다는 견해를 뒷받침해 주는 인간 이해 모델이 제시되어 있다.

야만 합니다.

여기서 우리는 아주 기본적인 문제라 할 수 있는 해석의 문제에 부딪히게 됩니다. 아마도 성경 해석 원리들 중 가장 중요하게 간주되는 것은 "본문에 충실하라"는 원리일 것입니다. 적어도 보수 진영에서는 말입니다. 우리는 성경의 원저자가 애초의 수신자들에게 말하려 했던 것만 말해야지 그 이상도 이하도 말해서는 안된다는 강력한 경고를 받곤 합니다. 만일 성경의 '더 깊은' 의미를 찾는다는 명목하에 이 원리를 내버리는 사람이 있다면, 영감을 받아 기록된 말씀 자체가 아니라 지극히 주관적인 상상력에 의해 하나님 말씀을 이해할 것입니다.

성경에서 '자기가 보려고' 하는 것들만 본다면, 그 성경 연구는 이미 성경에 들어 있는 말씀은 놓치고 만 것입니다. 그것은 '성경에 들어 있었으면' 하는 자기 생각을 임의로 말씀 속에 집어넣는 일입니다. 설교가는 인간의 지혜를 권위 삼아 말씀을 전하는 일을 삼가야 합니다. 그러기 위해서는 성경 본문을 제대로 이해하고 있어야 하며, 오직 성경이 말하는 바와 그 내용에 암시되어 있는 것만 선포해야 합니다.

내가 이해하기로, 이 원리야말로 현대 보수주의 학자들의 기초가 되는 사항이라 알고 있습니다. 물론 복음주의자들도 성경에는 성경만이 가진 해석상의 어려움이 있다는 사실을 인정합니다. 성경의 단어들이 단순한 인간의 표현을 뛰어넘는 것들이기 때문입니다. 성경은 하나님의 영감으로 기록된 것이기에 거기에는 그것을 기록한 사람들이 의식했던 목적 그 이상이 담겨 있을 뿐만 아니라, 궁극적으로는 영존하시는 하나님의 의도가 담겨 있습니다. 그러므로 우리는 성경을 기록한 사람들이 가졌을 기대를 훨씬 뛰어넘는 것들을 성경에서 기대할 수 있습니다. 그 중 하나가 상황에의 적합성입니다.

그런 적합성을 찾는 데에도 분명히 지켜야 할 한계선은 있습니다. 성경을 현대의 삶에 연결지으려는 우리의 노력이 인간의 지혜가 아닌 하나님의 직접적인 인도를 받을 수 있으려면, 절대 그 한계선을 넘어서는 안됩니다. 성경을 현대 상황에 적용하려 할 때 우리는 본문의 명확한 의미에 충실해야 합니다. 그럴 때 비로소 하나님의 권위가 진가를 발휘하게 됩니다.

인간의 구구한 상상력이 아니라, 본문 자체에 근거해서 하나님의 메시지를 찾아야 한다는 이 책임은 그리 쉽지 않은 일이라고 생각합니다. 꼭 필요하지만 여전히 어려운 일입니다. 성경을 듣되 자기 나름대로 왜곡해서 듣지 않고 성경의 이야기 그대로 충실히 들을 수 있는, 그만큼 질이 좋은 공(空) 테이프를 준비해 올 수 있는 사람은 아무도 없을 것입니다. 우리는 모두 다 역사를 가진 사람, 편견과 선입관과 나름대로의 기대로 가득 찬 현실을 가지고 있는 사람으로서 성경을 펼칩니다. 어떤 식으로든 우리의 성경 해석에 영향을 미치는 그 많은 요소들을 완전히 다 찾아내고 가려낸다는 것은, 그것에 효과적으로 저항하는 것은 고사하고 그야말로 불가능한 일입니다.

그러한 영향력을 미치는 요소들은 우리가 처한 상황이 어떠냐에 따라 매우 다양하리라고 생각합니다. 우리의 직업이 강의실에서 가르치는 일이나 신학 잡지 원고를 쓰는 일이라면, 성경 본문에 충실한다는 것은 비교적 쉬울지도 모릅니다. 우리가 같은 색채를 띠고 속해 있는 신학 진영과 그것이 기대하는 바 또한 다른 많은 요소들과 더불어 우리의 성경 해석이 특정 방향을 향하도록 힘을 가할 것입니다.

그러나 하나님께서 우리를 두신 장소가 매일 상처받고 사는 이들의 한복판이라면 그때는 성경 본문에 충실한다는 것이 전혀 다른 무게로 다가올 것입니다. 이들은 성경 어디에도 해답이 나와 있지 않을 듯한 인생의 긴급한 문제들을 가지고 날마다 우리를 찾아옵니다. 이럴 때 우리는 어떻게 해야 합니까?

성경에 충실하면서도 사람들의 문제에 힘이 되는 반응을 해주기 원하는 민감한 목사에게는 이것이 정말 고통스런 긴장이 됩니다. 그들은 사람들이 현실 속에서 부딪치는 문제들에 적합한 답을 제시해 주고 싶어합니다. 그러나 성경이 말하는 것 이상은 절대 말하지 않겠노라고 작정했기 때문에, 그 문제들을 직접적으로 언급하는 데 어려움이 있습니다.

얼핏 보기에 이 긴장을 해결하는 길은 두 가지가 있는 것처럼 보입니다. 사람들이 가져 오는 문제들을 그냥 무시하거나, 아니면 성경을 확대해서 그 문제들까지도 해결할 수 있게 하는 것입니다. 우화적인 해석의 역사를 살펴보면, 성경 본문을 강제로 상황에 뜯어 맞춘 예들을 얼마든지 찾아볼 수 있습니다. 이 해석은 본문의 원래 의미에는 거의 또는 전혀 신경 쓰지 않은 채, 무조건 상징적인 의미만 갖다 붙입니다.

예를 들어 엘리야가 이세벨과 싸운 뒤 우울해할 때 하나님께서 그를 다루시는 장면이 있습니다. 하나님께서는 그때 여러 가지 일들 중에서 가장 먼저 엘리야로 하여금 깊은 잠을 자게 하셨습니다(왕상 19장). 우화적인 해석가들은 이것을 두고, 사역이 힘들어질 때는 휴식을 취해야 한다는 식으로 해석합니다. 괜찮은 충고입니다. 그러나 이것은 본문이 하려는 바가 아닙니다. 성경을 상황에 적합하게 만든다는 충정 어린 마음에서 성경 내용에 인간의 상상력을 동원하여 이렇게 해석하는 것은, 우리 삶에 지침이 될 만한 권위 있는 어떠한 원리도 만들어 내지 못합니다.

성경 본문에 충실하면서도 삶의 문제들에 타당성 있는 적용도 제시해 주어야 하는 이 긴장을 해결하기 위한 두 번째 길이 바로 앞서 얘기한 입장 2입니다.

입장 2

성경은 인생의 모든 온당한 문제들에 대한 해답을 직접 제시하고 있다. 그러므로 성경은 상담 지침서로서도 충족한 책이다.

많은 그리스도인들은 주장하기를, 문자적인 의미를 명확히 이해하기만 한다면 성경은 인생의 모든 온당한 문제들에 온전히 충족한 책이라고 합니다. 그러나 이런 견해는 인생의 중대한 문제들을 경시하는 결과를 낳습니다. 성경에 나와 있지 않은 문제는 온당하지 않은 문제라고 간주하는 것입니다. 어떻게 이런 일들이 벌어지는지 한번 살펴보겠습니다.

바울은 디모데에게 "성경은 영생을 얻게 하는 지혜를 주고, 모든 성경은 하나님의 감동으로 된 것으로 우리에게 유익을 주며, 성경에는 하나님께서 원하시는 삶을 살 수 있도록 우리를 온전히 구비시키는 모든 것이 들어 있다"는 사실을 분명하게 선포합니다(딤후 3:15-17). 이 구절을 근거로 어떤 이들은 말합니다. 어떤 문제에 대하여 성경이 답하고 있지 않다면, 그 문제는 질문 거리가 될 수 없다고 말입니다.

그러면 광장 공포증의 원인이라든가 낮은 자존감을 극복하도록 돕는 방법 같은 '심리적인' 문제들은 어떻게 됩니까? 이에 대해서 많은 이들은 이렇게 생각합니다. 심리적인 문제들을 가만히 조사해 보면 결국 하나같이 다 비성경적인 삶의 결과에 지나지 않는 것들임을 깨닫게 된다고 말입니다. 그러므로 사람들에게 올바로 사는 법을 교훈하고, 그릇된 삶을 보면 책망하고, 곁길로 들어선 자를 바르게 하고, 경건한 삶을 살도록 의로 교육하는 것이 그 치유책입니다. 바로 성경이 이 모든 일을 하기에 유익한 책이라고 성경 자체(디모데후서 본문 말씀)가 선포하고 있습니다.

굉장히 옳은 논리처럼 보이지만, 나는 이것이 바로 이 견해의 문제점이라고 생각합니다. 물론 나는 성경의 충족성을 믿습니다. 심리적 장애가 영적 장애의 한 표출일 수 있다는 것도 믿습니다. 그러나 성경의 충족성을 극단적으로 주장하여 목소리를 높이다 보면 이해의 깊이를 잃어버릴 수도 있습니다. 그럴 위험성은 충분합니다.

이 견해에는 구체적으로 두 가지 문제가 있다고 생각합니다. 그 문제들 때문에 나는 이 두 번째 입장을 거부합니다.

첫째, 상황에 적합하지 않는 본문임에도 불구하고 문자적인 의미만 가지고 억지로 상황에 끼워 맞출 가능성이 있습니다. 예를 하나 들어 보겠습니다.

여자처럼 옷을 입고 싶어하는 욕구가 매우 강한 남자가 있었습니다. 수치감과 당혹스러움으로 한동안 씨름하다가, 그는 결국 이 끈질긴 욕망을 이해하고 이겨내는 데 도움을 받고자 담임 목사를 믿고 찾아갔습니다.

목사는 얘기를 듣자마자 신명기 22:5을 폅니다. "여자는 남자의 의복을 입지 말 것이요 남자는 여자의 의복을 입지 말 것이라 이같이 하는 자는 네 하나님 여호와께 가증한 자니라." 이 가르침이 구약의 율법 속에 들어 있기는 하지만, 거기 나오는 남녀 유별에 대한 본질적인 진리는 불변이어서 오늘날에도 여전히 적용된다고 목사는 설명합니다.

문제는 해결되었습니다. 그런 패역한 욕구를 따르는 것은 분명한 죄라고 결론을 내렸습니다. 하나님께서 말씀하셨습니다. 이제 남자는 순종하든지 거역하든지 둘 중 하나를 택해야만 합니다.

남자는 여기에 동의합니다. 남녀가 옷을 바꿔 입는 건 옳지 않다는 사실을 그도 알았습니다. 그런데도 그 욕구는 끊임없이 그를 덮쳐 옵니다. 그는 하나님께서 금하신 일에 순종할 수 있게 해달라고 도움을 청합니다. 목사는 다시 성경 규율을 가지고 대답합니다. "사람이 감당할 시험밖에는 너희에게 당한 것이 없나니 오직 하나님은 미쁘사 너희가 감당치 못할 시험 당함을 허락지 아니하시고 시험당할 즈음에 또한 피할 길을 내사 너희로 능히 감당하게 하시느니라"(고전 10:13).

이번에도 남자는 동의합니다. 그러나 그럴수록 의문이 꼬리에 꼬리를 뭅니다. 의문이 계속된다는 것은 성경의 분명한 가르침에 순종할 책임을 회피하려는 태도가 반영된 것일 수도 있습니다. 그러나 더러는 진실할 수도 있습니다. 어쩌면 이 내담자는 다른 사람들은 대부분 느끼지 않는 욕구를 왜 자신은 느끼는지 알고 싶어할지도 모릅니다. 그런 욕구가 혹시 다른 죄의 성향과 상관 있는 것은 아닌가 하고 생각할지도 모릅니다. 또 그런 죄의 성향들을 잘 다루게 되면, 이 욕구의 강도가 조절 가능한 수준으로 떨어질지도 모르는 일입니다.

그러나 만일 우리가 입장 2의 논리를 따른다면, 이런 의문들은 모두 온당치 않은 것이며 우리는 이런 것을 물어서는 안됩니다. 문자적으로 해석하자면 성경에는 그런 의문들에 직접적으로 대답하는 본문이 전혀 없기 때문입니다.

물론 하나님의 명령에 순종하는 것을 자신의 도덕적 의무로 받아들이려는 태도가 없다면, 단순히 이 욕구의 원인을 아는 것은 무의미한 일이 되고 말 것입니다. 그러나 이성(異性)의 옷을 입기 원하는 욕구에 대해서 명확히 이해한다면 이 욕구를 부추기는 미묘한 죄성에 대한 회개의 문이 열릴지도 모릅니다. 그래서 이 남자가 자기 문제에 관해 더 잘 이해하게 된다면 그는 하나님의 은혜와 능력 안에서 큰 기쁨을 맛볼 수도 있습니다. 성적인 욕구의 사슬은 아주 단단합니다. 그 사슬을 깨뜨리려면 거룩한 결심 이상의 것이 필요할 수도 있습니다.

복장 도착증(transvestism, 이성의 옷을 입기 좋아하는 변태적 성향) 행위의 도덕성 여부를 넘어서는 더 깊은 의문들도 내가 보기에는 분명히 온당한 문제입니다. 비록 성경 본문에 직접적인 해답이 나와 있지 않다 하더라도 말입니다.

또 한 가지 예를 들어 보겠습니다. 사랑과 인내심 많은 자상한 남편을 둔 아내가 있는데, 그녀는 남편과의 성 관계에 대해서라면 생각만 해도 공포를 느낍니다. 이 여자는 그 이유를 알고 싶어합니다. 그러나 입장 2의 기준으로 본다면 이 의문은 타당하지 않은 의문입니다. 물어서는 안되는 질문입니다. 성경 어디에도 이 문제를 명확히 다룬 곳은 없기 때문입니다. 그러므로 물어서는 안됩니다.

상담가는 이 여자에게 다른 질문을 하라고 권합니다. 즉 "남편과의 성 관계를 거부하는 것이 도덕적으로 옳습니까?" 등으로 말입니다. 이 질문이라면 성경 본문이 구체적으로 언급(고전 7:5)하고 있기 때문입니다. 상담가는 성 관계의 중단은 두 사람 동의하에 잠시 동안만, 그것도 서로 기도 생활을 더 잘하기 위해서만 허용되는 일이라고 이제 자신 있게 말할 수 있습니다. 친밀한 관계에 대한 두려움은 성을 거부할 수 있는 합당한 이유가 되지 못한다고 말해 줍니다.

그러나 이 여자는 아마 상담가에게서 아무런 도움도 받지 못한 채 돌아갈 것입니다. 어쩌면 오히려 더 악화되어서 치명적인 해를 입고 갈지도 모르겠습니다. 이 경우 성경의 검(劒)은 의사의 치료용 메스가 아니라 암살자의 단도로 사용되었습니다. 성경의 충족성이라는 가치 아래 그리스도인 상담가들은 참으로 중대한 질문들을 무시하는 경우가 많습니다. 자기가 쉽게 대답할 수 있는 질문에만 반응을 보이는 것입니다. 그 결과 사람들의 삶과 성경 사이의 골은 더욱더 깊어지게 됩니다.

입장 2가 갖고 있는 두 번째 문제는 첫 번째 문제의 직접적인 결과로 생깁니다. 즉 허용 가능한 문제들의 폭이 좁아지면, 우리는 복잡한 문제도 지나치게 단순화시켜서 이해하려는 경향에 빠지게 됩니다. 성경의 충족성에 헌신한다는 것이 자칫하면 복합적인 장애들까지도 얄팍하게 설명하고 마는 결과를 초래하는 것입니다. 그러한 얄팍한 설명은 사람들로 하여금 피상적인 해결책들을 무분별하게 받아들이도록 만듭니다.

 신경성 무식욕증(無食慾症)에 대해 한번 생각해 봅시다. 이 증세를 가진 내담자와의 첫 대면에서 내가 정신을 잃을 정도로 당황했던 기억이 아직도 생생합니다. 열여섯 살 난 예쁜 여자 아이였는데 정상 체중보다 12kg 정도나 덜 나가는 상태였습니다. 그런데도 자기는 뚱뚱하다고 했습니다. 이것은 어느 모로 보나 분명 왜곡된 자기 인식입니다. 이런 현상을 어떻게 설명하겠습니까? 설상가상으로 그 소녀는 이틀에 한 번씩 그것도 아주 소량의 음식만 먹고 있었으며, 거기서도 살을 더 빼겠다는 단단한 각오로 과다한 운동을 하고 있었습니다.

 당시 입장 2의 개념을 받아들이는 친구가 한 명 있었습니다. 어느 날 나는 이 소녀의 경우와 같은 괴상한 행동을 어떻게 설명하겠느냐고 그에게 물어 보았습니다. 성경이 전혀 고려하고 있는 것 같지 않은 문제에 대해 성경적인 해답을 찾아내기란 어려운 일입니다. 결국 내 친구는 질문을 바꾸었습니다. 내가 물었던 질문(이것은 그 소녀의 부모가 물었던 질문이기도 합니다)을 버리고 스스로 생각건대 옳다고 여겨지는 질문을 취한 것이었습니다. 그의 견지에서 볼 때 우리가 해야 할 일은, 자기가 새로 취한 질문에 대해 하나님께서 명확하게 대답하시는 성경 본문을 찾아내는 것이었습니다.

 성경에는 우리가 하나님의 성전이라는 말씀이 두 군데 나옵니다(고전 3:16-17, 고후 6:16). 내 친구는 이 구절들을 근거로, 신경성 무식욕증은 성령의 전을 제대로 돌보아야 하는 책임에 대한 거역으로 간주될 수 있다고 설명했습니다. 이른바 성경적인 상담은 내담자에게 자기 몸을 존중하는 태도를 길러 주고 자기 몸을 합당히 취급하도록 권하는 데 초점을 맞출 것입니다. 그런 상담의 결과는 기껏해야 내담자가 이 내용에 외적으로 동조하는 정도밖에는 되지 않습니다. 아마 내담자는 진리로 자유함을 얻어 하나님과 그리고 사람들과 더 깊은 사랑의 관계 속으로 들어가는 일을 경험하지 못할 것입니다.

우리가 물어도 되는 질문을 성경이 직접 대답해 주는 주제로만 한정 짓는다면, 인생과 인생의 문제들을 우리는 아무 생각 없이 그냥 지나 치고 단순하게 이해하고 말 것입니다. 그러나 이런 식의 이해는 주님 을 더욱 깊이 의뢰하는 것과는 거리가 멉니다.

결론

입장 1과 입장 2가 가지고 있는 문제는 똑같습니다. 상담가의 요긴한 질문들에 적절히 대답해 주는 진리를 둘 다 성경에서 얻어내지 못하고 있다는 점입니다.

입장 1은 아예 시도조차 하지 않습니다. 상담가가 알아야 할 모든 대답이 성경에 제시되어 있다는 사실을 부인하기 때문입니다. 그러므로 우리는 다른 데서 도움을 구해야만 합니다.

입장 2는 상담가가 알아야 할 모든 정보는 성경에 직접적이고도, 명확하게 나와 있다고 주장합니다. 여기서는 성경 본문에 직접적으로 해답이 나와 있는 문제들만이 상담가가 물을 수 있는 타당하면서 요긴한 문제라고 간주됩니다. 그 결과 우리는 문제를 얄팍하게밖에 이해할 수 없습니다. 얼핏 보기에는 아주 성경적인 해결책인 듯하지만 실제로는 거의 도움이 안되는 것입니다.

성경의 충족성이 과연 정확한 사실이라면 이제 우리에게는 성경을 다루는 다른 전략이 필요합니다. 성경은 생명의 말씀이라고 자신을 소개합니다. 그렇기 때문에 우리는 효과적인 상담에 필요한 모든 것을 성경 한장 한장에서 찾을 수 있어야 합니다. 그러나 정보를 찾되, 있지도 않은 것을 억지로 갖다 붙이는 확대 해석은 삼가야 합니다.

　그러면 어떻게 그렇게 할 수 있습니까? 어떻게 하면 상담가들이 갖고 있는 문제의 답을 성경 속에서 분별해 낼 수 있습니까? 어떻게 하면 상담가가 알아야 하는 모든 것을 성경 본문이라는 정해진 한계 속에서 찾아낼 수 있습니까? 다음 장에서 그 길을 살펴보려고 합니다.

4
성경은 인간의 진정한 관계와 삶에 대한 완전한 지침서

성경은 상담 교과서입니까? 이에 대한 대답은 상담을 어떻게 정의하느냐에 따라 달라집니다.

많은 이들의 마음속에 상담과 정신 치료는 다르다는 생각이 자리잡고 있습니다. 흔히들 상담이란 지금 여기서의 문제만을 다루는 것, 현명한 충고와 따뜻한 후원으로 사람들이 인생에 보다 효과적으로 대처해 나갈 수 있도록 돕는 것이라고 합니다. 이런 상담에는 민감성과 상식을 바탕으로 한 공감(共感), 진실성, 명료화 능력 등과 같은 대인 기술이 도구로서 필요합니다.

정신 치료는 이것과는 아주 다르다고들 이야기합니다. 정신 치료는 현재의 관심사들(예를 들면 직업 선택에 있어서의 결단력 부족) 밑으로 깊이 파고들어가 방어, 불안, 받아들이기 어려운 감정, 고통스러운 감정 등과 같이 가시적인 문제를 야기시키는 무의식의 요소들을 파헤칩니다. 정신 치료는 상담보다 더 깊은 문제를 다룹니다. 정신 치료는 표면상의 문제 밑으로 들어가 장애의 진정한 원인인 내면의 역동을 다루기 때문입니다.

이것이 이 둘 사이의 통상적인 구분점입니다. 즉 정신 치료는 내적인 역동을 다루지만 상담은 그렇지 않다는 것입니다.

현대 지성에 심리 역동이라는 개념 일체를 새로이 소개한 프로이드가 높이 평가받고 있는 것은 당연한 일입니다. 심리 역동이란 인간의 성격(대개는 무의식) 속에 들어 있는 심리적인 세력들을 지칭하는 말입니다.

이 심리적인 세력들 속에 행동 장애나 정서 장애를 일으키는 힘이 들어 있습니다. 프로이드는 우리에게 문제를 보는 새로운 시각을 가르쳐 주었습니다. 즉 표면으로 드러나는 문제는 정신의 밑바닥에서 일어나는 역동적인 과정들의 한 증상이라는 것입니다. 이 점에 대한 그의 생각이 맞다면, 단순히 증상만 바꾸려고 하는 상담(예컨대 직업 선택 과정을 도와 주는 것)은 도움이 될 때도 있겠지만 그 도움은 늘 피상적일 수밖에 없습니다. 더 심하게 말한다면 이렇게 설명할 수 있습니다. 어떤 사람이 심한 두통을 호소할 때, 그 두통의 원인은 수술을 해야 하는 뇌종양임에도 불구하고 의사가 단순히 아스피린을 처방해 주는 것과 하나도 다를 바 없습니다.

프로이드 이론의 이러한 요소는 서구 문화에 넓고도 깊게 영향을 미쳤습니다. 그 중에서도 가장 중요한 영향은, 인간의 문제를 이해하고 다루는 있어서 우리가 '전문인' 모델을 따르는 사람이 되어간다는 사실입니다. 당시 프로이드는 외과 의사로서도 좋은 평판을 얻고 있었습니다. 그런 그가 인간의 성격 안에 무의식의 세력들이 있다고 얘기하며 또 그것이 문제의 원인이 될 수 있다고 하자, 사람들은 문제를 심리적인 질병으로 생각하기 시작했습니다.

이런 생각은 곧 확산되었습니다. 사람들의 생각이나 정서에 나타나는 가시적 장애들은 그들의 성격의 역동 구조 속에 들어 있는 보이지 않는 장애가 표출된 것에 지나지 않았습니다. 상담가들도 어느 정도는 표면적인 문제들에 변화를 가져다 줄 수 있겠지만, 깊은 변화가 일어나기 위해서는 정신 역학 훈련을 받은 정신 치료자들이 필요합니다.

역동적인 성격 이론에 많은 도전이 있었음에도 불구하고, 그 대안으로 나온 이론들 대부분이 '전문적' 모델이라는 본질적 개념들을 그대로 따르고 있습니다. 즉 '진짜' 치료가 행해지려면 전문적인 훈련을 통해서만 얻을 수 있는 특정한 전문 지식이 필요하다는 것입니다.

이런 사고 방식을 따른다면 상담자(정신 역학 훈련을 받지 않았을 수도 있는)는 내담자의 의식 세계, 즉 의지적인 통제의 범위에 들어 있는 문제만 다룰 수 있습니다. 그 외의 문제는 다룰 자격이 없습니다. 그래서 그보다 더 깊은 도움이 필요하게 될 때, 즉 현명한 충고와 도덕적 설득과 지지적인 공감만으로 해결되지 않을 때는 전문 치료자(therapist)의 도움을 청해야 합니다. 그들은 보다 깊고 미묘한 문제들을 규명하고 해결하는 법을 알고 있기 때문입니다.

여기서 주목해야 할 것이 있습니다. 사람들을 깊은 심리적 차원에서 적절하게 다루려면 전문적인 치료자가 반드시 필요하다는 생각이 항간에 그대로 받아들여지고 있다는 사실입니다. 이것을 전제로 받아들이는 문화에서 상담가에게 허용되는 역할은 극히 제한적입니다. 마치 병원을 방문 중인 목사의 기능과 같다고 말할 수 있습니다. 치료자와 의사는 수술실에 들어가 환자의 문제를 깊은 근원까지 능숙하게 파헤칠 수 있지만, 상담가와 목사는 그저 문밖에서 기다리고 있어야 합니다. 치료는 치료자와 의사만이 할 수 있습니다. 상담가는 지지해 주고 목사는 기도해 줄 뿐입니다. 이것이 바로 전문인 모델입니다.

나는 프로이드의 말이 적어도 세 가지 면에서는 옳다고 생각합니다. 그는 표면의 문제만 볼 것이 아니라 그 밑에 숨어 있는 내적인 원인을 보아야 한다고 말했습니다. 이것이 바로 그의 견해가 옳다고 보는 첫 번째 이유입니다. 성경은 우리의 마음이 심히 부패되어서 본인조차도 자기 마음의 동기를 알 수 없다고 말했습니다(렘 17:9). 주님께서 가장 준엄하게 꾸짖으셨던 이들도, 진짜 문제가 숨어 있는 내면은 들여다보지 않고 겉으로 드러나는 것들에만 지나치게 신경을 쓰는 사람들이었습니다(마 23:23-28).

프로이드는 또한 사람을 효과적으로, 철저하게 다루기 위해서는 인간의 본성(nature)이 그 내면에 미치는 영향에 대해 명확히 이해해야 한다고 주장했습니다. 눈으로 볼 수 없는 부분을 제대로 이해해야 한다는 말입니다(잠 20:5). 이것 역시 올바른 견해라고 나는 생각합니다.

세 번째 올바른 견해는, 다른 이들의 역동을 이해하는 데 반드시 필요한 한 가지 요소가 먼저 자기 자신의 역동을 이해하는 것이라고 말한 점입니다(마 7:3-5). 정신 분석을 배우는 훈련 과정에서 대부분의 학생들이 먼저 자기 자신부터 분석을 받는 것도 바로 이 때문입니다.

프로이드를 위시하여 인간의 성격 내면에 있는 무의식적 세력들에 보다 면밀한 주의를 기울여야 한다는 역동 이론가들의 주장에는 잘못이 없습니다. 그렇다면 무엇이 잘못된 것입니까? 근본적인 오류는 그들이 성경적 인간관을 연구하지 않고 또 받아들이지 않는다는 데 있습니다.[1] 이것은 아무리 강조해도 지나치지 않은 사실입니다.

이들은 성경이 제시하는 자료를 지침으로 받아들이지 않습니다. 때문에 이들의 이론은 온전하지도 균형 잡혀 있지도 않으며 인간의 본질 및 기능에 대한 이해도 극도로 부도덕적인 경우가 많습니다. 만약 이들이 거듭남을 체험하고 본성이 변화되어 성경의 권위에 자신을 위임했다면, 심리 역동에 대한 이들의 관심은 분명 오늘날 우리의 이해 차원을 한층 더 깊게 해주었을 것입니다.

이 오류의 영향은 상당히 깊습니다. 그것은 정신 역학이라는 학문으로 하여금 인간에 대해 계시된 중요한 진리를 부인하게 했을 뿐만 아니라, 성경을 인간 본성의 깊은 부분들을 바르게 이해하게 하는 합당한 지침서로도 인정하지 않았습니다. 오늘날 역동적인 기능에 대한 이해가 중요하다는 점과 성경이 그 일에 적합한 지침서라는 점을 동시에 믿는 이들의 숫자는 손가락으로 꼽을 수 있을 정도입니다.

강박적으로 손을 씻는 사람이 왜 그렇게 되었는지를 규명하고자 할 때, 우리는 성경이 이 문제에는 적합한 책이 아니라고 생각합니다. 강박 장애에 대해 얘기하는 부분이 정확히 성경 어디에 있단 말입니까? 동성 연애자를 상담할 때도 마찬가지입니다. 성경은 우리에게 동성 연애 행위를 죄로 여길 것과 도덕적 순결을 지킬 것을 가르칩니다. 그러나 그가 왜 동성 연애자가 되었고 동성을 향한 성적인 성향을 바꾸기 위해서는 어떻게 해야 되는지 등에 대해서 구체적으로 가르쳐 주지 않습니다. 그것을 이해하기 위해서는 모세나 바울의 글이 아니라 그 분야의 전문가가 쓴 책을 읽어야 합니다.

이것이 앞에서도 말한 전문인 모델에서 강조하는 성경의 충족성에 대한 가정이거니와, 우리가 이 가정에 도전하여 그것을 전복해야 한다고 확신합니다. 물론 나도 상담과 정신 치료의 구분을 받아들입니다.[2]

---

1. 프로이드가 성경 보기를 거부했다고 말했다. 그렇다고 해서 "만일 프로이드가 성경만 읽었다면 아무 문제 없었을 것이다"라고 지나치게 단순화하여 말하려는 것이 아니다. 정신 역동 이론에 대한 나의 견해를 밝히자면, 많은 신학자들이 미처 보지 못했던 인간의 마음이 갖는 여러 요소들을 인식시키는 데 앞장선 가치 있는 이론이라고 믿는다. 만일 프로이드가 성경을 읽었다 해도, 생각건대 그는 전형적인 외부 지향의 그리스도인은 되지 않았을 것이다. 그보다는 인간의 내부 구조에 대한 보다 정확한 이해를 개발해 냈을 것이다. 그 이해 속에는 인간 문제의 핵심은 죄라는 사실과 인간의 영혼 속에는 만족을 갈구하는 깊은 갈망들이 있다는 사실을 인식하는 것도 포함되어 있었을 것이다. 이 점에 대해서는 2부에서 깊이 다루기로 하겠다.

그러나 일반적인 '상담' 뿐만 아니라 흔히 '정신 치료'라고 하는 보다 특수한 형태의 상담에도 성경이 본질이며 충족한 답이라고 믿습니다.

온정과 통찰력을 가지고 상담하려는 우리에게 성경은 종합적인 지침이 되는 원리들을 가르쳐 주고 있습니다. 뿐만 아니라 성경이 제시하는 인간 본성에 대한 진리들을 통해서 우리는 정신 치료자들이 '역동'이라고 부르는 부분에 대해서도 심도 깊은 이해에 도달할 수 있습니다.

내가 주장하는 성경의 충족성이라는 의미는 이것입니다. 즉 상담가나 정신 치료자들의 모든 질문들에 대한 답은 성경 자체 내용이나 성경이 암시하는 사항에 다 들어 있다는 것입니다. 사람들이 어려움을 겪고 있다는 것은 그들이 관계적인 존재로서 효과적인 삶을 살아가는 데 문제가 생겼다는 얘기입니다. 이것은 그들이 '상담가를 찾아가든' 아니면 '정신 치료를 선택하든' 마찬가지입니다. 냉정한 어머니로 인하여 이미 오래 전에 생겨난 것일 수도 있고, 말 안 듣는 자녀 때문에 최근에 발생되어 계속 반복되는 것일 수도 있습니다. 어떤 경우든 궁극적인 문제는 바로 관계입니다.

성경의 지혜를 좇아 이런 문제에 개입하려는 사람이라면 언제나 관계를 개선하는 데 초점을 맞출 것입니다. 관계 개선은 먼저 내 안을 바꿈으로써 시작됩니다. 첫째 하나님과의 관계, 그 다음 다른 사람들과의 관계는 그야말로 치료의 시작이자 끝이며 필수 조건입니다. 성경은 이를 위한 충족한 지침서입니다. 성경은 관계 속에 살아가는 삶을 위한 교과서인 것입니다.

---

2. 나는 「성경적 상담학(*Effective Biblical Counseling*)」(총신대 출판부 역간)이라는 책에서 상담의 세 가지 단계를 얘기한 바 있다. 흔히 말하는 치료라는 것은 그 중 3단계에 포함된다.

"성경은 상담가의 문제들에 대해 답변해 주는 충족한 책입니까?" 이제 우리는 이 질문에 대한 세 번째 입장을 정리할 수 있습니다. 잊지 마십시오. 입장 1은 이렇게 말합니다. "아니오. 성경은 충족한 책이 아닙니다. 심리학의 도움을 받으십시오." 또 입장 2는 이렇게 대답합니다. "맞습니다. 성경은 충족한 책입니다. 단, 우리는 성경 장절(章節)에 구체적으로 다뤄지는 문제에 대해서만 물어야 합니다."

내가 지지하고 또한 이 장을 통해 제시하려는 견해는 입장 3입니다. 그것을 정리해 보면 다음과 같습니다.

맞다. 성경은 인생 모든 문제들에 대해 답변하고 있는 **충족한** 책이다. 그러나 그것은 성경이 그런 모든 온당한 질문들에 대해 직접적으로 대답하고 있기 때문이 아니다. 상담 분야에 관한 성경의 충족성이라는 개념은 다음과 같은 가정을 토대로 한다. 바로 성경의 자료에는 인생의 모든 관계적인 문제를 포괄적으로 다루어 주는 원리가 암시되어 있으며, 그것은 기존의 교리 내용과 맥을 같이한다는 점이다.

좀 어색해 보일지도 모르지만, 여기에는 성경을 지나치게 단순화시키거나 혹은 상황에 비적합한 것으로 만들지 않으면서 성경의 충족성을 충분히 인정하는 내용이 담겨 있습니다. 이 문구를 그림으로 나타내 보면 다음과 같습니다. 나는 여기에 상담가의 질문에 대한 성경적 해답 모색의 모델이라는 이름을 붙여 보았습니다(그림 4-1).

〈그림 4-1〉 상담가의 질문에 대한 성경적 해답 모색의 모델

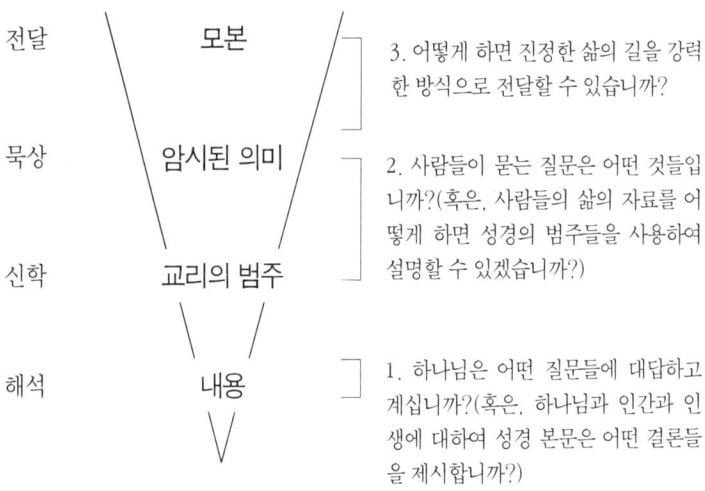

내용: 성경 본문의 해석

상담에 대한 성경적인 이해를 정립하려는 노력이 정말 책임감 있으려면, 전적으로 성경의 자료에 바탕을 두어야만 합니다. 성경에 나타난 하나님의 메시지는 성경적인 상담 모델을 정립하는 데 반드시 필요한 기초입니다. 이것은 보수적인 복음주의자들에게는 전혀 생소한 말이 아닙니다. 그러나 그들에게도 몇 가지 문제가 있습니다.

다음날 여덟 명의 내담자와 상담 약속이 된 상담가가 있다고 합시다. 그가 저녁에 성경을 공부하려고 성경을 폅니다. 주석과 성경 사전, 성구 사전, 단어 사전을 옆에 놓고 깊이 묵상을 하지만 그에게 심각한 좌절감만 찾아들 수도 있습니다. '내일 나는 경계 성격자 한 명과 우울

증 환자 두 명, 신경성 식욕 부진증 환자 한 명, 십대 마약 상용자의 부모, 성도착증 환자 한 명, 그리고 이혼 직전의 부부 두 쌍을 상담해야 한다. 그런데 내가 지금 공부하는 출애굽기는 이스라엘 대제사장의 의복 문제를 말하고 있고, 히브리서 6장에는 타락한 신자들 이야기가 나와 있다. 도대체 이런 공부에 시간을 들이는 것이 내일 그들의 질문에 답하는 데 무슨 도움이 된다는 말인가?'

상관이라고는 털끝 만큼도 없어 보이는 성경 본문을 놓고 끙끙대는 일일랑 아예 집어치우고 보다 실제적인 문제에 뛰어들고 싶은 욕구가 강하게 찾아듭니다. 만일 그렇게 한다면 그것은 적어도 상담가에게 있어서는 그 의미가 새롭습니다. 즉 경계 성격자를 다루기 위해 방법을 모색하는 동안 성경은 고이 덮어 두는 책이 되고 마는 것입니다. 생각해 보십시오. 사실 이런 문제들에 대해 상담가가 어떻게 해야 하는지 가르쳐 주는 본문이 성경 어디에 있겠습니까? 그런 본문은 분명히 한 군데도 없습니다.

그럼에도 불구하고 상담가가 성경 공부에 매달려 중요한 시간을 소비해야 한다면, 그 정당한 이유가 무엇이겠습니까? 그의 일과 그것은 어떤 상관이 있습니까? 그것이 개인의 영적 성숙을 위해서라면 규칙적으로 경건의 시간을 갖고 교회에 참석하는 일은 말할 것도 없고, 성숙한 그리스도인으로서 깊이 있는 성경 공부를 하는 건 기본 아닙니까! 그런데 그 공부가 상담가로서 그의 책임과는 어떤 관련이 있습니까?

그 상관성은 너무나 분명합니다. 서로 다른 두 부류의 질문들을 생각해 보면 쉽게 이해할 수 있을 것입니다. 한 부류는 하나님께서 성경 본문을 통해 구체적으로 대답해 주려고 정하신 질문들이고, 다른 부류는 우리가 삶 속에서 씨름하고 있는, 해답을 찾기 원하는 질문들입니다. 이 두 부류의 질문은 전혀 무관하지 않다고 보는 것이 타당한 생각일 것입니다. 만일 하나님께서 우리의 문제에 진정 관심을 갖고 계시다면 우리는 이렇게 가정해 볼 수 있습니다. 우리가 올바른 질문을 던질 만한 감각을 가졌다면, 우리의 질문들과 하나님 편에서 이미 대답해 놓으신 질문들이 서로 깊은 관련이 있다는 것입니다.

중요한 사실은 인간의 타락이 인생관마저 철저히 왜곡시켜 놓았기 때문에, 우리가 전혀 중요하지 않은 문제들을 놓고 허겁지겁 해답을 찾아나설 수도 있다는 점입니다. 설사 그것이 바람직한 질문인 경우에도, 우리의 지혜가 부족하여 어느 정도는 궤도에서 벗어나 있다는 것입니다.

우리가 던지는 질문들을 한번 생각해 봅시다.

- 어떻게 하면 인생의 만족을 얻을 수 있습니까?
- 아이들이 잘되게 하려면 어떻게 키워야 됩니까?
- 왜 나는 사람들과 함께 있으면 마음이 편치 못합니까?

이 밖에도 질문은 얼마든지 있습니다. 이런 질문들은 우리에게 분명 중요합니다. 그리고 적어도 그런 의미에서만큼은 상당히 타당한 질문입니다.

그러나 좀더 자세히 들여다보면 우리의 질문들은, 삶이란 것이 내가 원하는 방향으로 진행되었으면 하는 바람에서 생겨나는 경우가 대부분입니다. 마음속 깊이 감추어진 골치 아픈 문제와 내면의 고통에 대해서 정직하게 깊이 들여다보려는 마음은 전혀 없습니다. 그저 자기가 원하는 것만 중요하게 여깁니다.

진정으로 우리의 질문에 답변해 줄 지혜를 찾기 원한다면, 우리는 먼저 인생 문제에 접근할 때 몇 가지 기본 원칙들을 잘 정리해야 합니다. 그런 기본 원칙들은 하나님께서 성경을 통해 분명하게 말씀해 주시는 대답들 속에 잘 나타나 있습니다. 예컨대, "하나님은 어떤 분이며 그분께서 기대하시는 것은 무엇인가, 인간이란 어떤 존재이며 죄가 인간에게 미친 영향은 어떤 것인가, 어떻게 하면 하나님 및 다른 사람들과 올바른 관계를 맺을 수 있는가?"와 같은 질문에 대한 답입니다. 그래야 출애굽기 28장에 나타난 아론의 복식 연구나 히브리서 6장의 '타락한 자'들에 대한 까다로운 구절 공부가 적합한 것으로 의미를 갖게 됩니다. 이 구절들은 성경의 나머지 모든 말씀과 더불어 하나님께서 어떤 방법으로 일하시는 분인지 그 진리를 계시해 주고 있습니다. 우리는 그 진리를 기준 삼아 문제들을 해결해 가야 합니다.

그러므로 성경적인 상담 모델을 정립하는 데 가장 우선 되어야 할 것은 성경의 내용을 공부하는 일입니다. 만약 이것이 우선 순위에서 밀려나면 사람들의 질문에 매력적인 대답을 제시해 줄 상담 개념이나 방법을 만들어 낼 수 있을지는 모르겠지만 그 개념이나 방법은 성경이 가르치는 바와는 전혀 거리가 먼 것이 될 것입니다. 우리의 인생관이 철저하게 잘못되고 비뚤어져 있기 때문에, 우리가 만들어 내는 상담 모델도 하나님의 진리를 왜곡하는 것이 되고 마는 경우가 참으로 허다합니다.

그러므로 성경 해석이 우리의 출발점입니다. 성경적 상담가라면 누구나 다 성경 배우는 일에 시간을 할애할 책임이 있습니다. 물론 성경 원어들과 성경 시대의 문화를 잘 아는 전공 학자들이 있습니다. 그들은 이러한 지식이 없는 평신도 그리스도인들보다 훨씬 더 전문적으로, 정확하게 성경을 해석할 수 있습니다. 그러므로 나와 같이 공식적인 신학 교육을 전혀 받지 못한 사람은 성경 학자들이 주는 통찰을 최대한 받아들여 활용하는 것이 지혜로운 일입니다.

그러나 성경 해석으로 간주되는 많은 것들에 실상은 문제가 있습니다. 성경적 상담가들은 이 사실을 잘 알고 있어야 합니다. 만일 우리가 성경 해석 자체를 목적으로 본다면 그것은 오히려 사람을 돕는 일에 방해가 될 것입니다. 전문적인 해석을 통해 어떤 결론이 나왔을 때, 그 결론이 하나님 백성들에게 어떠한 영향을 미치게 될지는 거의 생각해 보지도 않고 무조건 결론 자체를 하나님 말씀으로 제시하게 된다면 방해물이 될 수밖에 없습니다. 우리는 하나님의 말씀은 공부하지만 하나님의 메시지는 놓치는 경우가 많습니다.

지식은 사람을 교만하게 합니다. 아무리 훌륭한 성경 해석을 통해 나온 지식이라 해도 그렇습니다. 그러나 사랑은 덕을 세웁니다. 사랑이란 관심이며 하나님의 진리를 가지고 사람들의 삶 속으로 들어가고자 하는 마음입니다. 성경 해석은 출발점이지 그 자체가 목적은 아닙니다.

그럴지라도 그것은 꼭 필요한 출발점입니다. 원리는 이것입니다. 하나님께서 성경에 대답해 놓으신 질문들을 하십시오. 그것이 우리 삶 속에서 일어나는 질문들에 대한 해답의 틀을 마련해 줄 것입니다. 내용 연구가 곧 우리의 출발점입니다.

범주들: 교리 정립

주어진 본문이 의미하는 바를 찾아내는 것만으로 성경 공부가 다 끝났다고 말할 수는 없습니다. 별개의 본문들에 들어 있는 교훈을 보다 넓은 진리의 범주(즉 교리) 속으로 체계화하는 것이 그 다음 단계입니다. 신학이란 성경의 자료가 제시하는 주제들을 일관되게 이해하려는 작업이라고도 할 수 있습니다.[3]

조직 신학 교과서에 흔히 나오는 각 장의 제목들이 바로 지금 내가 생각하고 있는 교리적인 범주들입니다. 인간론(인간이란 어떤 존재인가), 죄론(죄란 무엇인가), 성령론(성령은 어떤 분이시며, 그분의 역사는 어떻게 나타나는가), 종말론(하나님께서 품고 계신 미래에 대한 계획은 무엇인가) 등과 같은 주제에 대하여 신학자들은 성경 본문이 지지하고 있는 입장들을 명확한 진술로 규명해야 합니다.

신학자가 이렇게 성경 관련 구절들을 연구하여 어떤 한 입장에 도달하게 되면, 예를 들어 인간이 어떻게 구원받는가와 같은 문제에 대하여 이제 그는 자기가 깨달은 바를 교리라는 문자를 통하여 표현할 것입니다. 다양한 본문 말씀들을 한데 모아 그 연관성을 찾아내려는 노력의 결과가 바로 교리라는 문자입니다. 이 교리의 분야들을 우리는 '진리의 범주들'이라고도 부릅니다.

복음주의 진영에는 한 가지 좋지 않은 성향이 있습니다. 어떤 사람이 사역자로서 적합한지의 여부를 평가할 때, 그가 교리를 얼마나 이해하고 있으며 교리에 얼마나 헌신되어 있는지를 전적으로 문제 삼는 것입니다. 그래서 신앙의 내용만 정통이라면 그는 그것으로 안수를 받고 목회자로 승인됩니다. 그가 자신이 믿는 진리를 가지고 얼마나 지혜롭고 심도 있게 사람들 삶 속으로 들어갈 수 있을지에 대해서는 전혀 신경 쓰지 않습니다.

신학교를 졸업한 뒤 한두 해 정도 사역하고 나서 이런 불만을 토로하는 사람들을 우리는 흔히 볼 수 있습니다. "내가 대답할 수 있는 문제에 대해서는 아무도 물어 보지를 않습니다. 나는 세례나 천년 왕국에 대해서라면 나름대로 견해를 피력할 준비가 되어 있습니다. 그런데 사람들은 이런 것과는 전혀 상관없는 문제들만 가지고 옵니다. 알콜

---

3. 사람이 성경 본문의 직접적인 표현으로부터 멀어지면 멀어질수록 해석상의 오류를 범할 수 있는 여지도 그만큼 커진다는 사실을 염두에 두어야 한다. 본문 해석의 진술, 즉 어떤 특정 본문의 의미를 인정하는 진술이 신학적인 진술보다 성경의 실제 단어들에 더 가까운 것이다. 신학적인 범주들의 암시적 의미를 공부하는 한 우리는 아직도 본문 자체로부터 멀리 떨어져 있는 것이며, 따라서 그때 형성되는 개념들은 훨씬 더 잠정적인 것으로 여겨야 한다.

중독자 남편을 어떻게 해야 하는지, 자녀를 해칠지도 모른다는 강박증을 어떻게 해야 하는지 등등 많습니다. 나는 길을 잃었습니다. 어디로 가야 할지 모르겠습니다. 우리 교인들이 목사가 아니라 심리학자를 청빙하는 게 옳았다는 생각이 듭니다."

만일 목사가 이와 다른 시각에서 교리를 정리했더라면, 부딪쳐 오는 문제를 다루는 일에 자신이 이보다 더 잘 준비되어 있다는 느낌을 가졌을 수도 있습니다. 성경이 과연 상담가의 문제들에 대해 충분히 언급해 주는 책이라면, 굳이 심리학자는 필요 없습니다. 좀더 잘 준비된 목사만 있으면 됩니다.

전통적으로 중요하다고 일컬어져 온 신학적 주제들에 대해 우리의 교리적 입장을 분명히 취했다고 해서 할 일이 다 끝난 것은 아닙니다. 그러한 지식도 분명 기초로써 필요하겠지만, 그것이 하나의 완성된 건물 자체는 아닌 것입니다. 성경 해석과 신학을 공부하면서 하나님이 성경을 통해 대답하시는 문제들이 무엇인지 이해하게 되었다면, 이제 우리는 두 번째 부류의 질문, 즉 사람들이 삶의 현장 속에서 제기하는 질문들에 대해 생각해야 합니다.

물론 성경을 삶에 적용하는 것의 중요성을 부인할 신학교 교수는 아무도 없을 것입니다. 신학생들은 설교학 시간에 성경 본문을 사람들 삶에 적용할 수 있도록 해주어야 한다는 사실을 배웁니다. 그런데도 신학교 교육을 받은 졸업생 가운데 실제 세계에서 부딪치는 문제들을 (다른 사람들의 문제는 물론 자기 삶의 문제들까지도) 처리하는 데 전혀 준비가 되어 있지 않은 이들이 왜 그렇게 많은지 모르겠습니다. 설교하는 강단이 사람들의 삶 속으로 뛰어들어가는 도약대가 아니라 오히려 사람들을 피하는 보호벽이 되는 이유는 무엇입니까? 성경 교사들이 자기 성경 지식을 사람들을 돕는 데 사용하지 않고 사람들을 피하기 위해 그 지식을 과시하는 것은 무엇 때문입니까?

이 물음에 대한 답을 찾으려면, 우리 대부분의 삶 속에 부정(否定)이라는 것이 얼마나 뿌리 깊게 들어와 있는지를 살펴보아야 할 것입니다. 그리스도인 공동체들을 살펴보면 언제나 일이 제대로 돌아가는 듯한 이미지를 유지해야 한다는 의무감을 안고 있는 것을 발견합니다. 우리는 위장의 음모에 협력하는 것을 배웁니다. 우리 삶의 외면을 반짝반짝하게 유지하는 것을 배웁니다.[4] 내면의 공허함과 쓴뿌리와 불만족, 다른 사람들과의 깨어진 관계와 결핍된 친밀감 등을 부인하는 법을 배웁니다.

그 결과 우리는 인생에 담겨 있는 미묘하면서도 참으로 실제적인 씨름들 가운데 일부를 인식의 영역 밖으로 몰아내고 맙니다. 직장을 잃는다든가 자녀가 죽는다든가 하는 눈에 띄는 고통들은 현실로 인정하지만, 내면의 '역동적인' 고통에 대해서는 거의 주의를 기울이지 않는 것입니다. 한 번도 놀아 준 기억이 없는 아버지를 향해 생겨난 적개심, 너무나 비판적인 어머니 밑에서 자라 형성된 애정 결핍, 여러 번 사회로부터 거부당한 결과 빚어진 자기 비하, 근친 상간의 경험으로 비롯된 남자에 대한 두려움, 자꾸만 움츠러드는 아내를 정면에서 계속 지적해야 할지 아니면 사랑으로 오래 참아야 할지 판단이 서지 않는 혼돈, 남을 기분 상하게도 않지만 그렇다고 어느 누구에게도 깊은 도움

---

4. 품위 있는 생활이라는 말의 정의는 그 사람이 속한 공동체에 달려 있다. 어떤 그리스도인들은 영적인 성숙을 술 마시고 춤추고 극장 출입 등을 일절 금하는 것으로 정의한다. 또 어떤 이들은 술 마시는 것은 허용하지만 안식일을 더 엄격히 지켜야 한다고 주장한다(주일에 테니스 치는 것 금지 등). 그런가 하면 다소 경건치 않은 언어를 쓰거나 극장 가는 것, 주일에 테니스 치는 것은 괜찮지만 속 좁은 사람처럼 보이게 만드는 확신 따위를 고수하는 것은 질색하는 이들도 있다. 이 세 경우 모두 인간의 마음 상태를 가시적인 표준에 대한 동조 여부로 측정하는 것이다.

을 주지 못하는 얄팍한 관계에서 느껴지는 심리적인 어려움 등이 그러한 '역동적인' 고통의 예입니다.

교회에서 지도자의 위치에 있는 이들 가운데 이러한 현실에 정직하게 직면하려는 사람들은 너무도 적습니다. 교회가 사람들이 던지는 질문과의 접촉점을 잃어버린 것입니다.

이제 우리는 보호막을 걷어 버리고, 우리의 내면을 갉아먹고 있는 긴장과 정욕과 분노와 두려움에 정직하게 직면해야 합니다. 그래야만 성경이 삶에 적용된다는 것이 무엇인지 제대로 이해할 수 있습니다. 만일 그렇지 못하다면, 단순히 강해 설교의 맨 뒤에 따라붙는 적용 정도로는 그 누구의 삶에도 깊이 가 닿지 못할 것입니다. 뿐만 아니라 이것은 대단히 해로운 일이기도 합니다. 상처를 안고 있는 사람에게 교회가 아무런 답을 주지 않는다는 것은, "그런 문제로 도움을 받으려거든 전문가를 찾아가라"고 말하는 것이나 다름없습니다.

우리의 교회 공동체와 신학교 공동체는 지금까지 너무나도 엄격한 예절을 갖추며 예의 바른 집단처럼 행동해 왔습니다. 그러한 예절은 우리의 진정한 실체와 우리가 부딪치는 문제들에 대해 부정(否定)의 태도를 유지하기 위해 만들어 낸 것들입니다. 그 결과 삶을 성경 밖으로 몰아내는, 딱딱하고 차가운 이른바 정통만 남게 됩니다.

신학교 도서관이나 학자의 서재에서는 하나님의 '말씀' 밖에 연구할 수 없습니다. 하나님의 '메시지'를 깨닫기 위해서는 그 성경 본문에 대한 이해를 가지고 다른 사람들과 나의 삶 속으로 깊이 파고들어가야 합니다. 이때 우리는 혼돈을 인정하면서 기도로 지혜를 구해야 하며, 신앙의 본질은 견고히 고수하되 그 밖의 것들에 대해서는 마음을 활짝 열어야 합니다.

우리의 '진리의 범주들'이 곧 '생활의 범주들'로 연결되기 위해서는 삶의 밑바닥에 있는 실체에 정직하게 직면해야만 합니다. 그럴 때 하나님의 진리는 비로소 그분을 알게 해주는 길의 역할을 하게 될 것입니다. 이제 우리는 왜 이런 끔찍한 미로 속으로 빠져들게 되었으며, 앞으로 어떻게 거기서 빠져나올 수 있는지 심각하게 고민해야 합니다. 인생의 처절한 현실 속에서 부딪치게 되는 문제들을 대할 때 우리는 성경 안에 해답이 있다는 확신을 가지고 성경으로 나아가야만 합니다.

- 사람들을 처음 만날 때 나는 왜 불편함을 느낍니까?
- 다른 사람들이 성공할 때, 특히 같은 분야에 있는 사람이 성공하면 왜 나는 질투를 느낍니까?
- 어머니가 자살한 일이 생각날 때마다 말할 수 없는 고통이 찾아오는데, 그럴 때는 어떻게 해야 합니까?
- 우리 아버지는 너무 나약해서 나를 사랑해 주지도 않았고 나와 함께 있어 주지도 않았습니다. 이 엄청난 사실을 나는 어떻게 받아들여야 합니까?
- 나는 내가 남자라는 사실이 두렵습니다. 그래서 여자가 되고 싶은 욕망이 강한데, 이것을 어떻게 해야 됩니까?
- 내가 진짜 내 느낌을 표현한다면 아무도 나를 좋아하지 않을 것만 같습니다. 이 뿌리 깊은 두려움을 어떻게 처리해야 합니까?
- 누군가 나의 잘못된 점을 지적해 주면 나는 그 말이 맞는데도 강한 반감을 느낍니다. 왜 그렇습니까?
- 나는 왜 내면의 문제들을 인정하기 싫어합니까?

여기서 기억할 점은 이것이 정신과 의사를 찾아오는 환자들만의 질문이 아니라는 사실입니다. 성가대장의 마음속에도, 교회 학교 담당 교역자의 마음속에도, 그리고 이제 막 교회에 나오기 시작한 젊은 부부의 마음속에도 이런 질문들은 도사리고 있습니다. 모든 그리스도인

이 심각한 고민을 마음속에 담은 채 살아갑니다. 그것을 입 밖으로 내는 사람은 많지 않습니다. 그런 문제를 묻는다는 것은 공동체의 규칙을 깨뜨리는 것이기 때문입니다. 무엇이든 참고 견디는 것이 그리스도인입니다. 그런가 하면 너무나 오랫동안 문제를 부정하는 방식으로 살아왔기 때문에 이제는 문제가 존재한다는 사실조차 느끼지 못하는 이들도 많습니다.

우리가 우리의 전존재를 성경의 진리 앞에 내려놓지 않는 한 성경은 결코 우리 삶에서 온전히 살아 역사하지 못합니다. 나는 신학교 교육과정을 두 부분으로 나누는 것이 바람직하다고 생각합니다. 하나는 하나님께서 성경 안에 대답해 놓으신 문제들을 다루는 과정이고, 다른 하나는 가지고 있는 성경 지식을 사람들이 묻는 질문들—인생의 고난들을 정직하게 인정하는 사람이라면 누구나 묻게 되는 질문들—과 관련짓는 과정입니다.

만약 신학교에서 이 일들이 이루어진다면, 우리가 문자로 정리한 교리들은 그야말로 삶을 변화시키는 진리가 될 것이며 사람들의 안과 밖을 바꿔 놓는 능력을 발휘하게 될 것입니다. 그런 일이 일어나기까지는 현재 우리가 전하는 복음과 회심자들에게 가르치는 정통이라는 것은, 사실상 그들로 하여금 마치 변화받은 척 행동하라고 요구하는 내용에 지나지 않습니다.

암시된 의미: 문제 해결의 모색

만일 우리가 인간 존재의 혼돈스러운 실체들에 정직하게 직면한다면, 우리는 성경의 교리적인 범주들로부터 발견하게 되는 사실들을 설명하지 않고는 견딜 수 없을 것입니다. 우리는 성경의 진리가 생명으로 인도하는 길이라는 사실을 깨달을 것이며, 나아가 그런 교리들 속에

담긴 암시적인 내용들이 어떻게 인생의 문제들을 본질적으로 설명해 주는지도 더욱 명확히 인식하게 될 것입니다.

대부분의 노출증 환자들이 성적 쾌감을 느낄 때는 자기 몸을 노출하는 순간이 아니라 피해자가 충격을 표현하는 것을 볼 때라고 합니다. 그 사실을 처음 배웠던 때가 생각납니다. 그것은 하나의 정보였습니다. 나는 이것을 사람들과의 이야기를 통해서 그리고 발표된 사례들을 읽음으로써 배웠습니다. 다시 말해서 성경에서 배운 게 아니라는 이야기입니다.

내가 과연 성경의 교리적 범주들이 상담가의 질문들에 대답하기에 충족하다고 믿는다면, 이제 나는 이 정보를 가지고 성경으로 가서 성경을 바탕으로 생각해 보아야 합니다. 우선 나는 이 정보에 대해 암시적인 의미를 전달해 줄 만한 성경의 범주들이 어떤 것일까 생각해야 합니다. 말할 것도 없이 이 문제에는 죄의 역사(役事)라는 것이 개입되어 있을 것입니다. 그러므로 나는 죄론이라는 신학 범주에 대해 알아볼 것입니다. 자기 기만이란 무엇입니까? 죄의 목적이란 무엇입니까? 죄는 왜 매력적입니까?

나는 무엇이 사람들에게 쾌락을 가져다 주는지 생각해야 할 것입니다. 목마른 사슴이 시냇물을 찾듯이 하나님을 갈망했다(시 42:1)는 시편 기자의 고백을 묵상해 볼 수도 있습니다. 하나님을 향한 정당한 열망이 괴상한 형태의 성적 쾌락을 향한 열망으로 왜곡되어 나타날 수 있을지 생각해 봐야 합니다. 남성과 여성이라는 성경의 범주에도 이 문제를 푸는 데 도움이 되는 암시점이 들어 있을지 모릅니다.

남성 노출증 환자는 필시 자신이 영향력을 미치는 존재가 되기를 갈망할 것입니다. 본래 하나님은 인간을 지으실 때 그와 같이 영향력을 미치는 존재로 지으셨습니다. 그리고 그것을 위해 세상을 정복하라고 말씀하셨습니다. 어쩌면 이 남자는, 자신은 의미 있는 영향력을 미칠 수 없으며 따라서 심각한 좌절과 허무를 느낄 수밖에 없는 존재라는 그릇되고 죄악된 결론에 도달했을지도 모릅니다. 남자라는 자신의 존재를 육체를 노출시킴으로써 알리고 그것으로 여자에게 충격을 주는 방식은, 다른 데서는 찾을 수 없는 만족을 얻기 위해 그의 죄성이 개발해 낸 전략일지도 모릅니다. 어쩌면 노출증 환자는 예레미야가 말했던 목마른 사람들에 대한 좋은 예가 아닌가 싶습니다. 그들은 스스로 웅덩이를 팠으나 그 웅덩이는 밑이 빠져 물을 담을 수가 없으며, 기껏해야 자기가 남자다운 남자가 된 것 같은 위장된 일시적 스릴밖에 가져다 주지 못하는 것이었습니다(렘 2:13).

성경을 연구하는 사람들의 과제는 성경이 제시하는 범주들 속에서 인생을 생각하는 것입니다. 만일 우리의 결론이 성경의 범주들이 암시하는 바를 제대로 반영해 주고 있다면, 우리의 개념이 성경적인 것이라는 주장은 그때에야 비로소 온당한 것이 될 수 있습니다. 우리의 생각이 얼마큼 권위를 가지느냐 하는 것은, 그 생각이 과연 성경이 명백히 가르치는 범주를 바탕으로 생겨난 것이냐 하는 데 달려 있습니다.

개인적으로 나는, 인간의 모든 현존하는 문제들을 성경의 교리적인 범주들에 비추어 생각하여 문제의 원인과 해결책에 대한 올바른 이해에 도달하는 꿈이 있습니다. 성경이 직접적으로 언급하지 않는 문제들에 대한 성경적 이해는, 우리가 관찰한 정보에 관하여 성경의 범주들이 암시해 주는 바를 깊이 연구할 때 가능하다고 나는 믿습니다.

이 책 2부에서는 두 가지 중심 되는 성경의 범주들, 즉 인간론(인간이란 어떤 존재인가?)과 죄론(인간이 갖고 있는 문제는 어떤 것인가?)에 대한 개인적인 견해를 제시하고자 합니다. 이것을 기본 틀로 우리는 인생 문제들에 대한 해답 찾는 일을 시작할 수 있습니다.

상담가들이 만나는 문제들을 '성경적인'이라는 딱지를 붙일 수 있는 방식으로 이해하기 위해서는, 우리는 성경 본문에서 얻은 성경적인 교리의 범주들로부터 시작해야 합니다. 이어 인생을 정직한 눈으로 바라보고 거기서 얻은 관찰 내용들을 한데 모은 뒤, 그것이 어떤 의미를 갖게 될 때까지 기도하는 마음으로 깊이 숙고해야 합니다. 그 다음에는 이 전과정을 필요한 만큼 여러 차례 반복해야 합니다. 이 과정을 간단한 공식으로 표현하면 다음과 같습니다.

성경적인 범주들 × 인생의 관찰 내용들 × 묵상 = 성경적인 이해

모본: 사람들에게 강력하게 전달하는 문제

성경적인 상담가들은 성경이 가르치는 개념(또는 범주)을 따라 사람을 이해하기 원합니다. 그러나 그들이 원하는 것은 여기서 멈추지 않습니다. 그들의 궁극적인 목적은 자기가 알고 있는 바를 사람들에게 전달하되 삶을 변화시켜 줄 수 있는 방식으로 전달하는 데 있습니다. 수술을 거부하는 외과 의사는 아무리 현명하고 재능을 가졌다 해도 세상에 별유익을 주지 못할 것입니다.

지금부터는 효과적인 전달의 핵심이 무엇인가 간단하게 살펴보고자 합니다. 래포(rapport: 상담자에 대한 내담자의 신뢰감) 형성, 해석의 시기 선정, 적절한 충고 등과 같은 상담 기법들은 모두 중요한 것입니다. 그러나 내가 여기서 말하려는 바는 이런 것들이 아닙니다. 나는 여기서 한 가지 성경적 원리를 강조하고자 합니다. 아무리 유능한 상담가라도 이 원리를 깨뜨리면 그 효력에 지장을 초래하게 됩니다.

그 원리는 간단합니다. 다른 사람에게 메시지를 전달할 때 우리는 내가 영향을 받은 그 깊이 만큼밖에 영향을 줄 수 없다는 것입니다. 데살로니가후서 3:7, 9에 이 원리가 잘 나타나 있습니다. 바울은 여기서 다른 사람들에게 자기를 본받는 자가 되라고 권면합니다.

어떻게 우리를 본받아야 할 것을 너희가 스스로 아나니 우리가 너희 가운데서 규모 없이 행하지 아니하며… 우리에게 권리가 없는 것이 아니요 오직 스스로 너희에게 본을 주어 우리를 본받게 하려 함이니라.

빌립보서 3:13-17과 고린도전서 9:4-27도 참조하십시오. 특별히 그리스도인의 메시지는 더욱 그렇습니다. 능력 있는 말씀을 선포하는 것은 먼저 그것이 내 심장에 깊이 뿌리 내렸을 때에만 가능합니다. 그리스도 안에서의 성숙이 없는 재능과 지식은 결코 우리를 하나님의 진리의 효과적인 전달자로 무장시킬 수 없습니다.

죄가 자기 내면에서 얼마나 교묘하게 작용하고 있는지 상담가 자신이 먼저 알아야 하며, 진정한 회개가 도대체 무슨 뜻인지 상담가 자신이 먼저 알아야 합니다. 그렇지 않다면 내담자가 듣고 싶어하는 말을 전달할 때 그의 말은 별효력을 나타내지 못할 것입니다.

훌륭한 해석과 주의 깊은 신학은 하나님의 진리를 다른 사람들에게 정확히 전달할 수 있게 해줍니다. 그 진리 속에는 실생활의 문제들을 암시해 주는 깊은 의미가 들어 있습니다. 그 의미에 대한 통찰력 있는 묵상은 우리가 상황에 적합하게 전달할 수 있도록 해줍니다. 그러나 무엇보다 중요한 것은 나 자신입니다. 꾸준한 성장이 뒤따르는 진리의 생활만이 그 전달을 능력 있게 합니다.

이미 오래 전부터 문학가들은 은유와 유추와 이야기식 문체와 신화 등이 사람들 마음속에 어떤 개념을 깊이 전달하는 효과적인 도구로 쓰인다는 사실을 알고 있었습니다. 그러나 진리의 실제 모습을 보여 줄 때, 그 전달은 단순한 진술과는 차원을 달리합니다. 주제가 명확하게 드러나는 것입니다.

상담가(또는 부모나 교사)의 숙제는 다른 사람들에게 들려주고자 하는 진리를 자기 삶 속에 나타내 보이는 것입니다. 그럴 때 진리는 서술된 문장을 통해서만이 아니라 능력 있는 삶의 본을 통해서 전달될 것입니다.

사람들이 성부 하나님이 어떤 분인지 알고 싶어할 때 우리는 곧바로 그들의 시선을 성자 하나님께로 향하게 합니다. 왜 그렇습니까? 그분은 "하나님의 영광의 광채시요 그 본체의 형상"이시기 때문입니다(히 1:3). 우리의 내담자들은 성경의 진리들이 어떻게 하나님과의 관계 및 다른 사람들과의 관계를 더 깊게 해줄 수 있는지 알고 싶어합니다. 또한 그렇게 관계가 개선될 때 그것이 삶의 문제를 해결하는 데 어떻게 도움이 되는지도 알고 싶어합니다. 그런 그들에게 우리는 '진리의 생활'이 어떤 것이며 그것이 문제 해결에 어떻게 도움이 되는지, 그 형상 즉 모본을 우리의 삶으로 보여 줄 수 있어야 합니다. 자신의 삶 속에서 성경의 메시지가 어떻게 역사하는지 이해하지 못한다면, 상담 이론과 기법에 대해 아무리 철저한 훈련을 받는다 해도 결코 성경적인 상담가를 만들지 못할 것입니다.

우리는 성경을 공부해야 하고, 우리의 교리적 입장을 정립해야 하며, 인생의 문제들에 정직하게 직면할 때 그 교리들이 갖는 암시적인 의미가 무엇인지 숙고해야 합니다. 그리고 우리가 그리스도 안에 있다고 선포하는 그 능력과 기쁨을 자신의 삶 속에서 실제로 맛보려 힘써야 합니다.

내용, 교리의 범주, 암시된 의미 그리고 모본, 이 네 가지를 한데 묶어 생각할 때 우리는 성경이 우리를 상담 사역자로 무장시키는 데 충족한 책이라는 사실을 바로 깨달을 것입니다.

상담 사역자로서 무장하기 위해 이제 우리가 취해야 할 단계는, 앞서 정리한 성경관을 사용하여 인간의 딜레마를 정의하는 것입니다. 이것이 2부의 주제입니다.

2부
인간 이해

5. 어떻게 하면 사람이 진정 변화될 수 있는가?
6. 인간은 하나님의 형상을 품고 있다
7. 의존적인 존재: 인간은 인격적인 존재다
8. 우둔해진 생각: 인간은 이성적인 존재다
9. 변화의 시발점: 회개
10. 선택의 자유: 인간은 의지적인 존재다
11. 인생의 희비를 느낌: 인간은 감정적인 존재다

5
어떻게 하면 사람이 진정 변화될 수 있는가?

　사람은 누구나 문제를 안고 살아갑니다. 다른 사람과의 깊은 관계보다는 당장 겉으로 보이는 것을 더 중요시하는 생명 잃은 기독교 신앙의 기준으로 본다면, 문제가 그리 심각하지 않은 것처럼 보입니다. 어느 교회를 가나 우울한 여자, 가정에 불충실한 남편, 반항적인 젊은이는 있게 마련인데, 그래도 대부분의 성도가 그런대로 잘 지내는 것을 보면 말입니다.
　그러나 뜨거운 사랑으로 하나님을 갈망하고 긍휼함으로 남을 섬겨야 한다는 척도에 견주어 본다면, 참으로 많은 사람들이 미달 판정을 받을 것입니다. 단지 불안 발작이나 동성(同性) 애착으로 고생하는 사람들만 도움이 필요한 것은 아닙니다. 바로 우리 모두가 도움이 필요한 사람들입니다.
　내 삶이 하나님께서 본래 계획하신 인생의 방향으로 향하기 원한다면, 다른 사람들을 그 길로 인도하는 법을 알고자 한다면 다음의 세 가지 질문에 대해 생각해 보아야 합니다. 우리는 누구입니까? 왜 우리에게는 그토록 많은 문제가 있습니까? 그리고 그 해결책은 무엇입니까?

우리에게는 사람과 문제와 해결책의 올바른 이해를 위한 모델이 필요합니다. 그 모델은 일반적인 상황에 적용될 수 있을 만큼 넓어야 하며, 또한 특수 상황에도 적용될 수 있을 만큼 실제적이어야 합니다. 2부에서는 우리가 누구이며 왜 우리에게 문제가 생기는 것인지를 살펴보고, 3부에서는 그 해결책에 대해 알아보겠습니다.

첫째는 사람입니다. 서로의 차이점들을 벗어 버릴 때 인간은 서로 유사한 존재가 됩니다. 무엇이 서로를 유사한 존재가 되게 합니까? 우리를 똑같이 인간 되게 해주는 그 공통점은 무엇입니까? 아프리카의 마법사와 미국 대도시에 사는 세련된 백발 할머니를 한데 묶어 주는 것은 무엇입니까? 여피(yuppies)와 시골뜨기가 공유하는 부분은 무엇입니까?

사람들은 어떤 원리를 사용하여 결정을 내립니까? 우리를 움직이게 하는 것은 무엇입니까? 감정은 어디에서 나옵니까? 무의식적인 동기와 사고라는 것은 과연 존재합니까? 아니면 심리학자들이 상상 속에서 만들어 낸 그럴듯한 허구에 지나지 않습니까? 우리는 우리가 누구이며 어떻게 움직이는 존재인지 알아야 합니다.

둘째는 문제입니다. 사람이라면 누구에게나 잘못이 있다는 것은 그리 깊은 통찰력 없이도 쉽게 내릴 수 있는 결론입니다. 인간이라는 기계는 어딘가 분명히 전선이 꼬여 있습니다. 어떤 사람은 친구가 조금만 불친절하게 대해도 곧 우울해지는 반면, 많은 이들에게 거부당하고도 쉬 잊어버리는 사람이 있습니다.

우리 주변에는 정량보다 더 먹고 싶어하는 욕구와의 싸움에서 늘 패배하는 이들이 많습니다. 자기 훈련이 잘 되어 있는 사람은 그렇게 많지 않습니다. 젊은 여자들 가운데는 이 자기 통제가 지나쳐 날씬한 몸매를 추구하는 강박적인 다이어트로 나타나는 경우가 점점 늘고 있습니다. 건강을 해치는 것은 물론이고 심지어 죽음으로까지 몰고 가는 경우도 있습니다.

　대부분의 사람들이 따뜻한 불빛 속에서의 친밀한 관계를 꿈꾸며 결혼의 첫발을 내딛습니다. 그러나 근래에는 그 가운데 많은 결혼 관계가 이혼으로 끝나고 맙니다. 결혼 전의 기대에 미치지 못하는 경우가 거의 대부분입니다. 또 성적인 좌절이 끝내 해결되지 않은 채 그만 감정적, 육체적 분리로 치닫는 경우가 얼마나 많은지 모릅니다. 그런가 하면 때로 사람들은 쾌락으로 손짓하는 일탈적인 욕구의 강렬한 유혹을 이기지 못하여, 한순간의 빗나간 쾌락을 위해 가정과 직장마저 희생하기도 합니다.

　그토록 뜨겁게 연합을 다짐하며 시작한 교회들도 종종 두 진영으로 갈라지곤 합니다. 냉전이든 열전이든 아니면 완전 분리든 결과는 나눔입니다. 물론 진정한 연합을 맛보는 교회도 있지만, 그런 교회들조차도 심각한 문제가 전혀 없었던 것은 아닙니다.

　친구의 아이가 잘못되었다는 이야기를 들으면, 진정으로 그 문제에 관심을 보이면서도 왠지 마음 한구석에 고소해 하는 감정이 도사리고 있는 것을 보게 됩니다. 그런가 하면 상처받은 사람의 고통을 함께 느끼며 함께 우는 경우도 있습니다.

　무엇이 잘못되었습니까? 우리의 관계는 분명 정상이 아닙니다. 무엇 때문입니까? 문제의 뿌리는 무엇입니까? 이것이 바로 둘째 질문입니다.

　셋째는 해결책입니다. 추리 소설을 읽다 보면 끝 장면을 펼쳐 보고 싶은 유혹이 듭니다. 그러나 우리는 그 유혹을 물리쳐야만 합니다. 탐정이 풀어 가는 실타래의 복잡성을 먼저 이해하지 않고서는, 그가 보여 주는 기막힌 수사의 묘미를 제대로 느낄 수가 없습니다. 똑같은 원리가 여기에도 적용됩니다. 사람과 문제를 제대로 이해할 때 제대로 된 해결책이 나올 수 있다는 것입니다. 예컨대 갈보리라는 해결책도 죄의 문제를 얼마큼 이해하고 있느냐에 따라 그 크기가 다르게 와 닿는 것입니다.

우리가 누구이며 우리에게 왜 그렇게 문제가 많은지를 알아낸다는 것은 어렵고 때로는 지루하기도 한 작업입니다. 그러나 우리가 이 작업을 건너뛰어 버린다면, 다른 사람들을 도우려는 우리의 노력은 얄팍한 것이 될 것이며, 더 장기적으로 볼 때 무용지물이 될 것입니다.

여기서, 우리가 부딪치게 될 한 가지 장애물이 있습니다. 우리에게 분명한 변화의 이론이 없다는 것입니다. 성질 급한 부모가 까다로운 자녀들 앞에서 어떻게 인내심을 키울 수 있습니까? 두려움에 싸인 갓 결혼한 남자가 어떻게 자신감 있고 사랑 많은 남편이 될 수 있습니까? 동성을 보며 성적 흥분을 느끼는 여자가 어떻게 이성(異性)에 대한 욕구를 가지겠습니까? 상담가들과 목사들을 포함하여 우리는 대부분 이런 질문들의 답을 알지 못합니다.

사람은 반드시 바뀌어야 하고 그리스도인은 그리스도 안에서 성장해야 합니다. 우리는 모두 그 사실을 압니다. 또 그것이 가능하다고 믿습니다. 그러나 이 변화가 어떻게 일어나며 무엇이 이 변화를 촉진시키는지에 대해서는 분명히 알지 못합니다. 아는 것이라고는 그저 순종하고 기도하고 말씀을 보아야 한다는 몇 가지 기본 개념들밖에 없습니다. 우리는 흔히 신학이니 기독교 교육 방법이니 교회 구조니 하는 주제를 가지고 감동적인 토론을 함으로써 자신의 무지를 숨기려 듭니다. 대부분 이런 토론들에 공통적으로 빠지는 것이 바로 조리 있게 정리된 변화 모델입니다.

돌아오는 주일, 교회 임원회에 가서 사람이 어떻게 변화된다고 생각하는지 임원들에게 한번 물어 보십시오. 과거 자신들의 삶 속에서 일어났던 변화의 실례를 참고하여 대답해 보라고 하십시오. 그 변화가 구체적으로 무엇 때문에 일어났는지 묻는다면 아마 하나님과 그분의 말씀의 능력에 대한 케케묵은 진부한 얘기들을 무더기로 듣게 될 것입니다. 그러나 그 말들을 자세히 살펴보십시오. 이것은 그들이 변화의 원인에 대해 알고 있는 바가 거의 없다는 이야기나 마찬가지입니다. 우리에게는 다른 사람을 돕는 일에 구체적인 전략으로 쓸 수 있을 만한, 문제 해결에 대한 분명한 개념이 없습니다.

내가 생각하기로, 우리가 변화 모델을 만들어 내지 못하는 것은 사람과 문제에 대한 이해가 모호하고도 피상적이라는 사실과 직접 관련되어 있습니다. 그 우울증이 왜 생겨났는지를 먼저 이해하지 못하고서야 어찌 우울증을 극복하도록 도울 수 있겠습니까! 돕는다 해도 좋은 성과를 나타내시는 못할 것입니다. 우리는 먼저 사람들 내부에서 무슨 일이 일어나고 있는지 분명한 개념을 가져야 합니다. 그래야만 자신 있게 어느 방향이든 제시해 줄 수 있게 됩니다.

정직한 연구는 필연적으로 혼란을 야기시킵니다. 상담가들은 너무나 자주 이 혼란을 회피한 채 그저 자기가 좋아하는 이론에 안일하게 주저앉고 맙니다. 물론 그 이론도 최소한 몇 가지 문제에 대해서는 답을 제시할 수 있을지 모릅니다. 어렵게 얻은 결론을 뒤집어 놓을 수도 있는 '사소한' 몇 가지 사실들을 무시한다는 것은 정말 구미가 당기는 일입니다. 왓슨(Watson) 박사 말처럼 나중에 사실이 아니라는 게 밝혀질 이론을 가지고 우리는 지금 기뻐하고 있는 것입니다. 그보다는 고통이 따르긴 하겠지만 셜록 홈즈가 취한 방법이 더 훌륭한 길입니다. 그는 아무리 사소한 일이라도 모든 문제가 해명될 때까지 기꺼이 그 혼란 상태에 남아 있었습니다.

우리에게는 사람과 문제와 해결책이라는 주제에 다가갈 수 있는 길, 즉 모델이 필요합니다. 그 모델은 모든 자료를 포괄할 수 있는 유연성을 가지고 있어야 하며, 실제 삶 속에서 지침을 삼을 수 있을 만큼 충분히 구체적이어야 합니다. 지금부터 이 영역들을 살펴보는 데 있어서 적어도 이것만큼은 중요하다고 생각하는 다섯 가지 사실이 있습니다. 이제 하나하나 소개하겠습니다.

1. 사람을 이해하는 데는 서로 다른 많은 접근들이 있습니다.
2. 사람은 누구나 어떤 주제에 대하여 자기 나름의 개념을 갖고 있으며, 그 인식과 정확성의 정도는 사람마다 다릅니다.
3. 우리가 받아들이는 견해가 어떻든, 그것은 우리가 사람과 인생을 다루는 데 깊은 영향을 미칠 것입니다.
4. 그 모든 접근들이 다 옳을 수는 없습니다. 그 개념들 가운데 다수는 서로 모순됩니다. 그러므로 그 중에는 분명 잘못된 것들도 있습니다.
5. 사람, 문제 그리고 해결책에 대한 진정한 이해는 인생 범사의 배후에 인격적인 창조주가 계심을 인정할 때 비로소 가능해집니다.

어느 책에 보니 오늘날 심리학 분야에는 사람을 이해하는 방식에 대한 모델이 200가지도 넘는다고 합니다.[1] 이렇게 선택안이 많은 상황에서 유용한 몇 가지를 간단히 추려내려 한다면 우리는 필경 포괄성을 잃고 말 것입니다.

그러나 이러한 혼란 속의 정리 작업에는 충분히 대가를 치를 만한 유익이 있습니다. 그 많은 접근들을 몇 가지 공통적인 주제를 따라 대별할 수 있다면, 대안들의 평가 및 우리 나름의 결론에 도달하는 데 분

---

1. Joseph F. Rychlak, *Introduction to Personality and Psychotherapy*, 2판 (Boston: Houghton Mifflin, 1981).

명 유용한 기초가 될 것입니다.

이미 1부에서 다룬 개념을 반복하는 것이 되겠지만, 우리는 반드시 성경의 내용을 척도로 사람과 문제와 해결책에 관한 모든 개념의 신빙성을 측정해야 합니다.

세 가지 기본 모델

어떤 내담자가 우울하다고 얘기할 때 상담가로서 우리가 가장 먼저 할 일은 그 문제의 원인이 신체적인 것인지의 여부를 조사하는 것입니다. 어떤 기준을 가지고 그것을 구분하느냐는 여기서 다룰 문제기 아닙니다. 여기서는 이 우울에는 신체적인 원인이 전혀 없다고 가정합시다. 그러면 이제 어떻게 해야 합니까?

이 우울이 최근에 일어났던 사건들과 상관이 있는지 알아보고자 질문을 던지니, 내담자는 이 우울을 유발할 만한 사건이 전혀 없었다고 얘기합니다. 최근에 사랑하는 사람이 죽은 일도 없었고, 건강도 좋은 편이며, 가족들 관계도 문제가 없습니다. 중대한 위기가 발생한 적도 없었고, 직장이나 수입도 만족스러운 편입니다.

사람들과 이야기를 하다 보면, 도대체 방향을 어디로 잡아야 할지 전혀 감이 잡히지 않는 경우가 종종 있습니다. 길이 선명히 떠오를 듯하면서도 점점 미궁으로 빠져 들곤 하는 것입니다. 사람들은 우리를 혼란스럽게 만듭니다. 그렇기 때문에 상담가들은 내담자가 제시하는 자료에 의존하기보다는 자신이 갖고 있는 이론들에 근거하여 방향을 정할 수밖에 없습니다.

상담가는 우울에 빠진 내담자와 이야기를 하는 이 상황에서도, 사람은 어떤 존재이고 문제는 왜 생겨나며 가능한 해결책은 무엇인가에 대해 자기가 이해하고 있는 바를 따라 움직이게 될 것입니다. 이것을 좀

더 폭넓은 관점에서 이야기해 본다면, 상담가는 다음의 세 가지 기본 모델 중 하나를 따라 상담을 진행하게 될 것입니다. 다시 말해, 사람을 이해하는 방식에 대한 수백 가지 접근들 대부분이 다음 세 가지 범주 가운데 하나에 속한다고 할 수 있습니다. 역동 모델, 도덕 모델 그리고 관계 모델이 바로 그것입니다.

역동 모델에 따르면 사람을 통제하는 것은 내면의 과정들(흔히 성격 역동이라고 함)입니다. 이 내면의 과정은 대개가 무의식적인 것입니다. 이 역동적 실체의 뿌리와 그것이 발휘하는 힘의 근원은 개인의 과거, 즉 어린 시절에 있습니다. 정신 분석가들은 '근원의 재구성'을 제창합니다. 어린 시절의 사건들이 어떻게 오늘날의 감정과 태도를 유발하는지 이해하려는 노력을 지칭하는 용어입니다.

예를 들어 무정하고 지배적인 어머니가 자라나는 어린이에게 꼭 필요한 애정을 주지 않았고, 나약하여 좌절감에 빠진 아버지가 불행해지는 가정을 보고도 거기 뛰어들어 올바로 붙잡지 못하였다고 합시다. 역동 이론가들은 이런 경우 그 아이에게 다음 두 가지 성향이 발달하게 된다고 주장합니다. 강한 인상을 주는 여자를 증오하며 두려워하는 성향과, 동조와 후퇴로밖에 자기 세상을 다스릴 줄 모르는 나약한 인간으로서의 자기 이미지(아버지를 그대로 닮은 것)입니다.

이런 역동적인 과정(특별한 부류의 여자에 대한 증오 및 두려움과 부정적인 자기 이미지)들은 어린 시절 피해의 산물입니다. 현재의 문제들 밑바닥에는 이러한 과거의 피해가 숨어 있으며 바로 그 곳에 치료가 필요합니다. 이렇게 어린 시절의 상처를 가지고 있는 사람의 인생에 어떤 낙심되는 일이 생기면, 그는 이런 무의식적인 성향들이 지시하는 대로 반응합니다. 여자와의 관계는 가능한 한 회피하면서도, 인생의 문제를 해결하는 데 있어서는 여전히 자기보다 강한 존재를 의존하려 드는 것입니다.

역동 모델을 사용하는 많은 상담가들은 이러한 내면의 심리 과정을 질병으로 간주하여 치료가 필요하다고 합니다. 내담자는 근본적으로 부모의 잘못된 양육의 희생자입니다. 그에게는 성격 구조의 해부와 재정리를 목표로 하는 집중적인 치료가 필요합니다. 내담자가 현재의 사람들과 관계 맺는 양식을 바꾸지 못할 때마다, 상담가는 그에게 아직 처리되지 않은 과거의 내적 억압이 남아 있다고 생각합니다. 그러므로 더 깊은 통찰력, 지속적인 치료가 필요합니다.

역동 모델은 문제를 볼 때 기저에 깔린 질병의 한 증상으로 봅니다. 그런 면에서 이 모델을 인간 이해에 관한 '의학적 모델'이라고도 말합니다. 의사가 환자를 볼 때 몸에 질병을 가진 사람으로 보듯, 상담가도 심리적 질병으로 고통하는 환자에게 치료를 제공합니다. 이 치료의 본질적 요소는 문제의 숨겨진 뿌리를 찾아내는 것입니다. 뿌리를 찾아내면 현재의 문제를 더욱 원활하게 처리할 수 있다는 것이 역동 모델 상담가들의 생각입니다.

도덕 모델은 역동 모델과는 정반대로 사람을 봅니다. 이런 견해를 가진 상담가들이 중요시하는 것이 있습니다. 즉 상담가가 내담자의 문제 행동에 대해 조금이라도 주의를 덜 기울이게 되면, 내담자는 그것을 자신의 무책임에 대한 변명의 기회로 삼는다는 것입니다. "내가 너무 우울하여 잔디를 깎을 수 없다면, 어쩔 수 없는 일입니다. 나한테는 아직 치료되지 않은 내면의 문제들이 있단 말입니다."

도덕 모델의 상담가들이 보기에, 인간이란 혼란에 빠진 존재이기보다는 고집을 내세우는 존재입니다. 우리의 모든 행동의 뿌리는 이른바 역동 과정에 있는 것이 아니라 인간의 고집스런 의지에 있습니다. 사람은 자기 행동에 대해 책임을 져야 합니다. 그러므로 훌륭한 상담이란 시종 구체적인 행동 성향에 초점을 맞춥니다. 이들은 변화된 행동을 기준 삼아 성과를 측정합니다. 무책임한 행동을 찾아내서 적절한 변화를 촉구하는 것이 곧 상담가의 할 일입니다. 도덕 모델의 상담 내용 중 많은 부분을 차지하는 것은, 지금까지 지속되어 온 무책임한 행동들에 대한 구구한 변명들을 제거하는 작업입니다.

도덕 모델 상담에서는 과제를 부여하는 기법이 중요한 역할을 합니다. 지속적으로 시간을 내서 성경 공부나 기도를 하라든가, 배우자를 칭찬해 주라든가, 가계부를 쓰라든가 하는 과제들은 문제 해결을 돕는 데 아주 요긴한 도구로 사용됩니다. 의도적이든 그렇지 않든(상황에 따라 다름), 행동 밑에 숨어 있는 동기에도 그다지 주의를 기울이지 않습니다. 다만 행동이 바르게 되면 동기도 바르게 된다고 주장할 뿐입니다.

관계 모델은 역동 모델과 도덕 모델을 둘 다 취하여 인간을 봅니다. 이 모델에 따르면, 인간의 정서 장애의 원인은 숨겨진 깊은 역동적 과정들에 있는 것이 아닙니다. 그렇다고 인간이 가진 문제의 원인이 무책임한 선택 성향에만 있는 것도 아닙니다. 여기서 관심의 요점이 되는 것은 만족을 가져다 주지 못하는 인간 관계입니다.

관계 모델 상담가들에게 있어서, 인간에 대한 가장 중요한 사실은 그들이 심리적으로 복잡한 사람들이라거나 도덕적으로 무책임한 사람들이라는 데 있지 않습니다. 인간은 사랑하고 사랑받도록 지어진 존재라는 사실에 있습니다. 인간은 관계를 맺으며 살도록 지음받았습니다. 자연히 우리는 관계를 갈망합니다. 인간은 내면 가장 깊은 곳에서 다른 사람들과의 친밀하고 의미 있는 관계를 애타게 찾고 있는 것입니다.

이렇게 본다면 인간의 문제는 중요한 관계들 속에서 나타나는 두려움과 긴장의 고통을 해결하려는 방어적인 시도라고 이해할 수 있습니다. 우리는 서로에게 방어적으로 반응함으로써 자신이 그토록 갈망하던 친밀함을 얻을 기회를 최소화시키고 맙니다. 그 결과 깊은 고독이 찾아오고, 이 고독은 다시 상처의 두려움으로부터 자신을 보호하리라는 결심을 더 강하게 만들어 줍니다. 상처, 방어적인 후퇴, 더 큰 상처, 더 깊은 후퇴, 사람들은 이러한 악순환에 사로잡혀 있습니다.

관계 모델 상담가들은 내담자들에게 인정(認定)의 관계를 제공하고자 합니다. 그것은 첫째, 적어도 어떤 한 사람과 아니 그 이상의 사람들과 의미 있는 상호 작용을 통해 외로움을 줄일 수 있다는 희망을 심어 주고, 둘째, 새로운 비방어적인 관계 유형을 연습해 볼 수 있는 안전한 장(場)을 마련해 주기 위해서입니다.

개방, 용기, 약점 노출, 자기 의견 발표 등이 관계 상담가들이 특히 강조하는 덕목입니다. 사람들은 자기가 다른 사람들 사이에 있을 때 어떻게 느끼는가를 지기 자신에게 솔직하게 인정할 필요가 있습니다. 또한 진정한 자기가 될 수 있는 용기도 필요합니다. 우리는 애정을 얻으려거나 거부를 피하기 위한 조직적인 시도들을 포기해야 하며, 그 대신 위장이나 후퇴 없이 다른 사람들에게 자기 자신을 있는 그대로 내보여야 합니다.

지금까지 얘기한 각 모델의 핵심 사항이 도표 5-1에 잘 요약되어 있습니다.

〈도표 5-1〉

	문제	해결책
역동 모델	질병	치료
도덕 모델	무책임 / 죄	행동 변화의 촉구
관계 모델	외로움	안정 / 자기 표현

대부분의 상담 접근들이 위의 세 모델 중 한 가지(혹은 그 이상의) 핵심 가정을 취하고 있는 것을 볼 수 있습니다. 아예 전적으로 한 가지 모델에 속해 있는 접근이 있는가 하면(nouthetic 상담은 대부분 도덕 모델을 따르고 있고, 로저스의 상담은 관계 모델에 초점을 맞추고 있으며, 고전적 정신 분석은 분명한 역동 모델입니다), 쉽게 어느 한쪽으로 분류하기 어려운 것도 있습니다.

예를 들어 행동 요법은 역동 모델과 도덕 모델을 기발하게 혼합한 방법입니다. 이 치료는 사람은 좋지 않은 환경의 피해자라고 주장하는 동시에, 변화되어야 할 것은 내면 구조가 아니라 행동이라고 강조합니다. 게슈탈트 요법과 그 한 계파인 프라이멀 요법은 역동 모델과 관계 모델이 혼합된 것입니다.

그 많은 접근들을 다 이 세 가지 모델에 비추어 자세히 규명할 필요는 없습니다. 그러나 이 모델들이 가진 중심 가정은 우리의 인간관에 기본이 되기 때문에 충분히 생각해 볼 가치가 있다고 확신합니다.

'어떻게 상담할 것인가'는 우리가 어떤 가정을 받아들이느냐에 따라 달라집니다. 예를 들어 역동 모델 상담가는 사람들에게 행동을 변화시키라는 충고를 거의 하지 않습니다. 반면에 도덕 모델 상담가는 지시적인 충고를 자유자재로 사용합니다.

도덕 모델 상담가는 내담자의 과거나 현재의 미묘한 동기들을 깊이 살펴보는 데는 별로 시간을 들이지 않습니다. 그러나 역동 모델 상담가는 그런 것을 찾아내는 일이 진정한 도움의 핵심이라고 생각합니다.

관계 모델 상담가는 내담자의 의존성이라는 주제에 대해서는 별 관심이 없으나, 역동 모델 상담가는 전이(轉移) 취급과 전문가로서의 거리 유지 문제에 심각한 노력을 쏟아 붓습니다. 관계 모델은 상담자와 내담자 사이의 관계를 변화의 근본 도구로 삼아 거기에 초점을 맞추는 반면, 도덕 모델은 상담의 도구로써 지시를 강조합니다.

어느 모로 보나 각 모델은 서로 다릅니다. 어느 모델을 가지고 상담하느냐에 따라 방향은 달라지게 되어 있습니다. 어떤 것을 믿어야 할지 조심스럽게 결정하는 일은 매우 중요합니다. 이 모델들이 전적으로 옳을 수는 없기 때문입니다.

사람과 문제와 해결책에 대한 모든 개념을 측정할 수 있는 어떤 기준이 있다면, 우리는 모든 견해들을 그 기준에 비추어 살펴보아야 합니다. 우리는 성경이 절대 권위의 완전하고 충족한 기준이라고 앞에서 이미 결론을 내렸습니다. 그러므로 어떤 상담 모델이 바람직한 것인지는 성경을 기준으로 알아낼 수 있습니다.

성경적 상담가는 역동 모델 이론가의 말처럼 인간의 마음속 깊이까지 파고들어가 들여다보아야 하는 것입니까? 아니면 그런 유의 깊은 분석은 상담가에게는 제한 구역이요 오직 성령께서만 하실 수 있는 일입니까?

성경적 상담가는 행동 변화에 주안점을 두어야 합니까? 다시 말해서, 변화받고자 하는 개인의 결심을 강화시켜 주고 돕기 위해 기도나 성경 읽기, 교회 출석 같은 것을 꼭 필요한 도구로 강조해야 합니까? 아니면 성경의 인간관은 행동 변화를 중시하는 이들이 고려하는 사항들보다 훨씬 더 복잡한 것입니까?

성경적 상담가는 우리에게 서로 사랑해야 할 책임이 있다는 사실을 근거로 관계 모델을 선택해야 합니까? 아니면 더 깊은 내성(內省)과 더 강한 직면(直面)도 함께 중요한 것으로 취급해야 합니까?

어떤 모델이 성경적인 모델입니까? 그 중 어느 하나가 다른 둘보다 더 성경적입니까? 혹 그 중 두 가지 모델이 보다 성경적입니까? 세 개 모두를 뒤섞는 것이 성경적입니까? 아니면 완전히 다른 또 하나의 모델이 필요합니까? 이것이 다음 장의 주제입니다. 우선 "우리는 누굽니까?"라는 질문에 대해 생각해 보는 것으로 시작하겠습니다.

6
인간은 하나님의 형상을 품고 있다

최근에 미국의 어느 유수한 대학교 심리학부의 길다란 복도를 왔다 갔다하면서 시간을 보낼 기회가 있었습니다. 쭉 가다 보니 인간 본성을 주제로 연구한 책들만 모아 놓은 곳이 있었는데 그 분량이 매우 방대했습니다. "나는 누구인가?"라는 문제를 가지고 씨름했던 남녀 학자들의 다양하고도 더러 서로 모순되는 개념들이 자그마치 수천 권이 넘는 책들에 빼곡히 들어차 있었습니다.

책들을 계속해서 뒤적여 보노라니 깊은 무력감 같은 것이 내 속을 휩쓸고 지나가는 느낌을 떨칠 수 없었습니다. 지금도 기억이 생생합니다. 과연 답을 아는 사람이 있단 말입니까? 우리는 이 질문에 대하여 신빙성 있고 권위 있는 대답을 얻을 수 있습니까? 아니면 인간이란 어쩔 수 없이 상상과 추측의 산물일 수밖에 없다고 생각해야 합니까? 나는 누구이고 나의 아내와 자녀들은 누구이며 나의 내담자들이 어떤 존재인지 내가 과연 알 수 있단 말입니까?

나는 "이런 질문은 너무 철학적인 질문들이다" 하면서 무시하고,

"보다 실제적인 문제에 신경을 써야 한다"고 주장하는 우를 범하고 싶지 않습니다. 우리가 누구인가 하는 것은 정말 엄청나게 중요한 질문이며, 장기적으로 본다면 그만큼 실제적인 문제도 없습니다. 사람들로 하여금 책임감 있고 생산적이며 기쁨 넘치는 삶을 살게 해주기 위해 쏟는 우리의 모든 노력들은 반드시 이 질문에 대한 어떤 특정한 입장을 전제로 이루어집니다.

여기 내담자에게 억압된 감정을 해소하라고 권면하는 상담가가 있다면, 그는 인간 본성에 대하여 다음과 같은 개념, 즉 감정 표현은 건강하다는 개념을 전제로 하고 있는 것입니다. 또 우울을 경감시키기 위해 기존의 부정적인 인식을 건강한 인식으로 바꾸려는 상담가가 있다면, 그는 건강한 기능의 주요 요소는 우리가 직접 통제할 수 있는 의식적인 정신 과정들이라는 이론을 받아들이고 있는 것입니다.

밖으로 드러나든 속으로 감추어져 있든, 상담 이론은 언제나 인간 본성에 대한 기본 개념들로부터 출발하도록 되어 있습니다. 이 개념들에는 두 가지 기능이 있습니다. 우리가 상담 모델을 정립할 수 있는 길잡이 역할을 한다는 것이 바로 그 하나입니다. 그러므로 상담 모델을 만들기에 앞서 먼저 인간 본성에 대한 입장을 분명히 하는 것이 반드시 필요합니다.

인간 본성에 대한 질문을 던지기 시작한다는 것은 곧 직관이나 이성적 사고 또는 경험적 관찰로는 도저히 불가능하다는 사실이 금방 드러나는, 전혀 차원이 다른 대화의 영역으로 들어간다는 것을 뜻합니다. 모든 해답을 다 알고 있는 어떤 타자(他者)가 자기 지식을 우리에게 전달해 주겠다고 나서지 않는 한, 우리는 돛대도 아니 달고 삿대도 없이 이리저리 멋대로 표류할 수밖에 없습니다. 계시가 없다면 우리는 불확실성 속에 갇혀 버리고 맙니다. 그러기에 수천 권의 책이 나왔어도 인간 본성에 대해 대충 합의하는 것에조차 도달하지 못하는 것입니다.

우리에겐 계시가 필요합니다. 기뻐하십시오. 하나님께서 이 주제에 대하여 우리에게 이미 말씀하셨습니다.

나의 기본 틀은 성경의 계시입니다. 나는 사람들에 대하여 생각할 때 두 가지 가정을 합니다. 이것이 내게는 경계선과 길잡이라는 두 가지 기능을 담당합니다.

첫 번째 가정은, '인간은 하나님과 비슷한 존재'라는 것입니다. 성경은 우리가 하나님의 형상대로 지음받았다고 명백하게 말하고 있습니다. 다른 의미도 있겠지만 이 말 속에는 인간이 몇몇 중요한 부분에서 하나님을 닮았다는 핵심 개념이 들어 있습니다.

두 번째 가정은 '뭔가 끔찍한 일이 일어나 그 유사성을 신가하게 왜곡시켜 버렸다'는 것입니다. 우리 안에 있는 것들과 세상 안에 있는 것들은 더 이상 애초의 모습이 아닙니다. 아담은 죄를 범함으로써 자기 자신과 모든 후손의 모습을 심각하게 일그러뜨려 놓았습니다. 지금 우리의 기능은 원래 의도되었던 것보다 훨씬 낮은 수준입니다. 지금 우리는 공중을 나는 것이 아니라 찌그러진 날개를 달고 도로 위를 볼썽사납게 굴러다니는 비행기와 같은 모습입니다. 하나님의 형상이 괴상망측한 몰골로 전락해 버린 것입니다. 그러나 아예 잃어버린 것은 아닙니다. 그저 심각하게 훼손된 것입니다.

인간을 이해하는 데 있어서 나의 출발점은 이것입니다. 즉 사람은 타락한 형상 보유자(fallen image-bearers)라는 사실입니다. 내가 이런 전제를 받아들이는 이유는 성경이 그것을 받아들이기 때문입니다.

창세기 1장을 보면 아무런 소개도 없이 바로 하나님 이야기가 나옵니다. 그분은 그냥 존재하십니다. "태초에 하나님이…"(1절).

같은 장에 하나님의 특별한 피조물인 인간이 등장합니다. 인간이 특별한 것은 하나님의 형상을 보유하고 있기 때문입니다.

하나님이 가라사대 우리의 형상을 따라 우리의 모양대로 우리가 사람을 만들고…하나님이 자기 형상 곧 하나님의 형상대로 사람을 창조하시되 남자와 여자를 창조하시고(창 1:26-27).

인간은 하나님의 형상을 보유하고 있기에 하나님과의 관계 속으로 들어갈 수 있습니다. "하나님이 그들에게 복을 주시며 그들에게 이르시되…"(창 1:28).

창세기 3장에는 인간의 비극적인 타락 장면이 기록되어 있습니다. 관계는 단절되었고 형상은 훼손되었습니다. 창세기 4장부터 성경 맨 끝부분까지 인간은 타락한 형상 보유자(image-bearers)로 등장합니다. 고귀함(형상)과 부패성(타락)을 동시에 가진 존재인 것입니다.

인간을 정확하게 이해하려면 우리는 이 본질적인 고귀함의 미(美)와 부끄러운 부패성의 추(醜)를 동시에 고려해야만 합니다. 성경적 상담 모델은 하나님의 형상과 인간의 타락을 출발점으로 삼아야 합니다. 그림 6-1은 그것을 잘 나타내 줍니다.

〈그림 6-1〉

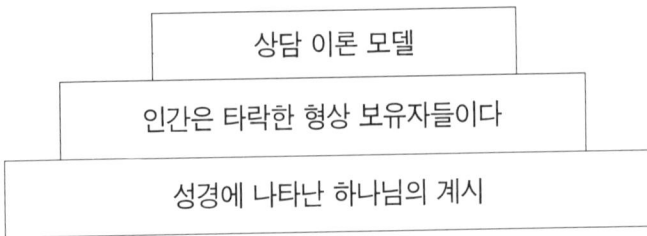

하나님의 형상

하나님의 형상대로 지음받았다는 것은 무슨 의미입니까? 우리는 먼저 이 질문부터 생각해 보아야 합니다. 이 질문은 역사상 뜨거운 쟁점이 되어 왔고, 앞으로도 주님 오시는 날까지 계속 그러할 것으로 보입니다.

이 주제에 대한 나의 입장을 피력한다고 해서 이 논쟁이 종식되리라고는 생각지 않습니다. 오히려 내 이야기가 신학 교육을 받지 않은 독자에게는 너무 복잡하고, 신학 교육을 받은 독자에게는 너무 간결하고 미흡하게 느껴져 양쪽 다 실망하게 되지나 않을까 우려됩니다. 양쪽 모두 인내해 주기를 부탁드립니다. 단지 몇 가지 핵심 개념을 살펴보려는 것뿐입니다. 그것이 나의 목표입니다. 학적인 논쟁을 위해서가 아니라 상담 모델을 만들어 가기 위해서입니다.

하나님의 형상을 구성하는 요소들에 대해서는 수많은 견해가 있지만, 그 이견들 가운데 여러 교파가 공통으로 받아들이는 네 가지 독특한 개념이 있습니다. 대리(代理) 지배, 도덕성, 무도덕성(amoral capacity), 유사성입니다. 앞으로 소개할 내 생각들을 뒷받침해 줄 기초를 튼튼히 다진다는 의미에서, 우선 이 네 가지 이론을 하나하나 간단히 살펴보기로 하겠습니다.

1. 대리 지배로 본 형상

하나님의 형상을 보유하고 있다는 것은 우리가 이 세상에서 그분을 대신하여 행동하는 것, 즉 피조 세계에 대하여 하나님의 대리자로서 행동하는 것을 뜻한다고 혹자는 말합니다. 우리의 책임과 소명은 우리 모든 행위를 통하여 하나님의 성품과 뜻을 나타내 보이는 일입니다.

창세기 1:26에는 삼위 일체 하나님께서 "우리의 형상을 따라…사람을 만들고 그로…다스리게 하자"고 정하시는 광경이 나옵니다. 이것을 보고 사람들은 하나님의 형상과 인간의 통치 소명을 관련지어 왔습니다. 형상을 품고 있다는 것은 곧 하나님의 대리자로서 지배권을 행사하는 것을 뜻한다는 견해입니다.

2. 도덕성으로 본 형상

마틴 루터는 말합니다. "하나님의 형상은 인류가 창조시에 누리다가 타락을 통해 잃어버렸던, 그리고 그리스도 안에서 다시 회복하게 되는 완전한 도덕성을 의미한다."

신약은 그리스도인이 그리스도의 형상으로 회복된다는 것은 곧 지식과 거룩함과 의에서 장성해 간다는 뜻이라고 가르칩니다(엡 4:22–25, 골 3:9–10). 창세기 1장에 나타난 하나님의 형상을 정의하는 데, 그리스도의 형상을 이루는 도덕적 덕목들을 그 중심 내용으로 보는 이들이 많습니다.

아담과 하와는 그 덕목들을 모두 갖춘 존재로 창조되었습니다. 그들은 죄가 없었고 타락하지 않았으며 보기에 심히 좋았습니다. 그러나 타락 이후 인류는 아담 안에서 그 모든 도덕성을 상실했습니다. 깨달아 알게 되는 마음이 사라져 총명은 어두워졌고, 거룩함이 사라져 죄성으로 물들었으며, 의가 사라져 모든 행위가 사악해졌습니다.

이 정의(형상은 도덕성을 뜻한다는)를 따른다면, 우리는 지금 그 형상을 완전히 상실한 상태입니다. 형상이 없어진 게 아니라 훼손되었다고 한다면, 인간의 내면에 아직까지는 하나님 마음에 들 만한 좋은 점들이 남아 있다는 뜻이 되며 이것은 성경 말씀에 위배된다는 것이 이 입장입니다. 성경은 우리의 모든 의가 "더러운 옷"과 같으며(사 64:6), 하나님을 찾는 자가 하나도 없고, 우리는 다 "각기 제 길로" 갔다고(사 53:6) 명백히 말씀하기 때문입니다.

만일 우리가 하나님의 형상을 인간의 성품 속에 있는 완전한 도덕성이라고 본다면, 그 형상은 완전히 잃어버린 것이 되고 맙니다. 하지만 이것은 하나님의 의의 선물과 성령의 거룩하게 하시는 작업을 통해 다시 회복될 수 있습니다.

3. 무도덕성으로 본 형상

형상에 대한 세 번째 견해는 가톨릭 교회 신학자들이 개발해 냈습니다. 그들의 견해에 따르면, 아담은 창조 당시 선한 상태도 악한 상태도 아니었습니다. 그는 도덕적으로 중립적이고 무도덕적인 상태였습니다. 다만 문제 속에 빠지게 될 수도 있는 '저속한' 욕구들을 가지고 있었을 뿐입니다. 그는 이성 능력이 있었기 때문에, 그 욕구들이 자신을 지배하도록 내버려두었을 때 어떤 결과가 나타날지도 알고 있었습니다. 그런데 그 욕구들을 저지하고 있을 만한 도덕적 힘이 그에게는 없었습니다.

은혜의 하나님께서 이러한 아담에게 개입하사 특별한 은혜를 주셨습니다. 이것을 선(善)의 추가, 라틴어로는 'donum superadditum'이라고 합니다. 이제 아담에게는 저속한 욕구가 고상한 이성과 충돌하게 될 때 올바른 행위를 선택할 수 있는 힘이 주어졌습니다. 그러나 타락 때, 그는 이 특별한 힘을 거부했습니다. 그는 육신의 정욕에 지배당하는 존재로 전락하고 말았습니다. 이 타락한 상태에서의 '구원'은 용서만으로는 안 되고, 마땅히 살아야 할 삶을 위해 의존할 또 다른 은혜의 공급이 필요합니다.

여기서 놓쳐서는 안 될 중요한 것이 있습니다. 이들은 과연 인간이 타락 시에 무엇을 잃어버렸다고 보느냐 하는 점입니다. 이들의 주장에 의하면, 아담이 잃어버린 것은 하나님께서 받으실 만한 도덕적 순결 상태가 아니라 하나님께 합당한 삶을 사는 데 필요한 그 특별 은혜였습니다. 그러므로 인간이 다시 얻어야 될 것은 하나님의 선물로 받는 새로운 의의 위치가 아닙니다. 인간에게 필요한 것은 저속한 욕구들을 통제해 줄 특별 은혜입니다. 교회는 성례를 통해 이 은혜를 부여합니다. 죄인인 우리가 거룩하신 하나님께서 요구하시는 의를 스스로 이루어 갈 수 있도록 해주는 것입니다.

이러한 생각은 인간의 부패성이라는 개념을 약화시키는 결과를 낳았습니다. 그 밑바닥에 인간은 본질상 도덕적으로 중립적인 존재이며, 조금 도움을 받으면 경건해질 수 있다는 가정을 깔고 있는 것입니다. 죄성은 그저 도덕적인 실수에 지나지 않습니다. 우리는 올바른 삶을 통해 그 죄성을 극복할 수 있습니다. 그리스도의 죽음이 물론 용서의 기초가 되긴 하지만, 죄인이 하나님 앞에서 올바른 위치를 얻기 위해서는 그 죽음에 반드시 인간의 노력이 병행되어야만 합니다. 이것은 그야말로 행위를 통한 구원의 신학밖에 되지 않습니다.

하나님의 형상에 대해 이야기할 때는 매우 조심해야 합니다. 인간이 선해질 수도 악해질 수도 있는 도덕적으로 중립적인 존재라는 생각을 단호히 물리쳐야 합니다. 뒤에서도 이야기하겠지만, 나는 하나님의 형상이란 인격의 특질들을 의미한다고 믿습니다. 그러나 이런 특질들은 한 번도 도덕적 진공 상태에 존재해 본 적이 없으며, 지금도 그것은 마찬가지입니다.

하나님은 인간이 타락하기 전에는 보시기에 좋았다고 하셨습니다. 아담은 죄를 지음으로써 타락한 존재가 되었습니다. 이제 인간에게는 용서와 아울러 의의 선물이 반드시 필요하게 되었습니다. 인간은 자기 힘으로는 의를 만들어 낼 수 없습니다. 오직 하나님의 은혜를 통해서만 의롭다 함을 얻을 수 있습니다. 그리고 그때부터 우리에게는 그리스도 안에서의 새로운 신분에 합당한 삶을 살아갈 수 있는 힘이 주어지게 됩니다. 우리의 선행은 하나님께 받아들여지는 존재로서의 새 신분을 얻는 데 아무런 보탬도 되지 못합니다. 선행은 단지 새 신분을 허락하신 하나님께 대한 감사에 찬 반응일 뿐입니다.

4. 유사성으로 본 형상

하나님의 형상에 대한 네 번째 견해는 우리가 하나님과 유사하다는 사실을 인격의 정의에서 찾습니다. 우리를 비인격적인 존재들과 구별 지어 주는 특질들이 있는데, 하나님과 인간이 똑같이 그것을 가지고 있습니다.

얼마 전 나는 접뚜껑이 달린 오래된 책상을 하나 샀습니다. 최근에 만든 복제품이 아니라 원품이라는 사실을 분명히 명시해 놓은 책상이었습니다. 그 뒤로 나는 원품과 거의 흡사한 복제품을 여기저기서 많이 볼 수 있었습니다. 복제품의 가치는 그것이 원품과 닮았다는 데 있습니다. 복제품은 원품이 아닙니다. 그러나 원품과 비슷하게 만들어진 것입니다. 즉 원품의 형상대로 지음받은 것입니다.

우리도 마찬가지입니다. 당신과 나는 매우 세심한 주의를 기울여서 만들어진 복제품들입니다. 우리는 하나님 형상을 품고 있습니다. 어떤 특정한 면에서 우리는 그분을 닮았습니다. 그러나 그 외 다른 면들에서는 엄청나게 크고 깊은 차이를 가지고 있습니다. 신학자들의 말에 따르면, 하나님께는 사람과 나눠 가질 수 없는 성품들이 있다고 합니다. 전능성, 자존성 등이 그 예입니다. 이러한 것들은 피조물과는 공유하실 수 없는, 하나님만 갖고 계신 성품입니다. 하나님과 인간은 분명 다른 존재입니다.

하지만 유사성이 있다는 것도 사실입니다. 하나님께서 당신의 피조물에게 나누어 주시고 심어 두신 성품들이 있습니다. 제임스 패커(James I. Packer)는 「하나님을 아는 지식(*Knowing God*)」에서 "하나님은 인간을 만드실 때 그분의 특질들을 그대로 전해 주셨다"고 말했습니다.[1] 또 올리버 버스웰(J.Oliver Buswell)은 「Systematic Theology(조직 신학)」에서, 창세기 1:25-28이 "인간이 어떤 중요한 방식을 좇아 하나님을 닮은 존재로 창조되었다"는 뜻을 담고 있다고 썼습니다.[2]

여기서 당연히 생기는 질문이 있습니다. 도대체 어떤 방식으로 우리가 하나님과 유사한 것인가 하는 점입니다. 루이스 스페리 채퍼(Lewis Sperry Chafer)는 "이 유사성은 인간의 물리적인 부분에 나타나는 것이 아니라 비물리적인 부분에 나타난다"고 말했습니다.[3] 대부분의 신학자들이 여기에 동의합니다. 이 유사성은 우리의 외형이 아니라 우리의 성품 핵심부에 깊이 새겨져 있습니다. 하나님과 사람은 둘 다 인격입니다. 둘 다 인격을 구성하는 특질과 성품들을 가지고 있습니다. 동물이나 나무나 돌은 인격이 아닙니다. 인간만이 하나님을 닮은 인격적인 존재입니다.

우리가 인격으로서 하나님과 공유하고 있는 특질들이 어떤 것이든 간에, 그 특질들이 타락 이후에도 그대로 계속 남아 있다는 사실은 분명합니다(창 5:1-3, 9:6, 고전 11:7, 약 3:9 참조). 루터의 견해와는 정반대로 채퍼는 이와 같이 말합니다. "성경 전반에 걸쳐 인간의 죄성과 타락의 깊이에 관한 이야기가 많이 나오고 있지만, 인간이 하나님 형상을 잃어버렸다는 이야기는 어디에도 없다. 오히려 성경은 가르치

---

1. J. I. Packer, *Knowing God* (Downers Grove, Ill.: InterVarsity, 1973), p. 89.
2. J. Oliver Buswell, Systematic Theology (Grand Rapids: Zondervan, 1962), 1:232.
3. Lewis Sperry Chafer, Systematic Theology (Grand Rapids: Zondervan, 1981), 2:160.

기를, 타락한 인간은 여전히 그 형상을 보유하고 있으며 그 타락의 정도를 결정하는 것도 바로 이 형상이라는 실체라고 한다."[4]

개혁 신학자 루이스 벌코프(Louis Berkhof)도 형상을 잃어버린 것이 아니라는 똑같은 생각을 가지고 있습니다. 그는 이렇게 가르칩니다. "하나님의 형상에는 인간의 본질적 구성 요소들과…지적인 힘, 자발적인 애정, 도덕적 자유 등과 같이 다른 피조물에게는 없지만 인간만이 가지고 있는 요소들이 포함된다. 인간은 하나님의 형상대로 창조되었기에 이성적인 본성과 도덕적인 본성을 가지고 있다. 이런 것은 죄로 인하여 상실되지 않았으며, 인간이 인간이기를 멈추지 않는 이상 절대로 상실할 수 없다." 이어 그는 "하나님의 형상은 죄로 인하여 오염되긴 했지만, 인간이 타락한 후에도 여전히 인간 속에 그대로 남아 있다"고 결론짓고 있습니다.[5]

우리는 이 문제를 크게 두 가지로 요약할 수 있겠습니다. 하나님의 형상이란 하나님과 인간이 공유하고 있는 지속적인 인격의 특질들을 말한다는 것과, 바로 이 특질들이 우리가 비인격적인 존재가 아니라 인격적인 존재라는 말의 의미를 규정해 준다는 것입니다.

이 특질들이 무엇인가를 생각해 보기 전에 우선 하나님의 형상에 대한 이 견해를 앞서 말한 다른 세 가지 견해와 간단히 비교해 보겠습니다.

인간에게는 하나님의 대리자가 되어 지배권을 행사해야 할 책임이 있습니다. 이것은 형상 자체를 정의하는 것이 아니라 인간이 형상 보유자로서 받은바 소명이 무엇인지를 정의하는 것입니다. 우리가 생각

---

4. 위의 책, pp. 168.
5. Louis Berkhof, *Systematic Theology* (Grand Rapids: Wm. B. Eerdmans, 1978), p. 204.

하고 선택하고 느낄 수 있는 인격이기 때문에, 우리는 하나님의 대사(代使)가 되어 그분의 피조 세계를 다스릴 수 있습니다.

도덕성도 하나님의 형상과 같다고 볼 수 없습니다. 하나님의 형상을 닮은 인격이기 때문에 하나님을 거스르기를 선택했던 것입니다(하나님의 형상을 보유한 사람이 아니고서는 이런 일을 할 수가 없습니다. 오직 형상 보유자만이 선택할 수 있습니다). 그 결과 우리는 최초의 도덕성은 잃어버렸지만, 그래도 여전히 인격으로 남아 있습니다. 타락하고 약해진 것은 분명합니다. 그러나 여전히 인격인 것입니다. 하나님은 은혜로우신 인격이시기에 당신의 형상을 품은 우리를 자비롭게 대하기로 하셨습니다. 그래서 우리를 구속하고 회복시키십니다. 인격의 유사성(이것은 결코 잃어버린 적이 없습니다)으로가 아니라 도덕적 유사성(신약 성경이 말하는바 그리스도의 형상)으로 회복하십니다.

하나님의 형상을 규정하는 인격의 요소가 도덕적으로 중립적(인간이 한때 선하지도 악하지도 않은 상태로 존재했다는)인 것이라고 생각해서는 안됩니다. 창조되던 때부터 지금까지 인간의 모든 행위는 도덕적이거나 비도덕적인 방향 중 어느 한 쪽을 향했습니다. 단 하나도 그렇게 하지 않은 것이 없었습니다. 모든 행위에는 방향이 있습니다. 그것이 하나님을 향하여 선한 것이든, 하나님을 등져서 악한 것이든 반드시 둘 중 한 쪽 방향을 향하게 되어 있습니다. 우리에게 있어서 도덕적 중립이란 아무것도 없습니다. 우리는 움직일 수 있는 힘을 지닌 인격적인 존재이며, 우리의 움직임은 언제나 도덕적 평가가 가능합니다.

인격의 특질들

우리는 인격입니다. 하나님도 인격이십니다. 인격의 구성 요소를 가지고 있다는 면에서 우리는 그분과 같습니다. 그렇다면 그 요소들은 무엇입니까? 하나님의 형상을 이루고 있는 인격의 특질들은 정확히 어떤 것입니까?

이 질문의 답을 찾기 위해서는 어떤 특정 본문들만 취할 것이 아니라 성경 전체에 암시되어 있는 의미들을 잘 간추려 내야 합니다. "주 여호와의 말이니라 인격의 요소들은 무엇무엇이니라" 하는 말씀은 성경 어디에도 없습니다. 우리는 하나님께서 성경에 당신을 어떻게 소개해 놓으셨는지 살펴볼 필요가 있습니다. 전능하시고 무한하신 하나님으로서의 당신을 어떠한 요소들로 구별해 놓으셨는지, 인격으로서의 하나님을 묘사하는 특질이 무엇인지 살펴보아야 합니다.

동시에 우리는 우리가 찾아내는 그런 특질들이 인간에게 전수 가능한 것인지, 또 실제로 우리에게 진수된 것이 있는지 물어야 합니다. 하나님과 인간이 공유하고 있는 인격의 특징들을 정리할 수 있다면, 그것이 바로 하나님의 형상에 대한 기본 정의가 될 것입니다.

하나님과 인간의 유사성을 요약해 보았습니다. 앞으로 넉 장에 걸쳐서 우리는 이 개념을 하나하나 자세히 살펴볼 것입니다.

1. 깊은 갈망

호세아 11:8에는 고집스럽게 반역하는 자녀들을 보며 슬퍼하시는 아버지 하나님의 마음이 가슴 저리게 표현되어 있습니다. 끓어오르는, 터질 듯한 아버지의 마음을 보십시오. "내가 어찌 너를 버리겠느냐… 내 마음이 내 속에서 돌아서 나의 긍휼이 온전히 불붙듯 하도다." 하나님의 인격 속에는 단순히 감정적이라고만 이름붙일 수 없는 어떤 주관적인 실체가 존재하고 있음을 우리는 말씀을 통해 알 수 있습니다. 이것은 감정보다 깊습니다. 하나님은 그 존재를 모두 다 바쳐서 당신 자녀들과의 교제 회복을 갈망하고 계십니다.

시편 기자 역시 자신을, 깊은 갈망을 지닌 인격적 존재로 묘사하고 있습니다. 하나님을 향한 그의 갈망은 목이 말라 물을 찾는 사슴의 타는 듯한 갈증과도 같았습니다(시 42:1). 또 다른 곳에서 시편 기자는 이렇게 고백합니다. "내 영혼이 주를 갈망하며 내 육체가 주를 앙모하나이다"(시 63:1).

시편 42:1의 '갈급함'이라는 단어는 문자 그대로 신음 소리가 절로 나올 정도의 갈망을 뜻합니다. 이 갈망은 너무도 깊은 것이어서, 어떤 특정 상황에 대한 감정적인 반응쯤으로 간단히 생각할 수가 없습니다. 인간의 내면, 인격의 가장 깊은 부분에는 만족을 향한 갈망이 들어 있습니다. 하나님과 인간은 공히 깊이 갈망할 수 있는 존재입니다.

2. 평가적인 사고

노아 시대에 하나님은 사람들의 삶을 평가하셨습니다. 창세기 6:5은 "여호와께서 사람의 죄악이 세상에 관영함과 그 마음의 생각의 모든 계획이 항상 악할 뿐임을 보시고"라고 말씀하십니다. 하나님은 인류에 대하여 생각하신 뒤 그런 결론을 내리셨습니다.

인간도 마찬가지로 사고하는 존재입니다. 인간은 세상을 바라보면서 자기 삶의 지침으로 삼을 만한 개념들을 정립해 갑니다. 물론 인간의 생각은 "항상 악할 뿐"이지만, 그래도 그것은 여전히 생각이며 거기엔 어떤 방향이 있습니다.

하나님도 생각하시고, 인간도 생각합니다. 생각하여 결론을 내리고 그 결론에 따라 계획을 세웁니다.

3. 능동적인 선택

하나님이 어떤 일을 하실 때, 거기에는 반드시 '뜻'이 있습니다. 하나님께서 하시는 모든 일은 그분 뜻을 따라 이루어집니다. "그 마음의 원대로 역사하시는 자의 뜻을 따라" 진행합니다(엡 1:9-11).

하나님은 사람을 책임질 수 있는 존재로 여기십니다. 즉 어떤 방향을 정하고 그 정한 방향대로 추구해 갈 수 있는 존재로 보시는 것입니다. 빌립보서 2:12-13은 우리에게, 우리가 내리는 모든 선한 결정들에 하나님께서 능력을 주신다는 사실을 기억하고 '뜻(방향 설정)'과 '행함(설정된 방향을 추구함)' 모두에 있어서 끝까지 구원의 진리를 좇으라고 가르칩니다.

하나님도 인간도 추구해야 할 특정한 목표를 선택할 수 있으며, 그 목표 달성에 필요한 구체적인 행동들을 선택할 수 있습니다. 인격은 능동적으로 선택합니다.

4. 감정적인 경험

나사로가 죽었을 때 주님은 슬픔을 느끼셨습니다(요 11:33-36). 성전이 장사하는 곳으로 변했을 때 그분은 분노를 느끼셨습니다(요 2:14-17). 우리가 그분의 뜻을 행할 때 주님은 기쁨을 느끼십니다(히 13:21). 하나님은 그분의 세계와 교분을 가지면서 여러 가지 감정들을 경험하시는 분입니다.

예루살렘 성벽이 허물어졌다는 말을 들었을 때 느헤미야는 앉아서 울었습니다(느 1:4). 고난 속에 휩싸인 욥은 그 마음이 "어지러웠습니다"(욥 30:27). 바울은 자신이 답답했었다고 고백합니다(고후 4:8). 이렇듯 사람들도 외부 세계와 접촉하면서 여러 가지 감정을 경험합니다.

하나님과 인간은 세계와 접촉하면서 공히 감정을 느낍니다. 그러므로 나는 하나님의 형상을 다음과 같이 네 가지 기능의 관점에서 정의할 수 있다고 생각합니다.

- 인격적인 것을 깊이 갈망하는 기능
- 현상을 이성적으로 평가하는 기능

- 선택한 방향을 의지로 추구해 가는 기능
- 자신의 세계를 감정적으로 경험하는 기능

하나님은 우리가 당신에게 깊은 기쁨을 가져다 주기를 갈망하십니다. 우리도 그러합니다. 하나님은 당신의 세계에 대해 생각하고 평가하십니다. 우리도 그러합니다. 하나님은 방향을 정하시고 그 방향대로 움직이십니다. 우리도 그러합니다. 하나님은 의식 속에서 감정을 경험하십니다. 우리도 그러합니다.

이 네 가지 요소에 대해 생각하는 동안 우리가 깊이 염두에 두어야 할 것이 있습니다. 하나님께서 전적으로 독립적인 존재라는 사실입니다. 그분은 당신의 역량을 완벽하게 발휘하시기 위해서 그 누구도 그 어느 것도 필요로 하지 않으십니다. 그러나 그와 반대로 우리는 전적으로 의존적인 존재입니다. 우리의 역량을 제대로, 아니 조금이라도 발휘할 수 있으려면 우리에게는 반드시 외부의 도움이 필요합니다. 물리적인 면이나 인간적인 면이나 우리는 스스로 충족한 존재가 아닙니다. 뒤에서도 살펴보겠지만, 죄의 본질은 바로 이 의존성을 인정하지 않는 데 있습니다. 능력도 없으면서 독립적인 존재가 되어 보겠다고 하는, 교만하고도 어리석은 주장입니다.

이제 요약하겠습니다. 하나님은 갈망하고 생각하고 선택하고 느끼실 수 있는 역량을 가진 '독립적'인 인격이십니다. 그리고 인간은 갈망하고 생각하고 선택하고 느낄 수 있는 역량을 가진 '의존적'인 인격입니다. 이제 우리는 인간 이해에 대한 우리의 기본적인 틀을 다음과 같이 간단히 정리해 볼 수 있습니다.

- 깊은 갈망을 지닌 인격적인 존재
- 사고하는 이성적인 존재

- 선택하는 의지적인 존재
- 느끼는 감정적인 존재

지금부터 이 네 가지 역량들을 자세히 살펴봄으로써, "나는 누구인가?"라는 질문에 답할 수 있는 포괄적 인간론을 정립해 보기로 하겠습니다.

7
의존적인 존재:
인간은 인격적인 존재다

    우리 안에서 무슨 일이 일어나고 있는지를 심층 조사해 보는 일은 아주 흥미로운 모험이 될 수 있습니다. 그러나 두려운 일일 수도 있습니다. 그보다는 눈앞에 닥친 문제를 해결하고 현재의 만족감을 회복시키는 수준에서만 자기를 살펴보는 것이 훨씬 더 편안한 일입니다.

    일이 잘못되어 뭔가 손을 봐야 할 때, 대부분의 사람들은 긴장합니다. 어떤 때는 문제가 너무 크고 생소해서 두려움이나 공포까지 느끼는 경우도 있습니다. 설명할 수 없는 우울한 감정, 특별한 이유도 없이 자꾸만 반복되는 불안의 시간들, 정상을 벗어난 비도덕적인 일을 하고 싶어하는 저지할 수 없는 욕구, 이런 것들은 분명 우리를 불안케 하기에 충분합니다. 두려움 속에서 사람들은 이렇게 묻습니다. '도대체 나는 어디가 잘못된 것일까? 혹시 정신을 잃고 있는 건 아닌가?' 누구나 한번쯤은 이런 의문을 품었을 것입니다.

    사람에게는 책임감이라는 것이 있어서, 문제가 생기면 어떻게 해서든 그 문제를 해결해 보려고 애씁니다. 가정의 긴장이 한층 고조되어 심한 말다툼으로 번질 때, 의도적으로 모임에 참석하기를 거부할 만큼 동료들에게 화가 나 있을 때, 그럴 때면 우리들은 대부분 문제 해결을 위해 뭔가 행동을 취하게 됩니다. 그 문제를 놓고 기도할 수도 있고, 관련된 사람들과 함께 이야기를 나눌 수도 있습니다. 어쨌든 자신이 보기에 옳다고 생각되는 일을 할 것입니다. 그러나 우리는 좀처럼 떨치기 어려운 자기 고집을 가지고 있습니다. 자신을 깊이 들여다보는 일만큼은 어떻게든 피하려는 성향이 있는 것입니다. 그 문제가 생긴 데는 내 탓도 있다는 사실을 살펴보고 싶어하지 않습니다.

왜 그렇습니까? 문제의 뿌리를 찾아보겠다는 각오로 문제를 공략하는 일이 우리에게는 왜 그토록 드문 것입니까? 뿌리를 직접 대면하는 것보다 드러난 문제를 그냥 견뎌 내는 일이 훨씬 덜 고통스럽다는 것을 직관적으로 느끼기 때문입니까? 우리는 내가 지금 이 문제에 대해 뭔가 한다고 자위하고 싶으면서도 동시에 자기 속의 깊은 부분들로부터는 눈을 돌려 버립니다. 이런 수준의 이해가 정확한지 아닌지는 차치하더라도, 우리는 바로 이 수준의 이해에서 안주하려 듭니다. 왜 그렇습니까?

이제 내 얘기에 대한 예를 하나 들어 보겠습니다. 한 중년 남편이 결혼 상담 두 번째 시간에 이렇게 말했습니다. "이제야 우리는 대화가 되는 것 같습니다. 지난번 선생님이 우리 부부가 둘 다 서로에게 방어적이라는 사실을 지적하셨는데, 정말 정확한 지적이었습니다. 그 말을 듣고 우리는 깊이 생각했습니다. 그리고 서로를 향해 훨씬 더 많은 부분을 열게 되었습니다. 이렇게 올바른 길로 들어서게 해주셔서 정말 고맙습니다. 앞으로는 잘될 것 같습니다."

나는 그의 아내에게, 남편의 이런 낙관적인 견해에 동의하느냐고 물어 보았습니다. 그녀의 눈에는 눈물이 맺혔고, 슬픔에 잠긴 목소리에는 분노가 서려 있었습니다. "저도 그러기를 원하지요. 왠지 이이한테는 얘기할 수 없는 뭔가가 제 안에 있어요. 너무 두려워요. 두려워서 말이 나오질 않아요." 그러자 남편은 믿어지지 않는다는 듯 분노에 찬 모습으로 아내를 쳐다보았습니다.

십대 딸아이 문제로 찾아왔던 또 다른 사람이 있습니다. 그는 목사였는데, 딸이 최근에 심한 우울에 빠졌다고 했습니다. 학업 성적은 계속 떨어지고 '못된' 친구들과 어울리는가 하면, 영적인 것들에 대해서는 무조건 냉담한 태도를 취한다며 하소연했습니다.

그 목사 아버지가 말했습니다. "문제는 동료 집단의 압력(peer pressure)인 것 같습니다. 그 애는 자아상이 건강하지 못한 편입니다. 또래 여자 아이들보다 키가 좀 큰데, 그것에 대해 늘 민감한 태도를 보이곤 했습니다. 친구들과 모임을 가지면서 더 예민해진 것이 아닌가 싶습니다. 그래서 우리는 그 애가 요즘 함께 시간을 보내는 사람들과의 만남을 강력하게 통제하고, 교회 고등부에 좀더 적극적으로 참여하도록 할 계획입니다. 그 애 말이 새로 오신 고등부 담당 목사님이 맘에 안 든다고 하더군요. 하지만 저는 이것도 최근 그 애가 보이고 있는 주님을 향한 잘못된 태도 중 하나라고 생각합니다. 앞으로 우리가 달리 취해야 할 행동이 있을지, 선생님의 조언을 듣고 싶어서 이렇게 왔습니다."

나는 가족 관계(그 목사 부부 관계를 포함하여)를 좀더 깊이 들여다보아야 할 것 같다고 얘기했습니다. 가족 중 한 명이 긴장 상태에 있을 때는, 가족 구성원 간에 혹 어려움은 없는지 살펴보아야 한다고 그에게 설명했습니다. 그런 경우는 종종 있습니다. 그런데 내가 그 말을 하자 목사의 표정은 굳어졌고, 아내는 나와 남편에게서 얼굴을 돌렸습니다. 그리고는 남편이 꼭 참석해야 할 모임이 생각났다고 말하는 바람에 대화는 중단되고 말았습니다. 나는 그들에게 가정 생활을 얘기한다는 것이 불편하게 느껴지냐고 진지하게 물었습니다. 그들은 둘 다 웃을 뿐 아무 말 없이 서둘러 나가 버렸습니다.

사람들은 대부분 자기를 관찰하고 자기 생각을 정직하게 되돌아보는 일에 익숙하지 않습니다. 자신이 교만하거나 방어적이거나 분노에 차 있거나 두려워하거나 지나치게 남을 지배하려 드는 건 아닌지, 이런 질문에 대해서는 거의 자동적으로 반감을 느낍니다. 지극히 사교적인 대화 중에 누군가 끼여들어, 이렇게 모이게 된 동기가 무엇인지 터놓고 얘기해 보자고 한다면 우리는 금세 불편해지고 맙니다. 내면 깊은 데서 우러나는 따뜻한 감정을 표현하는 것조차도 그저 입 안에서만 맴돌 뿐 터뜨리지 못할 때가 얼마나 많은지 모릅니다. 더욱이 다른 사람이 표현해 오는 감정에 반응하기란 더 어렵습니다.

왜 그렇습니까? 우리는 인간의 마음이 참으로 깊고도 신기하다는 사실을 잘 알고 있습니다. 하나님의 형상대로 지음받은 피조물로서 우리 안에는 외부 자극에 대한 반응 법칙 그 이상의 것들이 들어 있다는 것도 잘 알고 있습니다. 우리가 인간의 타락을 믿고 있기에, 외부 자극과 우리의 반응 사이에서 작용하는 많은 것들이 참으로 추하고 왜곡될 수 있다는 생각은 얼마든지 가능합니다.

우리는 정해진 자연 법칙대로만 움직이는 도덕적으로 중립적인 기계가 아닙니다. 고장난 기계는 수리 원칙을 아는 기술자만 있으면 언제든 고칠 수 있습니다. 고장난 냉장고에 대해서는 그 본성을 깊이 묵상해 볼 필요가 전혀 없습니다. 그저 작동 과정을 이해하고 고장난 부분을 찾아내서 고치면 됩니다.

그러나 사람은 그와 다릅니다. 우리는 정해진 순서대로 움직이는 비인격적인 부품이 아닙니다. 사람을 이해하고 또 그들이 고장났을 때 '고칠' 수 있으려면 그들이 어떻게 생각하고 어떻게 느끼는지 잘 알아야 합니다. 동기, 태도, 초기의 영향력이 성인의 기능에 미치는 효과와 같은 복잡한 주제들을 연구해야만 합니다.

사람을 이해하려면 우리는 지금껏 완강히 저항해 왔던 바로 그 일을 해야만 합니다. 특별히 그리스도인들 사이에서는 더욱 그렇습니다. 나는 이런 말을 흔히 듣습니다. "상담가들이란 그저 아무나 놓고 정신 분석을 하려 듭니다. 사람이란 자기 자신에 대한 생각을 끊어 버리고 하나님 말씀 보는 데 더 많은 시간을 들이면 됩니다."

최근 한 기독교 대학의 교수가 상담을 공부하는 학생에게 이런 말을 했다고 합니다. "교회는 상담을 강조할 필요가 전혀 없다고 생각하네. 성경이 하라는 대로만 한다면 사람들 삶은 제대로 될 테니까 말일세." 그의 목소리에는 감동마저 어려 있었답니다.

물론 '성경대로 산다면 온전한 삶이 될 것입니다. 그러나 사람들이 마음과 생각과 뜻을 다하여 살아가도록 옆에서 돕는다는 것은 결코 쉬운 일이 아닙니다. 이 교수가 한 가지 깨닫지 못한 사실이 있습니다. 바로, 상담이라는 것은 제자 훈련의 한 부분에 지나지 않는다는 사실입니다(상담이란 순종 대신 자의식을 심어 주기 위해 있는 것이 아닙니다). 그뿐 아닙니다. 그는 그리스도인 공동체에 만연하고 있는 자기 성찰에 대한 통상적 저항을 그대로 보여 주고 있습니다.

그렇다면 왜 내면 성찰이 그리스도인의 성장에 있어서 자연스러운 한 부분이 되지 못하고 있습니다. 왜 우리는 그것을 피하며, 심지어 자기 중심주의라고 정죄하기까지 합니까? 그 답은 아주 간단합니다. 바로 두려움 때문입니다. 우리는 알려지지 않은 세계를 두려워합니다. 통제력을 잃을까 봐 두려워하며, 편안한 상태가 깨질까 봐 두려워합니다. 우리는 자기 자신에 대하여 내키지 않는 사실을 알게 되는 것을 두려워합니다. 우리는 확실한 결정이 사라지고 대신 혼동이 찾아오는 것을 두려워합니다.

많은 내담자들이 공통적으로 인정하는 사실은, 처음 상담을 받으러

의존적인 존재 149

오기가 굉장히 두려웠다는 것입니다. 한 내담자가 이렇게 말했습니다. "나 자신을 들여다본다는 것이 정말 두려웠습니다. 내가 처리할 수 없는 어떤 심각한 문제가 발견되지나 않을까 무서웠습니다." 이 말 속에는 다른 많은 사람들의 기분도 잘 표현되어 있다고 생각합니다.

사람들은 대부분 자신의 속을 들여다보려 하지 않습니다. 어쩌면 자신이 현재 누리는 이 편안한 상태를 짓밟아 버릴 모종의 일이 속에서 벌어지고 있을지도 모른다는 막연한 두려움 가운데 살기 때문입니다. 그래서 이런 태도를 취하게 됩니다. "현재 상태가 어떻든, 공연히 더 악화시키게 될지도 모른다. 그러니 지금 이대로 내버려두겠다. 굳이 인생의 표면 밑으로 파고들어 갈 필요가 없지 않은가?"

일부러 눈길도 주지 않은 채 깊이 파묻어 두려는 일들이 우리에겐 참 많습니다. 만족스러운 것이기를 기대했지만 얄팍한 상태에서 끝나 버린 인간 관계일 수도 있고, 삶의 의미를 빼앗은 채 그 어떤 것으로도 밝힐 수 없는 암울한 어두움만 남겨 준 깊은 공허감일 수도 있습니다.

그것은 어쩌면 자녀를 향해 품고 있는 감정일 수도 있습니다. 예를 들어 그다지 예쁘게 생기지 않은 딸아이를 보면서 느끼는 실망, 부모의 기대만큼 따라 주지 못하는 아들에게서 느끼는 괘씸한 마음 같은 것들입니다. 우리는 그 어두운 곳으로 감히 들어가려 하지 않습니다. 아이들 문제에서 진짜 실패해 버릴지도 모른다는 죄책감과 두려움을 느끼기 때문입니다.

때로 배우자가 나를 썩 좋아하는 것 같지 않은 인상을 받을 때도 우리는 그것을 부정해 버립니다. 뭔가 끔찍한 일(아이를 해친다든가 가출을 한다든가)을 하고 싶은 욕구가 솟구칠 때도 우리는 전혀 그렇지 않은 듯 위장합니다.

인간의 마음이란 도저히 믿어지지 않는 감정과 생각들의 저수지와도 같습니다. 그러나 많은 이론들은 약간 다른 입장을 취하고 있습니다. "그냥 무시해 버려라. 네가 신경 쓸 일이 아니다. 오직 그리스도에게만 초점을 맞추고, 깊은 자기 인식 따위는 깨끗이 집어치워라." 그리스도인 세계에서는 특히 더 그렇습니다.

만일 우리가 이런 충고를 따르게 된다면, 우리가 누리는 평안이란 타조의 평안밖에는 되지 않을 것입니다. 궁지에 몰리면 머리를 모래 속에 처박는다는 타조 말입니다. 그 속에서는 같은 위장자들끼리만 관계를 맺을 수 있습니다. 모래에 머리를 처박고 있는 사람들끼리는 서로 위장된 만족 속에서 교제를 나누게 됩니다. 타조의 평안은 하나님의 평안과는 완전히 다릅니다. 하나님의 평안이란, 우리가 자신과 세상에 대해서 사실을 사실대로 직면하는 동안에도 우리의 마음과 생각이 하나도 손상되지 않도록 지켜 주는 평안입니다.

우리가 사모하는 영적 성장이라는 것의 많은 부분이 부정(否定)의 기초 위에 보란 듯이 세워진, 삶에 대한 나약한 형태의 적응이라고 나는 확신합니다. 자기 마음을 어렵게 할 수 있는 부분들, 특히 자기 내면의 그러한 부분(외부적인 실체보다 내면적인 실체가 훨씬 더 부정하기 쉽습니다)을 인정하거나 그것과 씨름하기를 거부하기 때문에, 오늘날 많은 사람들이 그냥 그렇게 잘 지내고 있습니다.

인생에 현명하게 대처한 것이라 생각합니까? 이것이 만족감을 증진시키는 성경적인 방법입니까? 부정이란 좋은 것입니까? 바울이 우리에게 오직 아름다운 것에 거하라고 말했을 때(빌 4:8), 그것은 일종의 부정을 부추긴 것입니까? 그게 아니라면 부정이란 나쁜 것입니까? 인간의 심성 속을 깊이 들여다보기에 앞서 우리는 이런 질문들에 대해 생각해 볼 필요가 있습니다.

부정(否定)의 문제

내가 사용하는 용어들을 조심해서 정의해야 할 것 같습니다. 나는 좋은 형태의 부정도 분명 있다고 믿습니다. 부정을 잘 하기만 한다면, 그러니까 바른 시각을 되찾고 회복을 얻을 목적으로 스트레스로부터 잠깐 물러나 있는 그것은 반드시 필요하고 또 바람직한 것입니다. 우리는 병든 친척을 간호하거나 한시도 쉬지 않고 세 자녀를 돌보는 일, 또는 외로운 친구를 초대하여 대접하는 일 등으로부터 물러나 가끔씩 휴식할 필요가 있습니다. 지금 나는 이런 일들을 반대하는 것이 아닙니다. 우리는 누구나 스트레스를 주는 여러 책임들로부터 벗어나 있는 시간이 필요합니다.

지금 내가 쓰고 있는 부정이라는 말은 '성숙이란 자기 자신에 대해 지나치게 깊이 생각하지 않을 때 찾아오는 것' 이라는 개념과 관련이 있습니다. 우리는 때로 자기를 부인하라는 주님의 명령을, 마치 우리 안에서 일어나는 일을 이해하는 데는 전혀 시간을 들이면 안된다는 의미로 받아들일 때가 있습니다. 우울한 감정이 찾아와도 우리는 거기 관련된 동기나 감정이 무엇인지에 대해서는 절대 생각해서 안됩니다. 그저 하나님 말씀을 읽고, 거기 합당한 약속을 주장하며, 그분께서 명하시는 바를 행하기만 하면 됩니다. 자기를 돌아보는 일은 그리스도의 자리에 자기를 놓는 건강치 못한 내성(內省)으로 간주되고 있으며, 따라서 그것은 비성경적인 일입니다. 이러한 사고 노선을 따른다면, 성숙에 도달하기 위해서는 자기 내면의 많은 것들을 전면 부정해야 합니다.

이런 식의 부정은 적어도 두 가지 면에서 잘못되었습니다. 첫째, '문제의 해결책은 문제 속으로 뛰어드는 것이 아니라 문제를 피해 지나가는 데 있다' 는 생각을 낳습니다. 그렇게 되면 하나님께서 주신 해답의 차원도 문제를 푸는 데 도움이 되는 것이 아니라 문제를 피해 가는 데 유용한 것이 되고 맙니다. 둘째, 성경은 '하나님께서 우리에게 자기 내면의 깊은 부분을 살필 수 있는 능력을 주셨다'고 명백히 선포하고 있습니다.

사람의 영혼은 여호와의 등불이라 사람의 깊은 속을 살피느니라(잠 20:27).

하나님께서는 진리가 우리 속 깊이 자라게 하시기 위해 우리로 하여금 깊은 속을 살필 수 있도록 하셨습니다.

중심에 진실함을 주께서 원하시오니 내 속에 지혜를 알게 하시리이다(시 51:6).[1]

우리의 마음은 심히 부패하여 아무도 능히 알 수 없었지만, 그러나 하나님은 모든 것을 분명히 보고 계십니다. 그분은 당신의 말씀과 당신의 성령, 당신의 사람들을 통하여 우리에게 꼭 필요한 지식을 반드시 주십니다(렘 17:9-10, 히 4:12-13, 히 3:13). 그러므로 우리가 우리의 성장을 방해하는 내면 깊숙이 숨겨진 부분을 인식할 수 있다는 기대를 갖는 것은 마땅합니다. 이것은 하나님 앞에서 "살피소서"(시 139:23-24) 하는 태도로, 있는 그대로의 자신을 겸손히 내려놓을 때만 가능합니다.

---

1. 잊지 말아야 할 것은 이 구절이 자신의 추악한 죄의 모습을 부정한 사람이 한 말이라는 사실이다. 하나님은 그가 쓰고 있는 자기 의의 가면을 철저하게 벗겨 버리신다. 사무엘하 12:1-13을 보라.

내면을 깊이 들여다보는 일에 위험이 따르는 것은 사실입니다. 심각한 균형 상실이 초래될 수도 있습니다. 내면의 작동들에 너무 병적으로 치중한 나머지, 자신을 하나님께 순종해야 할 형상 보유자로 보지 않고 표본 연구 대상으로 생각할 수도 있습니다. 자신을 바로 알게 되면 자기 죄를 계속 보게 될 것이고, 그렇게 되면 공연히 호기심과 상상력만 자극하게 될 수도 있습니다.

깊은 내면의 성찰은 자기 죄에 대한 감각을 둔화시키고(실은 그 반대여야 함에도 불구하고) 우리의 기만적인 성향을 더 부추길 수도 있습니다. 지속적인 자기 성찰은 작은 죄에 대해서도 민감하게 느낄 수 있도록 해주어야 합니다. 그런데 오히려 이 자기 성찰 자체를 마치 주님과 더 깊이 동행하기 위한 거룩한 씨름인 양 착각하여 자기 중심주의에 빠질 수도 있습니다.

이러한 성찰의 오용에 대한 경고로서 우리는 거룩함이란, 이타주의와 하나님을 향한 경배와 사랑, 그리고 다른 사람들을 향한 사랑과 그에서 비롯되는 희생적인 돌봄을 본질로 삼고 있다는 사실을 기억해야 합니다. 경건한 자기 성찰은 바깥을 향하게 하고 앞을 향하게 합니다. 이전까지 부정해 왔던 실체들이 노출됨에 따라 내면의 고통과 자기 혐오감이 뒤따르는 시간을 통과하게 될 것입니다. 그러나 새롭게 발견되는 것이 무엇이든 반드시 주님을 더 닮아 가는 데 사용하고, 잘못된 것은 과감하게 처리하겠다는 분명한 각오가 있어야만 합니다.

성찰은 책임을 감당하기보다 오히려 회피하는 수단이 될 수 있습니다. 또 주님의 아름다움보다는 자신의 죄성을 더 깊이 봄으로써 우울하고 냉소적인 부정적 사고에 빠지게 만들 위험성이 있습니다. 그렇게 된다면 그것은 나쁜 것입니다. 자신을 정확하게 들여다보고 부정이라는 전략을 포기하도록 격려해 주는 일은 분명 위험이 수반되는 일입니다. 우리는 그러한 위험에 각별히 조심하며 대비해야 합니다.

그러나(이 '그러나'는 정말 중요합니다), 부정도 역시 위험한 면이 있습니다. 우리에게서 눈을 떼 주님께로만 향해야 한다는 주장 속에는 종종 현수준의 편안함을 즐기려는 욕구가 감추어져 있습니다. 그 편안함은 부정을 통해서만 얻을 수 있는 것입니다.

물론 그리스도 안에는 편안함이 있습니다. 그러나 결코 위장에 근거한 편안함이 아닙니다. 바울은 내적 씨름과 외적 핍박이라는 견딜 수 없는 고난의 한가운데서도 그리스도의 평안을 맛보았습니다. 그의 기쁨은 부정에서 온 것이 아니었습니다. 그리스도를 바라본다는 것은, 우리 안팎에서 일어나고 있는 실체들을 부정해야 한다는 의미가 결코 아닙니다. 또한 그 실체의 추한 부분들을 어떻게든 감추어야 한다는 말은 더욱 아닙니다.

유대인들이 광야에서 뱀에 물렸을 때, 놋뱀을 쳐다보며 도움을 구할 수 있었던 것은 그들이 자기 자신을 바라보았기 때문입니다(민 21:4-9). 우리의 절망적인 고통의 상황을 바로 인식하게 되면, 우리는 곧바로 자신에게서 눈을 돌려 예수님을 의지해야 한다는 긴박한 동기를 갖게 됩니다. 우리가 누구인지를 아는 것은 좋은 일입니다.

내 생각을 간단히 요약하면 이렇습니다. '자기를 살피는 것은 전적으로 의존을 배우기 위해서다.' 내 문제는 내 손에 달려 있다고 생각하는 이상, 우리의 타고난 독립적 성향은 그대로 남아 있을 것입니다. 이것이 타락한 인간의 본성입니다. 그러나 내 힘으로는 도저히 감당할 수 없는 문제들 앞에서 무력감에 사로잡히게 되면, 우리의 그릇된 자기 신뢰는 철저히 깨어지게 될 것입니다. 그때 비로소 의존적인 신뢰가 마음을 끄는 대안으로 다가오게 됩니다. 성경적 상담에는 내면 깊이 숨겨진 것들을 드러냄으로써 하나님을 향한 의존을 증진시키는 작업이 포함됩니다. 그러므로 참으로 부정하고만 싶은 사실을 직면하는 것은 진정한 영적 성장을 위해 유익하고도 반드시 필요한 일입니다.

형상 보유자들은 의존적입니다. 그러나 타락한 형상 보유자들은 의존성을 부정합니다. 그들은 하나님을 의존하지 않고도 인생을 의미 있게 영위해 나갈 수 있다고 생각합니다. 아닙니다. 우리에게는 그럴 능력이 없습니다. 그런데도 그렇게 할 수 있다고 생각합니다. 하나님께서 우리를 보고 "미련하다" 하시는 것도 바로 그 때문입니다(고전 1:20). 우리는 잘못된 것, 어리석은 것, 있을 수 없는 것, 터무니없는 것을 믿는 것입니다. 타락의 결과를 뒤집는 위대한 과업이 이루어지기 위해서는, 자신이 절대 의존적인 존재라는 사실 앞에 무릎을 꿇어야만 합니다. 자신을 살펴볼수록 의존하는 마음이 있음을 알게 됩니다. 그 의존이라는 기준에 의해 우리는 자신이 사물을 명확하게 보는지 아닌지 판단할 수 있습니다. 자신을 보는 눈이 정확해질수록 자신이 얼마나 의존적인 존재인지 더 깊이 알아 갈 것입니다.

우리가 기를 쓰고 회피하려 했던 것이 바로 이것입니다. 의존성을 인정하면 자신의 절대 무력성이 드러나기 때문입니다. 분명히 통제할 수 있어야 하는 상황에서도 완전히 통제력을 잃고 마는 자신의 모습 보기를 우리는 두려워합니다.

우리 존재의 핵심 부위를 살펴보노라면 우리는 저항과 혼돈을 느낍니다. 직면하기 어렵고 상처가 되며 죄를 생각나게 하는 것들을 만나기 때문입니다. 그래서 자신의 깊은 부분을 살펴보긴 하지만 그냥 제삼자 입장에서 생각해 보고 마는 경우가 생깁니다. 절대 그 선을 넘으려 하지 않습니다. 한 인격으로서 자기의 실체를 직면하기보다는 어떤 가정(假定)에 대해 생각하는 학생이 되는 편이 훨씬 안전하기 때문입니다. 그러나 가능하면 조금이라도 더 하나님을 알고자 헌신하며 성경을 완전한 지침서로 신뢰하고 의뢰한다면, 우리는 자신의 참모습을 알아 감으로써 그 어느 때보다도 주님을 깊이 사랑하며 다른 사람들과 뜨겁게 사랑을 나누게 될 것입니다. 우리 안에 그 자유함이 생길 것입니다. 그 자유를 조금이라도 맛보게 되면 하나님에 대해 더 알고 싶어 지는 것은 당연합니다.

내면을 살펴보는 일에 있어서 내가 그 길잡이로 깊이 의지하는 성경 개념이 두 가지 있습니다. 속 깊은 곳에 대한 개념과 우리 영혼의 깊은 갈망이라는 개념입니다.

속 깊은 곳

요한복음 7:37-38에서 예수님은 모든 목마른 자들을 향해 "내게로 오라"고 말씀하십니다. 당신께로 오는 자는, 인간의 가장 중심이 되는 부분을 생명으로 채워 주겠노라 약속하십니다. 이 생명은 참만족을 주고 유일하며 영원한 것입니다. 이것은 오직 그분 안에서만 얻을 수 있습니다.

> 누구든지 목마르거든 내게로 와서 마시라 나를 믿는 자는 성경에 이름과 같이 그 배(속 깊은 곳, innermost being)에서 생수의 강이 흘러나리라.

주님은 그 생명이 우리 존재의 가장 중심 되는 부분에 흐르게 될 것이라고 말씀하셨습니다. 우리 심성의 중심 어딘가에 주님께서 "속 깊은 곳"이라 부르신 곳이 있습니다. 바로 생수의 강이 흐르는 우리 속의 깊은 부분입니다.

여기 주님께서 사용하신 단어(헬라어로 코일리아라는 말인데 번역본에 따라서 '배' 또는 '속 깊은 곳'이라 되어 있다. 한글 개역 성경엔 '배'로 번역되어 있다—역주)는 문자적으로는 트인 공간 혹은 공동(空洞)이라는 뜻입니다. 또 사람의 배를 가리킬 수도 있습니다. 마태복음

12:40을 보면 요나가 물고기 뱃속에서 사흘 밤 사흘 낮을 지냈다는 이야기가 나옵니다. 여기서의 '배'도 같은 단어입니다. 그러나 이 단어는 비유적으로 사용되어, 채워지기를 간절히 갈망하며 또 실상 채워질 수도 있는 어떤 빈 공간을 뜻하는지도 모릅니다. 사람이라면 누구에게나 '텅 빈 속마음'이라는 것이 있습니다. 비어 있으면서 채워지기를 갈망하는, 인간의 가장 중심 되는 부분이라 할 수 있습니다.

이 텅 빈 속마음이 얼마큼 채워지느냐에 따라 우리는 깊은 차원의 온전함과 말로 표현할 수 없는 기쁨을 맛보게 됩니다. "나의 삶에 의미가 있으며 나는 올바로 살고 있고 나는 중요한 일을 하고 있다"고 말할 수 있는 차고 넘치는 확신도 바로 그 속마음이 채워질 때에야 맛볼 수 있습니다. 그러나 이 속마음이 텅 비어 있을 때에는(좀더 정확하게 표현한다면 "우리가 공허감을 느낄 때"가 될 것입니다. 왜냐하면 비어 있긴 하지만 그것을 느끼지 못할 수도 있기 때문입니다), 우리 영혼은 분노와 냉소와 좌절로 말미암아 마비된 채 견딜 수 없는 고통과 절박한 고독, 병적인 허무감으로 갈갈이 찢기게 됩니다.

주님은 바로 이 속마음의 깊은 고통에 직접 호소하시면서, 어떤 심리학자도 감히 꿈꿀 수 없는 일을 친히 해주겠노라고 약속하십니다. 주님은 우리에게 깊고 완전하고 영구히 지속되는 만족을 주겠다고 말씀하십니다. 바로 그 만족을 통해 우리는 정체감을 찾게 되며 동시에 자기 중심주의로부터 놓이게 됩니다. 주님은 우리에게 생명을 주십니다. 충만한 속마음을 주시는 것입니다. 오늘날 참으로 많은 그리스도인들이 거짓 충만을 가지고 찬양하면서 자기 자신과 타인에게 자신의 옳음을 애써 주장하는 모습은 정말 비극적이고 슬픈 일이 아닐 수 없습니다. 기독교 공동체 안에서나 신자들 마음속에서 생명의 실체를 찾아보기란 참으로 어렵게 되었습니다.

이 텅 빈 속마음과 그 기능에 대해 중요한 사실을 말해 주는 성경 본문을 두 군데 더 살펴보겠습니다. 로마서 16:18은 그리스도의 종이 아니라 자기 배(코일리아, 깊은 속)의 종이 된 사람들에 대해 이야기하고 있습니다. 또 빌립보서 3:19에서 바울은 십자가의 원수로 행하는 자들에게 경고하는데, 그들의 신(神)은 '자기의 배 혹은 깊은 속'이라고 말했습니다. 여기서도 똑같은 단어가 사용되었습니다.

우리 마음의 이러한 차원은 반드시 짚고 넘어가야 할 하나의 세력이라 할 수 있습니다. 그 곳은 성령께서 우리에게 풍성한 삶을 채워 주시는 장소도 될 수 있고, 우리 삶의 기본 방향을 제멋대로 좌우하는 괴이한 세력이 될 수도 있습니다. 오라고 부르시는 주님의 초청을 무시할 때 우리는 결국, 공연히 만족을 찾아다니지만 한 가닥 희망도 없이 방황하는 사람이 될 뿐입니다.

자연은 텅 빈 상태를 싫어합니다. 물리적인 자연도 그렇고 인격적 본성도 그렇습니다. 내면이 공허하면 그것은 절대 군주가 되어 사람들로 하여금 어떠한 희생을 치르고서라도 만족을 찾아 나서게끔 합니다. 결국 자기 정체감을 잃어버려도 그들은 아랑곳하지 않습니다.

정체감의 추구는 엄연한 현실입니다. 형상 보유자들은 하나님께 속해 있는 복된 자로서의 명확한 정체감을 누리도록 되어 있었습니다. 그러나 타락한 형상 보유자들은 어리석기 짝이 없습니다. 정작 가야 할 곳만 쏙 빼고, 나머지 모든 곳들을 찾아다니면서 만족을 구하는 것입니다. 하나님을 찾는 이는 하나도 없습니다. 물을 담아 둘 수 없는 밑 터진 웅덩이에서 물을 마시고 있습니다(렘 2:13). 그 결과 뭔가 만족이 있겠다 싶으면 무엇이든 광적으로 쫓아다니는, 자기밖에 모르는 삶을 살아가게 됩니다.

사람의 모든 행위는 정해진 방향을 향한 움직임이라 할 수 있습니다. 행동이란 결코 정적인 것이 아닙니다. 행동은 언제나 역동적입니다. 어느 한 방향을 향한 움직임인 것입니다. 우리는 모두 내게 만족을 주리라 생각되는 것을 좇아 움직입니다. 인간을 깊이 이해하기 위해서는 인식해야 할 사항들이 있습니다.

- 모든 행동은 정해진 목표를 향한 움직임이다.
- 그리스도의 충만함으로 우리 속 깊은 곳을 채우지 않는다면, 우리는 내면의 공허함을 채워 줄 수 있으리라 생각되는 방향이면 그것이 무엇이든 무조건 그 쪽으로 움직이게 될 것이다.

텅 빈 속마음의 문제를 해결해 주지 못하는 상담 모델, 그 공허함을 정확히 인식시키고 유일한 만족의 길 곧 예수 그리스도를 분명히 제시하지 못하는 상담 모델은 비성경적입니다. 증상이 경감되고 감정이 호조될 수도 있으며, 위장된 만족감이 찾아올지도 모릅니다. 그러나 텅 빈 속마음이라는 끔찍한 실체가 변화되지 않는 한, 내담자는 여전히 자기 방식의 만족 추구라는 신(神)의 노예 상태에서 벗어나지 못할 것입니다. 우리는 인간 심성의 핵심 문제를 공략해야 합니다. 기질적인 것을 뺀 나머지 모든 인간 질병의 진짜 범인을 잡아야 합니다. 그 범인은 하나님으로부터 독립된 상태를 유지하면서도 의미 있는 삶을 살아보겠다는 고집이라 할 수 있습니다.

성경적 상담은 의존을 거부하는 인간의 교만한 부정(否定)을 직시합니다. 성경적 상담은 겉치레뿐인 독립의 허울을 벗기고, 내담자로 하여금 인간은 절대적으로 의존적인 존재라는 진리를 깨닫게 해줍니다. 고통스럽지만 진정한 성숙을 맛보기 위해서는 반드시 필요한 과정입니다. 자기 방식으로 만족을 추구하던 것을 완전히 포기한다는 데는 두려움이 따르게 마련입니다. 다른 누군가 개입하지 않는 한 극도의 공허감을 어찌할 수 없기 때문입니다. 타락한 인간은 무력한 존재임에도 불구하고, 신실하고 선하신 하나님의 '불확실성'을 의지하기보다는 자기 운명을 자기가 주관하는 쪽을 선택하려 듭니다.

우리 인간이 경험하는 감정적인 문제들에는 도덕적인 뿌리가 있습니다. 대부분 그런 감정 문제는 직접적이고 의식적인 죄의 산물은 아니지만 근본을 찾아보면 무의식적인 우리의 끈질긴 고집이 있음을 발견하게 됩니다. 바로 텅 빈 속마음의 고통을 회피하기 위해 자기 방식대로 만족을 찾아보겠다는 고집입니다. 우리는 우리가 가진 문제의 도덕적 뿌리를 덮고 있는 포장지를 벗겨 내야 합니다. 그렇지 않으면 고통의 진정한 원인이 되는 부분들을 놓치고 맙니다.

* * *

지금까지 우리는 우리 마음속을 살펴보았고 그 속에 있는 '텅 빈 속마음'을 발견했습니다. 그것은 만족을 향한 갈망으로서 우리로 하여금 겸손히 주님을 의뢰하게 할 수도 있고, 아니면 교만하게 자기 재주를 믿고 만족을 찾아나서게 할 수도 있습니다. 이제 우리가 생각해 봐야 할 질문이 분명해졌습니다. 우리가 갈망하는 것은 정확히 무엇입니까? 텅 빈 속마음이 가진 그 공허함의 정체는 무엇입니까? 무엇으로 그것을 채울 수 있습니까? 그 해답은 이제 제시하려는 두 번째 개념 속에 들어 있습니다. 우리 영혼의 갈급함이라는 개념입니다.

우리의 갈급한 영혼

성경 여기저기에는 여러 색깔의 실가닥들이 가득합니다. 그 실가닥들은 전체 흐름 속에서 한데 어우러져, 처음엔 색조가 두리뭉실하던 것이 마침내 아름다운 하나의 그림으로 튀어오르곤 합니다. 예컨대 '제사장'이나 '제사' 또는 '다윗의 위(位)' 같은 실가닥은 아주 유익하고도 재미있는 연구 주제입니다. 나는 이외에도 우리가 더 깊이 살펴볼 만한 가치를 지닌 실가닥이 있다고 생각합니다. '갈급함'이라는 개념입니다. 성경 저자들은 도처에서 누차 말하기를, 인간은 갈급한 존재라고 합니다. 많은 성경 구절들이 우리 영혼의 갈급함을 주제로 다루지만 그 중 몇 가지를 함께 살펴보도록 합시다.

하나님이여 사슴이 시냇물을 찾기에 갈급함같이 내 영혼이 주를 찾기에 갈급하니이다(시 42:1).

여기 갈급함이라는 단어는 어떤 대상을 향한 인간 영혼의 간절한 갈망, 깊은 사모를 뜻합니다. 시편 기자는 오랜 가뭄 속에서 물을 찾아 헐떡이는 한 동물의 급절함에 그 갈급함을 비유했습니다. 메시지는 분명합니다. 인간은 풍성한 만족을 주는 생명, 단순한 생존의 차원을 넘어서는 내적 실체를 갈망한다는 것입니다.

너희 목마른 자들아 물로 나아오라 돈 없는 자도 오라 너희는 와서 사 먹되… 좋은 것을 먹을 것이며 너희 마음이 기름진 것으로 즐거움을 얻으리라 … 들으라 그리하면 너희 영혼이 살리라(사 55:1-3).

이 말씀 속에서 우리는 주님의 슬픔을 느낄 수 있습니다. 도무지 우물가로 나오지 않으려는 이들을 향한 주님의 탄식입니다. 하나님께 나아가기 위해서는 먼저 자기 자신의 갈급함을 인식해야 한다는 사실에 주목하기 바랍니다. 내 힘으로는 안된다는 뼈저린 인식이 있은 후라야 하나님을 알고 누리고 싶은 욕구가 생기는 것입니다. 반드시 잊지 말아야 할 사실이 있습니다. 목마름이란 결코 쾌적한 상태가 아닙니다.

물을 마실 때, 혹은 마시기를 기대할 때 그것이 즐거움이 됩니다. 그러므로 갈급해 하되 우리에게는 없는 그것이 무엇인지를 인식하는 것은 바람직한 일입니다. 그럴 때 주님을 향한 우리의 갈망은 더욱 간절해집니다. 배고픈 아이에게 막 구워낸 사과 파이 냄새를 풍겼다고 해봅시다. 한창 재미있던 야구도 팽개친 채 집으로 달려갈 것입니다.

이사야 말씀을 계속 살펴보면 참 만족을 주지 못하는 것을 버리고 풍요로운 공급 속에서 기뻐하며 즐거움을 누리라고 말씀하시는 하나님을 만날 수 있습니다. 언뜻 보기에는 다른 사람의 유익을 내 유익보다 먼저 생각하라는 성경의 수많은 권면들에 위배된다는 생각이 듭니다. 성경은 모든 인간에게는 만족을 향한 깊은 열망이 있다고 이야기합니다. 또한 그런 열망을 느끼는 것이 잘못이라고 책망하는 어조는 성경 어디에도 없습니다. 분명히 해두어야 합니다. 영혼의 깊은 기쁨을 갈망하는 것은 잘못이 아닙니다. 행복을 추구한다고 해서 이기적인 존재가 되는 것은 아닙니다. 자기를 부인한다는 것은, 이제부터 내 행복을 추구해서는 안된다고 전면 중지시키는 것이 아닙니다. 나 자신의 만족일랑 접어 두고 뭔가 고결한 차원으로 비상한다는 뜻도 아닙니다.

이기심, 자기 중심주의, 자기 방임, 이런 것들의 뿌리는 우리 영혼의 만족을 향한 갈망에 있는 게 아니라 하나님으로부터 독립하여 만족을 찾아보겠다는 교만한 고집에 있습니다. 예레미야 2:13에서 예레미야 선지자가 정죄한 것도 사람들의 갈급함이 아니라 자기 충족성을 믿고 자기 우물을 판 그 교만한 태도였습니다.

예수께서 가라사대 내가 곧 생명의 떡이니 내게 오는 자는 결코 주리지 아니할 터이요 나를 믿는 자는 영원히 목마르지 아니하리라(요 6:35).

주님은 결코 우리의 배고픔과 목마름을 이기적이라고 정죄하지 않으셨습니다. 오히려 그 배고픔과 목마름을 우리가 주님께 나아가야 할 좋은 이유로 보시고, 우리를 부르셨습니다. 요한복음 7:37-38에서도 예수님은 우리를 부르십니다. 기쁨을 약속하는 다른 모든 길을 버리고, 우리 심령이 갈망하는 것들을 진정 채워 줄 수 있는 당신께 나아오라고 부르시는 것입니다. 여기서 꼭 짚고 넘어가야 할 사실이 있습니다. 기쁨을 약속하는 길, 모든 잘못된 그 길들은 우리를 현혹시킬 만한 공통점이 있다는 것입니다. 그 길들이 내놓는 인생 전략들은 어느 정도까지는 내 힘으로 통제가 됩니다. 거기서는 독립적으로 살겠다는 기본 노선을 포기할 필요가 없습니다. 그러나 하나님 말씀은 언제나 동일합니다. 하나님은 절대적인 의존만이 참 만족의 길이라고 동일하게 말씀하십니다.

지금까지 얘기한 것을 몇 가지로 요약해 보겠습니다. 모든 타락한 형상 보유자들에게는 텅 빈 속마음이 있습니다. 이 텅 빈 속마음이 바로 갈급함의 소재지입니다. 사슴의 타는 듯한 목구멍이 절박한 목마름의 장소인 것처럼 말입니다. 이 텅 빈 속마음은 무엇인가를 향한 깊은 갈증과 갈망으로 나타납니다. 우리 스스로는 절대 채울 수 없는 갈증과 갈망입니다. 그렇다면 우리가 갈망하는 그것은 정확히 어떤 것입니까? 이것이 우리의 다음 질문입니다.

무엇을 향한 갈망인가?
갈급함이 채워지지 않은 사람들은 그 갈증을 덜어 줄 만한 것을 찾아 헤매게 됩니다. 그리스도는 우리의 갈증을 없애 주심으로 말미암아 우리가 당신을 위하여 자유롭게 살게 되기를 원하십니다. 그렇다면 우리가 그토록 간절히 원하는 바가 무엇인지 알아보는 것은 너무나 당연한 일입니다. 그러나 성경은 이 주제에 대하여 침묵하고 있는 것 같습니다. 바울은 많은 서신을 썼지만, 예수님께서 목마른 자들에게 "내게로 오라" 하신 그 의미에 대해서는 궁금증을 풀어 주지 못합니다. 성경 어디에도 이 목마름을 정의한 곳은 없습니다. 그렇다면 어떻게 해야 합니까?

그 대답은 우리가 성경에 어떻게 접근하느냐에 따라 달라집니다. 우리가 만약 성경이 직접 대답해 주는 질문만 해야 한다는 입장을 취한다면, 이 갈증에 대한 문제일랑 저만치 제쳐두고 다른 문제로 넘어가야 할 것입니다. 그러나 일부 온당한 질문에 관한 한 성경이 충분한 지침서가 되지 못한다는 입장이라면, 우리는 갈증의 본질 문제에 있어서도 성경을 덮은 채 계속 머리를 짜 내야 할 것입니다. 이 경우 우리가 의존하게 되는 것은 크게 두 가지입니다. 첫째는 광범위한 관찰을 통해 수집한 자료, 둘째는 그 자료에 의미를 부여할 수 있는 명쾌한 사고력과 창조력과 직관력이라 할 수 있습니다. 그러나 거기서 나오는 결론들은, 합리적일 수 있지만 불확실하기 짝이 없는 것들뿐입니다. 하지만 갈증이라는 문제는 생소해 보이긴 해도 분명 실존합니다.

이와 다른 또 한 가지 접근이 있습니다. 성경이 인간과 관련된 모든 중요한 문제들을 생각함에 있어서 충족한 기본 틀이 된다고 생각하는 것입니다. 이 입장을 취할 때 비로소 우리는 갈증의 본질에 대하여 깊은 연구를 할 수 있게 됩니다. 우리는 성경 자료에 암시된 것들을 원용하되, 성경이 제시하는 틀 바깥으로는 나가지 않을 것입니다.

4장과 5장에서 설명한 이 입장에 대한 이해를 바탕으로, 이제 "우리가 갈망하는 것은 무엇인가?"라는 질문에 대한 성경적인 해답을 한번 그려 보겠습니다. 우선 내 생각의 개요를 밝힘으로써 방향을 제시한 뒤에 각 요소들을 하나하나 자세히 살펴보겠습니다.

하나님은 본질상 관계적인 존재입니다(삼위 일체 하나님은 서로 관계를 누리실 수 있습니다). 따라서 하나님의 형상대로 지음받은 인간도 관계적인 존재입니다. 우리는 하나님 그리고 다른 사람들과 관계를 맺으며 살아가도록 지음받았습니다. 우리 존재의 가장 중심 되는 부분 속에는 하나님께서 우리를 지으실 때 의도하셨던, 바로 그것을 누리고 싶어하는 갈망이 있다는 말입니다. 우리는 관계를 갈망합니다.

하나님은 관계적인 존재만은 아닙니다. 하나님은 목적을 두고 행하시는 존재입니다. 정해진 종착점을 향하여 한치의 오차도 없이 움직이십니다. 역사에는 방향이 있습니다. 만유의 움직임에 대한 최초의 계획이 우리의 죄와 타락으로 말미암아 오염된 것은 사실이지만, 하나님은 뜻하신바 그 질서를 회복하시기 위해 오늘도 일하고 계십니다. 우리는 하나님이 가지신 계획의 한 부분으로 지음받았습니다. 그리고 예수 그리스도 안에서 하나님의 회복 사역에 참여하도록 재차 지음받은 자들입니다. 하나님은 우리가 분명한 방향을 가지고 목적을 향해 움직일 수 있도록 힘을 주셨으며, 당신의 목적에 동참할 수 있게끔 하셨습니다. 우리는 그저 자기 운명대로 작동하도록 고안된 어떤 시스템의 감각 없는 부품들이 아닙니다. 우리 속 가장 깊은 곳에는 영원한 계획에 동참하고 싶고, 이 세계에 영구히 남는 변화의 자국을 남기고픈 갈망이 있습니다. 중요한 존재가 되기를 갈망하는 것입니다.

'관계와 중요한 존재', 이것이 인간 영혼의 온당한 갈망들입니다. 그리스도인은 하나님께 순종하기를 원합니다. 순종이 친밀한 관계의 조건이 되기 때문입니다. 우리는 또한 다른 사람을 섬기기 원합니다. 그렇게 할 때 자신이 선하고 온전한 존재가 되는 것을 느끼기 때문입니다. 섬김은 중요한 존재가 되고자 하는 갈망을 만족시켜 줍니다.

관계와 중요한 존재에 대한 갈망은 우리 심장 깊은 곳에 새겨져 있는 갈망입니다. 이 갈망을 채우기 위해서는 반드시 의존이 필요합니다. 하나님은 전적으로 독립적인 분이시며 당신 안에 관계와 중요한 존재의 충족을 다 갖고 계십니다. 그러나 우리 인간은 사랑과 수용의 관계를 누리고, 의미 있고 가치 있는 목적에 동참하고자 할 때 늘 외부 자원을 필요로 합니다. 우리 힘으로는 그것을 만들어 낼 수도 통제할 수도 없기 때문입니다.

우리가 의존적인 존재라는 사실은 아담이 타락하는 순간 분명히 드러났습니다. 죄짓기 전의 아담은 하나님을 의존한 상태로 그분과 완벽한 관계 속에서 살았습니다. 만일 한 천사가 동산을 찾아와서 "아담, 너는 관계를 갈망하고 있느냐? 중요한 존재가 되기를 갈망하고 있느냐?"라고 물었다면, 아마 아담은 도무지 이해가 안 간다는 표정으로 이렇게 대답했을 것입니다. "무슨 말을 하는지 모르겠군. 나한테는 하나님이 계서. 그 이상 무엇을 더 원할 수 있단 말인가?"

그러나 아담의 죄로 말미암아 하나님께서 아담으로부터 물러나시자, 아담 속에 존재하는 하나님을 누리던 그 자리가 텅 비고 말았습니다. 속마음은 텅 빈 상태가 되었습니다. 바로 이 속마음으로부터 아담은 자신이 잃은 충족을 갈망하게 되었습니다. 그러나 마음이 점점 어두워지면서 정작 찾아가야 할 하나님은 멀리하고 여기저기 다른 곳들만 찾아다녔습니다.

타락 전의 아담은 의존적이면서도 완전한, 즉 만족을 맛보며 사는 존재였습니다. 타락 후 아담은, 자신이 하나님 없이는 불완전한 존재임을 느꼈습니다. 인간이 의존적인 존재라는 사실이 드러난 것입니다. 그는 공허했습니다. 관계와 중요한 존재에 대한 갈망은 그 자체로는 죄가 아닙니다만, 만일 죄가 하나님과 우리를 갈라놓지 않았더라면 우리는 그러한 갈망을 느낄 필요도 없었을 것입니다. 아담의 모든 후손은 그 의존 관계의 희미한 잔재, 즉 하나님과의 분리로 말미암아 텅 비게 된 속마음을 안고 고통하며 살아갑니다. 타락한 인간은 목마른 것입니다.

우리는 참되고 따뜻한 사랑에 목마르며, 진정한 의미를 맛보고 싶어 목이 마릅니다. 자신의 갈급함을 더 실감나게 맛볼수록 자신이 얼마나 의존적인 존재인지, 하나님과 분리된다는 것이 얼마나 끔찍한 사실이며 하나님을 가까이함이 얼마나 복된 일인지 더 깊이 깨닫게 됩니다.

내 생각의 방향이 어떤지는 이쯤에서 접어 두고, 이제부터는 그 갈증의 본질에 대해 좀더 자세히 살펴보도록 하겠습니다.

관계를 향한 갈망

하나님은 삼위 일체라는 진리에서부터 출발하겠습니다. 한 하나님 안의 세 위(位), 이것은 신비이지만 분명한 사실입니다. 하나님은 당신의 본성 자체에 이미 관계를 포함하고 계십니다. 하나님은 인격적인 존재이십니다. 그분은 영원히 세 위의 인격이 맺고 있는 관계 안에 존재하십니다. 하나님은 그분 스스로 공동체이신 것입니다.

하나님이 천사와는 다른 어떤 피조물을 창조하기로 하셨을 때, 그분은 이 새 피조물에게 당신의 사랑에 반응할 수 있는 독특한 능력을 주셨습니다. 하나님은 당신과 더불어 그리고 다른 동류들과 더불어 관계를 맺을 수 있는 존재로 그들을 지으셨습니다. 하나님은 인간을 지으시되 당신 자신과, 그리고 다른 사람들과 관계를 맺게 하시기 위해 지으셨습니다. 인간은 근본적으로 관계적인 피조물입니다. 갓난아기가 육신의 생명을 유지시키는 우유를 간절히 원하듯, 인간은 내면의 평안을 얻기 위해 필사적으로 관계를 찾아나섭니다.

잠깐, 여기서 멈추겠습니다. 우리는 갈망에 대해 이야기를 하면서도 정작 갈망의 실체와는 간격을 둔 채 시종 실험적인 태도를 취하기도 합니다. 안타깝게도 그런 일은 흔히 일어나고 있습니다. 갈망을 직접 경험하기보다는 갈망에 대해 이야기하는 것이 훨씬 쉽습니다. 그러나 그것만 가지고는 안됩니다. 갈망이란 본래부터 느끼도록 되어 있는 것입니다. 그것이 갈망을 제대로 이해하는 길입니다. 우리는 누군가 관심을 갖고 나를 대해 주기를 간절히 바랍니다. 학적(學的)인 정의만 가지고서는 이런 열정을 결코 제대로 다룰 수 없습니다. 나는 이 깊고 거센 갈망을 있는 그대로 느껴야 한다는 개념에 대하여 독자들이 마음을 활짝 열기를 진정으로 바랍니다.

개인적으로 가깝고 중요한 사람이 당신을 실망시켰던 시간들을 생각해 보십시오. 그때 느꼈던 절망감을 떠올려 보십시오. 그때 그 사람이 어떤 말을 해주기를 기다렸습니까? 그가 어떻게 대해 주기를 원했습니까? 아버지가 냉정하게 돌아서지 않고 "내가 너를 사랑한다"고 따뜻하게 말씀하셨더라면, 그때 느낌은 어떠했겠습니까? 매사에 나무라기만 하시는 어머니가 아니라 부드럽게 인정해 주는 분이라면 어떻겠습니까? 자신의 갈망을 인식할 수 있는 가장 좋은 길 하나는 자신과 중요한 타인들과의 관계 속에서 느꼈던 깊은 실망들을 되살려 보는 일입니다. 그리고 그들이 어떻게 했더라면 실망 대신 기쁨을 느꼈을까 생각해 보는 것입니다.

이제 관계에 대한 깊은 갈망을 한 문장으로 간추려 보겠습니다. 인간은 누구나 나를 있는 그대로 정확히 보면서도 여전히 나를 받아 줄 수 있는 사람을 간절히 원합니다. 그러나 그 어떤 사람도 나의 모든 것을 볼 수는 없습니다. 그러기에 가장 가까운 관계에서조차 의혹의 구름이 끈질기게 따라다닙니다. '만일 이들이 나의…을 안다면 나를 어떻게 생각할까?' 하는 의혹들 말입니다.

내 약점이 다 노출되었는데도 여전히 나를 온전히 받아 주는 사람이 있다는 것은 상상조차 할 수 없는 일입니다. 그런데도 우리는 그런 경험을 갈망합니다. 나와의 관계를 끝까지 지속할 수 있을 만큼 강한 사람, 나의 조작적인 이기심을 보고도 전혀 영향받지 않을 만한 사랑을 가진 사람, 진정 나를 원하는 사람, 그런 사람과의 관계를 갈망합니다.

우리는 형상 보유자이기에 그런 관계를 갈망합니다. 그러나 타락한 형상 보유자이기에 하나님 아닌 다른 곳에서 그것을 찾으려 듭니다. 그러니 하나님께서 우리를 보고 어리석다 말씀하시는 것도 당연한 일입니다. 맑고 시원한 물이 나오는 수도꼭지가 있는데도 그것은 그냥 지나치고, 박테리아가 우글거리는 더럽고 미지근한 물 쪽으로 가고 있으니 얼마나 어리석은 일입니까!

하나님 아닌 사람들에게서 관계의 깊은 갈망을 채우고자 한다면 그것은 늘 실망으로 끝나게 마련입니다. 세상에서 가장 훌륭한 부모, 세상에서 가장 사랑 많은 배우자라 할지라도 내가 진정 원하는 바를 채워 주지는 못합니다. 결코 식을 줄 모르는 온전한 사랑, 우리는 바로 이 사랑을 갈망합니다.

다른 사람을 의지할 때 우리는 필연적으로 내가 원하는 방식대로 그가 반응해 줄 것을 요구하게 됩니다. 그가 나를 실망시키기라도 한다면 어김없이 상처를 받고 분노를 느낍니다. 그리고 더 이상 상처받지 않기 위해 관계를 조작하기 시작합니다. 그러면서도 내가 바라는 것을 그에게서 조금이라도 더 뽑아 내고자 안간힘을 씁니다. 둘 사이는 점점 멀어지고 냉랭해집니다. 조작적인 관계가 빚어 내는 필연적인 산물입니다. 관계의 기쁨을 누리도록 지음받은 사람이 분리와 고독의 고통만 맛보는 것입니다. 얼마나 비참한 일입니까!

중요한 존재가 되고자 하는 갈망

내가 깊이 존경했던 대학 교수 장례식에 참석했던 일이 생각납니다. 여러 철학 과목을 통해, 인간이 단지 유전적 존재에 지나지 않는다는 생각을 버리고 헌신할 대상을 스스로 결단할 수 있도록 도전을 주셨던 분입니다. 사고가 분명한 분이셨고, 내가 복음을 전할 때면 늘 주의 깊게 들어 주시곤 했습니다. 그러나 내가 알기로, 그분은 죽을 때까지 예수님을 영접하지 않았습니다.

　장례식에서 우리 대학의 교목(이름뿐인 그리스도인이었음)은, 많은 학생들과 동문이 와서 돌아가신 교수를 향해 감사와 존경을 입에 침이 마르도록 표현했노라고 이야기했습니다. 급기야 그가 한 예화를 들었을 때 나는 거의 마음의 안정을 잃을 뻔했습니다. 그가 이 교수의 삶은 시간이라는 모래밭에 남겨진, 특히 우리들 삶에 남겨진 발자국과도 같지만 세월의 흐름이 모래밭을 쓸고 지나가면 그 발자국도 영원히 사라질 것이라고 말했던 것입니다. 그는 이어서 우리가 장례식에 온 목적도 단지 그렇게 사라져 버릴 발자국을 되새겨보기 위한 것뿐이라고 말했습니다.

　그 말을 듣자니 속에 있는 것들이 다 비명을 지르는 것만 같았습니다. 그 자리에서, 내 장례식을 집전하는 목사는 그보다는 나은 말을 할 수 있게 해달라고 기도했던 기억이 납니다. 내 인생이 영원히 의미 있는 것이었다고 진실로 인정할 수 있게 되기를 바랐던 것입니다. 내 속 깊은 곳에는 교목의 예화에 강한 반기를 드는 한 부분이 있었습니다. 인간의 가장 깊은 부분이라고 생각합니다. 나는 의미 있는 삶을 갈망합니다. 중요한 존재가 되기를 갈망합니다.

　우리는 다 비슷한 것을 갈망하고 있습니다. 내가 생각하기로, 꼭 필요한 사람이 되고 싶다는 말이 그 갈망을 잘 표현해 주는 듯합니다. 자신이 누군가 꼭 해야 하는 중요한 일을 할 수 있는 존재라고 생각하고 싶어합니다. 세상에 흔적을 남기기 원합니다. 참된 변화, 중요한 변화, 영원한 변화를 남기기 원합니다.

　중요한 존재가 되고자 하는 갈망은 여러 모양으로 나타납니다. 새로 닦은 차나 새로 깎은 잔디를 바라보면서도 어느 정도의 만족감은 느낄 수 있습니다. "내가 했지. 내가 힘을 들였기 때문에 이런 변화가 생긴 거야. 내가 뭔가 바꿔 놓은 셈이지." 그러나 이러한 영향력은 지극히 유한한 것이라는 데 문제가 있습니다.

정성 들여 반짝반짝하게 닦은 접시가 금방 다시 더러워지는 것을 볼 때면 설거지하는 사람의 접시 닦는 기쁨은 그만큼 줄어들게 됩니다. 유한한 영향력은 그다지 기분 좋은 것이 못 됩니다. 우리는 뭔가 중요한 영향력, 오래오래 지속되는 영향력을 미치기 원합니다. 잔디 깎는 일처럼 사소한 것에서부터 좀더 중요한 문제(사업에 성공하거나 가정의 화목을 이루는 일 등)에 이르기까지, 그것이 어떠한 영향력을 갖느냐에 따라 만족의 정도는 달라집니다. 그러나 그 어떤 것도 충분하지는 않습니다.

중요한 존재가 되고자 하는 갈망을 간단히 정의하면 다음과 같습니다. 의미 있는 일의 적임자가 되고 싶은 갈망, 내가 이 세계에 영향력을 미칠 수 있으며 뭔가 가치 있는 일을 해낼 수 있다는 사실을 알고 싶어하는 갈망입니다.

우리는 목마른 사람들입니다. 우리는 관계를 갈망하며, 중요한 존재가 되기를 갈망합니다. 이것은 오직 하나님만이 온전히 채우실 수 있는 갈망입니다. 이 개념을 그림 7-1과 같이 그릴 수 있습니다. 채워지기를 기다리는 텅 빈 공간의 개념을 그대로 살려서, 이제 우리 내면의 깊은 갈망들을 하나의 원으로 나타내 보겠습니다. 즉 이 원은 관계와 중요한 존재를 향한 우리의 공간(갈망)을 뜻합니다. 인간 심성의 텅 빈

〈그림 7-1〉

인격의 원

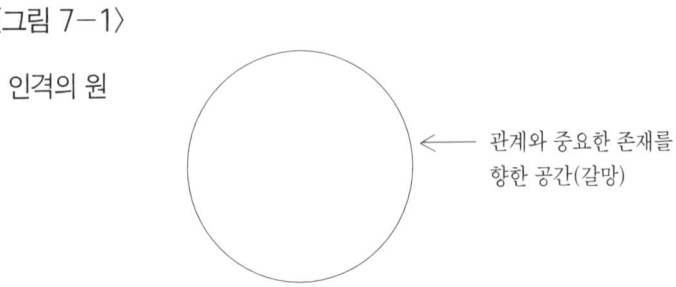

속마음은 아직 채워지지 않은 인격적인 공간과도 같습니다.

우리는 의존적인 존재이기 때문에, 이제 이 공간은 우리로 하여금 충족의 자원을 우리 바깥에서 찾게 해주는 기회의 역할을 합니다. 내 힘으로는 나를 채울 수 없습니다. 내가 찾는 관계와 영향력을 나 스스로는 공급할 수 없습니다.

우리는 타락한 존재이기 때문에, 우리의 갈망은 절망적인 갈망이 되었습니다. 영원히 만족을 찾지 못할지도 모른다는 두려움을 떨쳐 버릴 수 없습니다. 만약 타락 사건이 없었다면, 우리는 하나님과의 단절되지 않은 교제 외에는 아무것도 몰랐을 것입니다. 공허함이 아니라 충만함을, 만성적 고통이 아니라 참 기쁨을, 고독이 아니라 완전한 관계를 누리며 살았을 것입니다.

그러나 타락 사건은 발생했고, 그것이 가져다 준 텅 빈 속마음 때문에 우리는 만족을 찾아 헤매게 되었습니다. 우리는 갈망을 피할 수 없습니다. 아무리 우리 안에 그것이 없는 것처럼 행동하려 해도, 어느새 폭군이 되어 우리를 지배하고 있는 갈망을 발견합니다.

사람이 추구하는 만족의 길은 하나님과는 전혀 상관이 없는 길들뿐입니다. 정도 차이는 있겠지만 말입니다. 성령의 역사가 아니고서는 단 한 사람도 하나님을 찾을 자가 없습니다. 예레미야 2:13에서 예레미야 선지자는, 제 힘으로 갈증을 식혀 보겠다며 밑 터진 웅덩이를 붙들고 있는 백성들을 책망합니다. 애써 웅덩이를 만들었건만 그 웅덩이는 물을 담아 둘 수 없는 웅덩이였습니다. 사람이 만들어 내는 그 어느 것도 깊은 만족을 가져다 줄 수 없습니다. 그런데도 우리는 자기 삶을 통제해 보겠다고 안간힘을 씁니다. 얼마나 어리석은 존재인지 알 수 있습니다.

그러나 우리의 어리석음은 눈에 쉽게 드러나지 않습니다. 구멍 뚫린 우물에도 얼마 동안은 물을 담아 둘 수 있듯이, 죄의 쾌락은 우리에게 일시적인 만족을 가져다 줍니다. 재담으로 친구에게 호감을 사거나 성숙한 인격으로 회중을 감동시키고 나면 얼마나 기분이 좋은지 모릅니다. 긴장을 풀어 주는 여자와의 관계는 자꾸 귀찮게 달라붙는 아내와의 관계보다 훨씬 기분 좋게 느껴집니다. 우리의 '인격의 원'은 이런 몇 가지 일을 가지고도 어느 정도는 채워질 수 있습니다.

이번에도 원을 사용해서 충족이라는 개념을 한번 이해해 보도록 하겠습니다(그림 7-2). 점선으로 된 작은 원은 스스로 생각하기에 자신의 갈망(관계와 중요한 존재에 대한 갈망)이 채워지고 있다고 느끼는 정도를 나타냅니다. 그 채움의 기반은 온당할 수도 있고 온당치 못할 수도 있습니다. 경건한 동기를 좇아 사는 삶일 수도 있지만, 밑 터진 웅덩이에 잠깐 동안 고인 물을 마시고 있는지도 모릅니다.

사탄은 거짓의 아비입니다. 사탄은 우리에게 거의 무한에 가까운 기회들을 보여 줍니다. 온당치는 않지만 그 즉시 화끈한 만족을 주는 기회들입니다. 그는 신속한 채움을 원하는 우리의 절박한 갈망을 이용하여 우리 눈을 멀게 만들고는 자기 말을 듣게 합니다. 그러나 거기엔 영원한 공허만이 있을 뿐입니다.

비어 있는 인격의 원보다 더 고통스러운 것은 없습니다. 거기엔 공허감, 무가치감, 자신이 사랑받지 못하는 쓸모 없는 존재라는 느낌만

〈그림 7-2〉

인격의 원

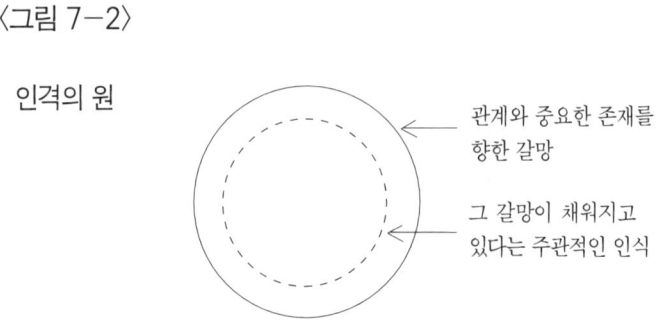

있을 뿐입니다. 그 고통이 구원을 요구해 옵니다. 사탄은 순간의 만족을 주는 수단을 들고 찾아와 우리의 그 요구와 가만히 손을 잡습니다. 그는 우리가 구원의 길을 찾아다니다가 탈진하게 만듭니다. 사탄의 올무에 일단 걸려들고 나면 죄의 노예의 사슬이 얼마나 끈질긴 것인지를 절감하게 됩니다.

이제 인생은 사랑을 얻어내기 위한 노력, 중요한 존재가 될 수 있는 수단을 찾아내기 위한 노력이 되고 맙니다. 하나님과 다른 사람들 그리고 하나님의 일을 사랑하는 것도 이제 자신의 만족에만 정신이 팔려 있는 자기 중심주의 속에 파묻혀 버리게 됩니다.

그리스도인의 기쁨은 그리스도를 따르는 삶의 부산물이라는 사실을 우리는 결코 잊지 말아야 합니다. 결코 그 자체가 목적이 아닙니다. 자기 노력으로 만족을 찾으려는 사람들은 결코 이 기쁨을 맛볼 수 없습니다. 하나님은 우리를 부르사 충족을 맛보게 하십니다. 그러나 그것은 절대적으로 하나님 자신의 방법입니다. '자신의 인격의 원을 채우고자' 하는 사람, 즉 자기 목숨을 얻고자 하는 사람은 오히려 자기 목숨을 잃게 될 것입니다. 그러나 어떠한 대가가 요구된다 하더라도 그리스도를 아는 지식을 좇음으로 자기 목숨을 잃는 사람은 자신의 영혼이 갈망하는바 관계와 중요한 존재에 대한 갈망을 서서히 채움받을 것입니다.

안쪽 점선 원의 크기를 결정하는 것이 무엇인지 잘 보아야 합니다. 관계와 중요한 존재에 대한 갈망이 채워졌다는 사실이 그것을 결정합니다. 만약 실제로 채워진 사실을 가지고 안쪽 원을 그리기로 한다면, 그리스도인은 모두 다 인격의 원이 채워진 그림을 그려야 할 것입니다. 우리는 다 사랑받고 있으며 또 모두 중요한 존재이기 때문입니다. 한편 모든 불신자들의 원은 텅 빈 그림이 될 것입니다. 그들과 하나님의 관계는 단절되어 있고, 하나님 계획 속에 들어 있는 자신의 역할도

의존적인 존재 175

그들은 경험하지 못하고 있기 때문입니다.

내가 개인의 주관을 바탕으로 안쪽 원의 크기를 결정하기로 한 이유는 아주 간단합니다. 그리스도인 역시 자신이 하나님께 속해 있다는 사실과 무관하게, 자신은 사랑받지 못하는 존재요 중요하지 않은 존재라고 느낄 수 있기 때문입니다. 그런가 하면 자신이 사랑받는 존재요 중요한 존재라고 느끼기는 하지만, 온당치 못한 기반에 근거해서 그렇게 느낄 수도 있습니다. 이와 마찬가지로 불신자들도 자신이 사랑받지

〈그림 7-3〉

그리스도인

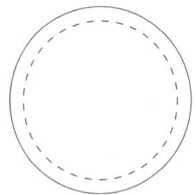 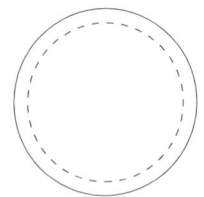 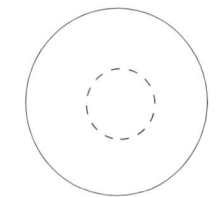

1. 온당한 것으로 충족된 경우
2. 온당치 못한 것으로 충족된 경우
3. 온당치 못한 것으로 인해 텅 비어 있는 경우

불신자

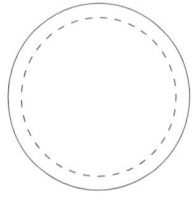 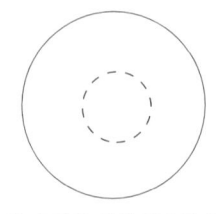 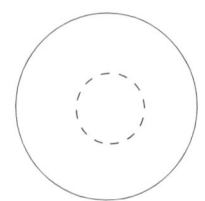

4. 온당치 못한 것으로 충족된 경우
5. 온당치 못한 것으로 인해 텅 비어 있는 경우
6. 온당한 이유로 텅 비어 있는 경우

못하는 존재요 중요하지 않은 존재라고 느낄 수도 있습니다(때로 이것은 자신의 상태에 대한 올바른 인식일 수도 있습니다). 아니면 하나님과는 전혀 상관 없는 온당치 못한 이유에 근거하여 자신이 사랑받는 존재요 중요한 존재라고 느낄 수도 있습니다.

여기서 나올 수 있는 유형들을 그림 7-3에 나타내 보았습니다.

- 경우 1: 그리스도를 아는 지식 가운데 자라 가고 있으며 그리스도께서 명하신 길을 힘과 정성을 다하여 따르고 있는 그리스도인입니다. 순조로운 상황에서든 고난의 상황에서든 그의 속 깊은 곳에는 자신을 향한 하나님의 사랑과 하나님의 뜻에 대한 인식이 자리하고 있습니다.
- 경우 2: 만족(예: 존경받고 칭찬 듣고 갈채를 받는 것 등)을 얻기 위해 잘못된 목표를 세우고 그것을 추구하는 그리스도인입니다. 만약 목표에 도달하면 자신이 사랑받고 있으며 가치 있는 존재라는 만족감을 느낍니다. 그러나 이것은 그리스도와의 교제가 빠진 온당치 못한 근거입니다.
- 경우 3: 경우 2의 그리스도인이 자신이 세운 목표에 도달하지 못한 상태입니다. 실제로 그는 하나님의 사랑을 받고 있으며 하나님께 중요한 존재임에도 불구하고, 전혀 그것을 느끼지 못합니다.
- 경우 4: 모든 불신자들이 추구하는 만족의 길은 다 온당치 못한 것들입니다. 그런데도 그 길에서 성공하면 그들은 상당 기간 자신에 대해 어느 정도 좋은 느낌을 갖게 됩니다.
- 경우 5: 자신이 생각하기에 행복을 얻을 수 있는 길이라 믿고 추구했는데 그 목표에 도달하지 못한 불신자입니다. 그는 온당치 못한 이유로 인해 텅 빈 느낌을 갖게 됩니다.

경우 6: 자신의 공허함이, 하나님을 거부한 채 다른 것들을 추구한 것에 대한 필연적 결과라는 사실을 깨달은 불신자입니다. 그가 텅 빈 느낌을 갖게 된 것은 온당한 이유에서입니다. 하나님께서 생명을 주시지 않는 한 인간의 공허함은 어쩔 수 없다는 사실을 깨달았기 때문입니다.

인격의 원 안쪽, 점선 원의 크기는 그 삶의 실제 영적 상태와는 거의 상관이 없습니다. 이 사실을 잊어서는 안됩니다. 사람들은 온당한 이유 때문에 충족감을 느낄 수도 있으며, 또한 공허함을 느낄 수 있습니다. 그리고 온당치 못한 이유 때문에도 공허함을 느낄 수 있는 것입니다. 이 인격의 원을 통하여 우리는 두 가지 사실을 정리할 수 있습니다.

첫째, 우리에게는 다 관계와 중요한 존재에 대한 공간(또는 갈망)이 있습니다. 이것이 바깥에 있는 실선으로 된 원입니다.

둘째, 우리는 자신이 지금이라는 순간 만족감을 느끼는 상태인지 그렇지 않은 상태인지를 느낍니다. 그 만족감(또는 불만족감)의 근거는 온당할 수도 있고 온당치 못할 수도 있습니다. 이것이 안의 점선으로 된 원입니다.

이 인격의 원이 완전한 것이 되기 위해서는 한 가지 개념이 더 필요합니다. 사람들에게는 그리스도 안에서만 채워질 수 있는 깊은 갈망들이 있는가 하면, 그보다는 덜 깊지만 여전히 실존하는 갈망—하나님이 직접 채워 주시지는 않는 갈망—들도 있습니다.

이제 인격의 원 바깥에다 두 개의 동심원을 그려 보겠습니다(그림 7-4). 맨 바깥에 있는 것은 일상적인 갈망들을 나타내고, 중간에 있는 것은 중요한 갈망들을 나타냅니다. 가장 안쪽에 있는 원은 인격의 원으로서 오직 하나님만이 온전히 채우실 수 있는 핵심적인 갈망들,

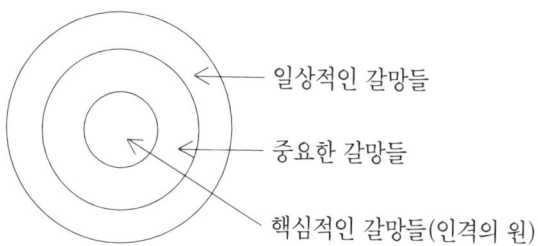

〈그림 7-4〉

즉 관계와 중요한 존재를 향한 갈망을 나타냅니다.
  일상적인 갈망은 편리함, 안락함, 개인적인 기호 등을 향한 갈망입니다. 우리는 휴일에 비가 안 오기를 바라고, 차가 고장 없이 잘 달려주기를 바라며, 지하실에 물이 새지 않기를 바랍니다. 이것은 온당한 갈망들이며, 우리는 기도와 우리가 취할 수 있는 모든 조치를 통해서 이 갈망들의 실현을 꾀할 수 있습니다. 그러나 우리의 행복이 만일 이런 일상적인 갈망의 만족에만 있다면, 우리는 영혼의 보다 깊은 갈망들과는 전혀 상관 없이 살아가고 있는 것입니다.
  중요한 갈망 역시 온당한 바람으로써, 깊은 인간 관계를 맺고 싶다거나 눈에 띄는 업적을 이 세상에 남기고 싶다는 마음 등을 포함합니다. 우리는 구원받지 못한 친척이 그리스도께로 돌아오는 모습을 보기 원합니다. 병 든 친척이 건강을 회복하는 것을 보기 원합니다. 또한 빗나간 자녀가 올바른 길로 들어서는 것을 보기 원하고, 냉정하던 배우자가 자신을 온전히 내어 놓는 모습을 보기 원하며, 사역의 수고에 축복이 임하는 것을 보기 원합니다. 이런 갈망들은 중요하고도 당연한 것들입니다. 이런 갈망들이 채워지지 않는다면, 심각한 결과가 뒤따르게 됩니다. 우리는 상처를 받고 비탄에 빠지게 되며 고통을 당하게 됩니다. 그러나 여기서도 마찬가지로 우리의 기쁨이 이런 갈망들의 만족에만 전적으로 의존한 것이라면, 우리는 아직 하나님과 동행하는 삶의 풍요 속으로 들어가지 못한 것입니다.

핵심적인 갈망은 우리 속 깊은 곳에 있는 절박한 갈증을 뜻합니다. 일상적인 갈망이나 중요한 갈망을 채워 주는 대상이 우리 마음의 이 핵심적인 갈망들까지도 온전히 채워 줄 수 있다고 생각한다면 오산입니다. 우리 속 깊은 곳을 기쁨으로 채우실 수 있는 분은 오직 그리스도 한 분이십니다. 이 갈망을 인식한다고 해서 다른 수준에 있는 채워지지 않은 갈망들에 대한 고통이 줄어드는 것은 아닙니다. 그러나 이 갈망을 인식하게 될 때, 우리는 누가 무슨 말을 한다 해도 자신은 절대적으로 의존적인 존재임을 깨닫고 그리스도께로 나아갈 수 있게 됩니다.

지금까지 이 장에서 이야기한 개념들로부터 우리는 몇 가지 결론을 끄집어낼 수 있습니다.

1. 하나님은 인간의 갈망들을 잘 알고 계시기에 그들을 당신과의 관계 속으로 부르십니다. 그러므로 우리의 갈망이 무엇인지를 아는 것과 그 갈망들을 깊이 경험하는 것은 중요한 일입니다. 만일 우리가 자신의 갈망들을 잘 알고 있지 못하다면, 그 갈망을 채워 줄 수 있는 만족의 근원에 도달하는 일은 불가능할 것입니다.
2. 사람의 마음이 올바른 상태라면 우리는 그 만족의 근원이 되신 하나님을 추구할 것입니다. 그러나 사람의 마음은 올바른 상태가 아니기에 하나님을 찾지 않습니다. 하나님을 찾을 줄 모르는 그 모습 속에는 인간의 어리석음이 잘 나타나 있습니다.
3. 우리는 만족을 찾기 위해 무엇인가를 붙잡습니다. 그렇게 붙잡는 것들은 우리의 신(神)이 됩니다. 이제 텅 빈 속마음을 채우고자

하는 성향은 우리의 폭군이 되며, 자기 생각에 이 정도면 만족을 줄 듯한 것들을 우리는 열심히 좇아다니게 됩니다.
4. 잘못된 신에게서 얻은 만족은 우리를 필연적으로 관계의 붕괴 속으로 몰아갑니다. 우리는 희생하기보다 요구하며, 다른 사람 중심으로 생각하기보다 자신에게 몰입하게 됩니다(약 4:1-3).

요약

사람이란 단순히 움직이는 기계나 생각하는 컴퓨터, 감정이 있는 감각 기관 정도가 아닙니다. 우리는 인격입니다. 인격적인 만족을 간절히 갈망하는 존재들인 것입니다. 지금 우리 영혼의 목구멍은 사랑의 관계와 의미 있는 존재라는 물을 마시고 싶어 타 들어가고 있습니다.

이 두 종류의 '물'을 향한 갈망은 온당한 것이며, 오직 하나님만이 채우실 수 있는 것입니다. 그 밖의 것들은 모두 거품이 이는 달콤한 탄산 음료에 지나지 않습니다. 마실 때는 기분 좋게 내려가지만 결코 갈증을 해결해 주지는 못하는 것입니다.

만일 우리가 하나님께 나아가 그분이 주시는 물을 마시지 않는다면, 우리의 갈망은 폭군이 되어 어느 곳에서든 어떤 방법으로든 만족을 찾도록 우리를 몰고 다닐 것입니다. 그 결과 우리의 자기 중심주의는 더욱 굳어지고, 원하는 것을 얻을 수만 있다면 도덕적 표준쯤은 무시해도 좋다는 생각을 부추기게 될 것입니다. 사랑할 수 있는 힘과 내어 줄 수 있는 힘을 잃어버리는 것입니다.

그리스도 안에는 자유가 있습니다. 그분이 주시는 만족은 하나님을 사랑하며 다른 사람들을 섬길 수 있는 자유를 가져다 줍니다. 그분이 주시는 진리는 우리를 갈증의 노예 상태로부터 자유롭게 하며, 하나님의 영광을 위해 살 수 있는 힘을 줍니다.

이 모두가 사실이라면, 목마른 사람들이 생수의 우물을 그냥 지나치고 기껏해야 잠깐의 목축임밖에 얻을 수 없는 자기들의 우물을 파는 이유는 무엇입니까? 그것을 이해하기 위해서는 인간의 사고 기능이 얼마나 어두워졌는가를 먼저 이해해야만 합니다. 이것이 바로 우리가 생각해 보고자 하는 인격의 두 번째 기능입니다. 지금부터 우리는 어둠 속에 빠져 버린 이성(理性)의 기능에 대하여 살펴보기로 하겠습니다.

8
우둔해진 생각:
인간은 이성적인 존재다

상담가는 자신이 도우려는 내담자가 하나님의 형상을 품고 있다는 사실을 인식해야 합니다. 인간을 바로 이해하는 데 이보다 더 중요하고 필수적인 사실은 없습니다.

앞 장에서는 하나님의 형상 보유자(Image-bearer)들인 인간이, 하나님이 관계적인 분이신 것처럼 동일하게 관계적인 존재라는 개념을 살펴보았습니다. 하나님은 삼위(三位) 안에서 깊은 사랑의 관계를 누리시며, 당신의 피조물들과 더불어 친밀한 교제를 나누기 원하십니다. 우리는 그분의 사랑으로 채워져야 하는 공간을 가진 존재로 지음받았으며, 아울러 하나님과 다른 사람들을 사랑함으로써 그 사랑을 다시 되돌려 주어야 하는 자들입니다.

인격적인 존재이신 하나님은 관계적이실 뿐만 아니라 뜻을 갖고 행하시는 분이라는 사실도 앞에서 살펴보았습니다. 즉 그분은 계획을 세우신 뒤 그 계획을 추진해 나가시는 분이십니다. 우리도 그분을 닮아 뜻을 가지고 행하는 존재입니다. 우리는 목표를 정하며 그 목표에 도달하기 위한 전략을 짭니다.

이런 모습들에서 우리는 하나님을 닮았습니다. 그분은 인격적인(관계적이시며 뜻을 두고 행하시는) 분이시며, 우리도 그러합니다. 그러나 한 가지 근본적인 면에서 우리는 하나님과는 엄연히 다른 존재입니다. 그분은 무한하시고 스스로 충족하신 분이시며 전적으로 독립적인 분이십니다. 반면 우리는 유한하고, 인생의 유지에 필요한 모든 것, 즉 물리적인 것이든 관계적인 것이든 관계 없이 하나님을 의존해야만 하는 존재입니다. 사랑의 관계 속에서 살고 의미 있는 뜻을 추구하려면 자원이 필요하건만, 우리는 내부에도 그런 자원이 없고 그렇다고 외부 자원을 지배할 능력도 없습니다.

우리는 전적으로 의존적인 존재입니다. 우리는 우리 바깥의 누군가를 의존하여 그로부터 사랑과 삶의 이유를 받아야만 합니다. 우리는 우리가 가지고 있지 않은 것(관계와 중요한 존재)을 위해 지음받은 존재이기 때문에, 우리의 본성 속에는 바로 그러한 태초에 의도된 삶을 향한 갈망이 있을 수밖에 없습니다. 우리는 사랑과 의미를 갈망하는 존재입니다.

상담가가 내담자를 만나 이야기를 나눌 때, 그 상담가는 지금 자신이 형상 보유자를 대면하고 있다는 사실을 알아야만 합니다. 그 내담자는 하나님과 올바른 관계를 맺고 또 하나님의 뜻을 실현하는 일에 능동적으로 깊이 헌신되지 않는 한 진정 살아 있는 삶, 행복한 삶을 누릴 수 없는 하나의 인격인 것입니다. 모든 '인격의 문제(신체 기관의 기능 이상에 직접 원인이 없는 모든 삶의 문제)'의 궁극적인 뿌리는 하나님과의 깨어진 관계와 하나님 아닌 다른 것을 더 우선적으로 여기는 태도에 있습니다.

이것이 사실이라면 이제 상담은 하나님과의 깨어진 관계를 회복하는 일에 초점이 맞추어져야 합니다. 그러기 위해서는 회개를 강조해야 합니다. 회개를 통해서 우리는 하나님과의 깊은 관계를 누리게 되며, 그분을 섬기는 일에 정직하게 헌신할 수 있습니다. 그러나 대부분의 상담 이론은 회개와 순종의 문제는 전혀 안중에도 없습니다. 회개 없는 변화를 꿈꾸고 있습니다. 이런 문제를 언급하는 몇 안되는 이론들조차도 회개의 의미를, 행동을 성경의 수준에 일치시키겠다는 단순한 결심 정도로 격하시키고 있습니다. 인간의 거짓된 마음의 미묘하고도 강퍅한 죄성과 관련지어 회개를 이해하는 상담 이론은 거의 찾아보기 어렵습니다.

게슈탈트 이론과 프라이멀 요법과 기억 치료 요법에서는 인간이 자기 내면의 고통을 온선히 경험하게 될 때 진정한 변화가 일어난다고 생각합니다. 이들은 '자기 인식', '탈억압(de-repression)', '기억의 재구성' 등을 그 치료적인 개념으로 생각합니다.

정신 분석학에서는 문제를 과거에 무시되었던 내면의 갈등이라고 정의합니다. 치료란 갈등의 요소들을 더 이상 회피하는 것이 아니라, 그 갈등을 의식 수준에서 이해하고 깊이 직면해 나감으로써 이루어지는 것입니다. 변화는 '통찰'을 통해서 이루어지며, 통찰은 방어 기제를 충분히 깊숙하게 다루어 지금껏 통제할 수 없었던 숨겨진 갈등의 영향력으로부터 자유롭게 될 때 얻어집니다.

실존주의 치료자들은 지금 이 순간 뭔가를 붙잡아야 한다고 생각합니다. 여기서는 '현실화'가 열쇠입니다. 세상 상담가들에게 있어서 이것은 두 사람의 관계 속에서 일어나는 현상들의 현실화일 수 있고, 그리스도인들에게는 그리스도의 실체에 대한 극적인 인식일 수 있습니다. '부수적인 축복'의 경험에서 온 것이든, "자신을 죄에 대하여는 죽은 자요 그리스도에 대하여는 산 자로 여긴다"는 말씀에 대한 깊은 깨달음에서 온 것이든 말입니다.

한편 새로운 사고 습관이 진정한 변화의 길이라고 강조하는 상담가들도 있습니다. '적극적 사고 방식', '가능성 사고', '적극적인 정신 자세', '성경적 사고 방식' '자기 주장' 등을 제창하는 사람들이, 사고의 통제는 곧 인격 성장의 핵심이라고 가르치고 있습니다. 우리가 다 하나님을 닮았기 때문에 소원을 가지고 자신을 믿으며 꿈의 방향으로 전진해 나갈 때 세상은 변화될 수 있다고 하는 이들의 주장 속에는 소위 '뉴 에이지' 운동의 사조가 기본 흐름으로 깔려 있습니다. 이런 접근에서 죄는 문제되지 않습니다. 이들은 자기 자신을 잘 믿지 못하는 것을 곧 죄라고 부릅니다. 얼마나 기괴한 죄의 정의입니까? 자기 내면에 있는 신적 능력을 찾아냄으로써 자신의 잠재력을 발휘하는 것, 이것이 평안과 기쁨과 성공의 지름길입니다.

지금까지 말한 접근들 가운데 회개를 변화의 핵심으로 생각하는 것은 단 하나도 없습니다. 물론 인간의 모든 인격적인 문제의 뿌리가 죄라는 사실을 강조하며 회개와 순종을 문제 해결의 초점으로 삼는 접근들도 더러 있습니다. 그러나 그런 사람들조차도 죄를 단순히 잘못된 행동으로 정의하는 경우가 허다합니다. 회개는 지금과는 다르게 행동하겠다는 결심 정도로 격하되며, 순종은 옳은 길을 따르겠다는 다짐보다 나을 것이 없습니다. 이런 노력들은 훌륭한 것이고 또 반드시 필요합니다. 그러나 인간의 거짓되고 죄악된 마음이라고 하는 근원적인 문제와는 거리가 먼 것들입니다.

이런 접근들에는 다 어느 정도 효과가 있을 것이며, 때에 따라서는 상당한 영향을 미치기도 할 것입니다. 모두가 다 변화를 일으키고 있습니다. 그러나 그것들이 일으키고 있는 변화가 어떤 종류의 변화냐 하는 것이 중요합니다. 증상 경감, 보다 큰 행복감, 부부의 화해, 또는 의식 영역의 확장 등이 각기 다른 상담 전략들이 추구하는 변화일 수 있습니다. 그러나 이런 변화들이 관계와 중요한 존재의 갈망을 갖고 있는 형상 보유자들에게 어울리는 합당한 변화들이겠습니까?

성경적 상담은 독특한 한 가지 변화를 목표로 삼아야 합니다. 우울의 경감이나 보다 행복한 기분, 결혼 관계의 개선이나 좀더 성경적인 행동들도 형상 보유자들에게 어울리는 합당한 변화의 일부일 수 있습니다만, 우리가 추구해야 할 독특한 한 가지 변화는 아닙니다. 형상 보유자들은 하나님과 더불어 더 깊고 친밀한 관계를 누릴 수 있어야 하며, 다른 사람들과 더불어 따뜻하고 투명하고 풍요로운 관계를 맺을 수 있어야 합니다. 이것이 바로 형상 보유자들에게 일어나야 하는 변화입니다. 하나님과의 관계를 향유하고 다른 사람들과 더불어 깊은 관계를 맺는 것, 한마디로 관계의 개선, 이것이 바로 변화입니다.

변하익 복잡성과 이려움들을 이해할 수 있으려면, 먼저 변화 과정의 최종 결과가 어떤 모습인지 알고 있어야 합니다. 변화받은 그리고 꾸준히 변화되어 가는 형상 보유자는 어떤 모습인지 먼저 대략적으로 살펴본 뒤에, 그런 변화를 가져다 줄 수 있는 과정 문제로 들어가 그에 대한 여러 이론들을 평가해 보겠습니다.

건강한 사람

건강한 사람은 하나님과의 깊은 관계를 누립니다. 거기에는 때에 따라 절정의 경험이 있으며, 또 오랜 시간 고요한 헌신이 이어지기도 합니다. 그들의 삶은 하나님 안에 닻을 내린 삶입니다. 그들은 자신이 인격의 가장 깊은 부분에서 하나님의 손길을 느끼고 있음을 압니다.

그 손길은 이들이 다른 사람들과 더 온전한 관계를 맺을 수 있도록 점점 더 자유한 존재가 되게 합니다. 이들에게는 아무런 방어나 벽 없이 자신의 약한 모습까지 그대로 내보이면서 다른 사람들 삶 속으로 들어갈 수 있는 자유가 있습니다. 타락한 사람들과 깊은 관계를 맺다

보면 실망과 갈등이 반드시 찾아오는데, 이들은 이런 실망과 갈등의 고통이 찾아와도 그것에 전혀 위협을 느끼지 않습니다. 그들은 이 필연적인 고통 때문에 적당주의("이 정도면 되겠지, 뭐")나 소위 영적 후퇴("글쎄, 기도해 봐야겠지")의 벽 뒤로 물러나지 않습니다. 성숙한 그리스도인은 물러서지 않습니다. 그들의 참여 수준은 점점 더 깊어 갑니다.

성숙한 사람들은 갈등 관계에 있는 사람에게 다가가는 데 있어서 적절히 시간을 맞추는 일과 신중하게 행동하는 일이 얼마나 중요한지 잘 압니다. 또한 아직 영화(榮化)되지 않은 성도로서 다른 사람들과의 관계에 쏟는 자신의 노력이 시간을 맞추는 일이든 신중하게 행동하는 일이든 그 어느 것에서도 결코 완전할 수 없다는 사실을 잘 알고 있습니다. 그럼에도 그들은 물러나지 않습니다. 그들은 끊임없이 앞으로 나아갑니다. 후퇴가 아닌 참여, 이것이 그들의 생활 양식입니다. 그들의 삶 속에는 고요한 힘이 있습니다. 그들이 옆에 있다는 사실만으로도, 인생을 보다 고결하게 살고자 하는 마음을 품는 사람들이 생겨납니다.

또 한 가지 중요한 사실이 있습니다. 건강한 사람들은 불완전한 기쁨을 맛보며 살아가고 있다는 것입니다. 그들 삶의 악보는 아직까지는 단조(短調)입니다. 그러나 그들 안에는 위대한 음악가이신 주님께서 영원한 장조(長調)의 승전가를 부르실 그날에 대한 간절한 기대가 있습니다. 건강한 사람들의 마음은 슬픈 마음입니다. 지금은 모든 것을 갖추고 있지 않다는 사실을 알기 때문입니다. 그러나 세상을 향한 그들의 이 실망은 결코 분노로 표현되지 않습니다. 그들은 더 좋은 날을 사모합니다. 그리고 그날이 오리라는 확신이 있습니다. 다만 그날이 올 때까지 신음이 있다는 것을 알 뿐입니다.

건강한 사람은 혼돈을 두려워하지 않습니다. 그들은 자신이 독립적이고 통제력을 가진 존재라는 생각을 다 버린 자들이기에, 불확실한 상황이 찾아와도 그것을 잘 견뎌 낼 뿐 아니라 환영하기까지 합니다. 혼돈 속에서 자신의 연약함이 더 잘 드러나고, 혼돈을 모르는 어떤 대상을 자신이 의존해야 함을 깨닫게 되기 때문입니다. 그들은 유한한 존재인 자신의 본질적 의존성을 겸손히 받아들이며, 불확실한 세계 속으로도 기꺼이 들어갈 수 있는 용기가 믿음이라고 생각합니다.

그들은 씨름하지만 때로 실패하기도 합니다. 그들은 덜 건강한 사람들에 비해서 더 강한 유혹을 느끼기도 합니다. 그 유혹에 빠질 때도 있습니다. 그러나 그들은 마음속 깊이 회개한다는 것과 자신들이 만족을 찾으려 했던 우상들을 찢어 버린다는 것, 그리고 관계와 중요한 존재의 유일한 근원이신 생명의 하나님께로 돌아온다는 것이 무엇인지를 압니다.

건강한 사람들은 공통적인 정서 문제의 증상이 전혀 없는 사람들이 아닙니다. 그러나 이들은 그 증상들에 장기간 지배받지 않습니다. 때로는 깊은 고독과 견딜 수 없는 상처를 느끼기도 합니다. 그러나 이들은 상태가 좋을 때보다도 어려울 때 삶의 실체에 더욱 정직하게 다가섭니다. 인생에는 아직도 배워야 할 것이 많이 남아 있다는 사실을 인식하며 부단히 앞으로 나아갑니다. 고독 대신 온전한 친밀함을, 상처 대신 순전한 기쁨을 누리게 될 날을 이들은 기대합니다. 그들이 하나님 그리고 다른 사람들과 관계를 맺는 유형은 너무나 다양합니다. 그러나 그것들에는 한 가지 공통점이 있습니다. 바로 하나님과 다른 사람들에게 자신을 더 깊이 열어 보이는 능력이 점점 자라 간다는 사실입니다.

이것이 바로 형상 보유자들에게 걸맞는 변화라고 생각합니다. 지금 이 글을 쓰고 있는 나 자신도 사실은 그러한 삶이 좀더 깊어졌으면 하는 갈급함을 가지고 있습니다. 나는 가슴 아픈 기억들과 억압된 정서들로부터 자유를 얻는 그 이상을 원합니다. 나는 무의식 속의 힘들이 어떻게 어린 시절 내 속에 형성되었는지 이해하는 것 그 이상을 원합니다. 나는 행동 유형이 변화되고 문제의 증상들이 사라지는 것 그 이상을 원합니다. 나는 하나님과의 관계, 다른 사람들과의 온전한 관계를 원합니다. 타는 듯한 목마름으로 나는 그것을 갈망합니다.

그러나 가장 간절히 찾는 그것이 지금 가장 결핍되어 있습니다. 자신의 감정을 표현할 줄 알고 삶 속에서 어느 정도 기쁨을 누릴 줄 아는 이들은 많지만, 하나님 및 다른 사람들과의 깊은 관계를 누리고 있는 사람들은 거의 찾아보기 힘듭니다. 내게 거룩한 탐심을 자극하는 실례들이 별로 없는 것입니다.

무엇이 문제입니까? 사람들로 하여금 그들이 바라는 바-인간은 모두가 하나님만이 풍요롭게 채워 주실 수 있는 것을 갈망하고 있습니다-를 진정으로 채워 줄 수 있는 충족의 근원으로 가게 하려면 무엇을 어떻게 해야 합니까? 우리를 하나님께 가지 못하도록 막고 있는 것은 무엇입니까?

죄에 대한 피상적인 견해

문제는 죄이고, 해결책은 회개와 믿음과 순종입니다. 그러나 말은 이렇게 하지만, 문제와 그 해결책을 이해하려는 노력은 이제 겨우 시작단계라는 사실을 보게 됩니다. 목마른 형상 보유자들이 왜 시원한 생수의 우물을 그냥 지나쳐 사막의 마른 모래 속에서 만족을 찾으려 하는지 알기 위해서는 먼저 죄의 어리석음을 이해해야만 합니다. 그것도 아주 깊이 생각해야만 합니다.

성경적 상담이 무엇인지 이해하는 데 가장 큰 장애물은 죄에 대한 빈약하고 피상적인 이해일 것입니다. 리차드 러블리스(Richard Lovelace)가 쓴 「영적 생활의 역동(*Dynamics of Spiritual Life*)」의 일부를 소개하려 합니다. 다소 길긴 하지만 자리를 차지할 만한 충분한 가치를 지닌 글이라 생각됩니다.

지난 두 세기 동안 교회 안에서 죄에 대한 이해는 하나님에 대한 이해와 더불어 유사한 퇴보를 보여 왔다. 종교 개혁가들은 타락한 인간의 본성이 모든 영역에 철저하게 영향을 미쳤다고 말한다. 그 안에 모든 것을 왜곡시키는 원죄가 들어 있기 때문이다. 사람들의 모든 범죄 행동 뒤에는 그 원죄의 저항할 수 없는 힘이 도사리고 있다. 인간에게는 자신이 원하는 것을 선택할 수 있는 자유 의지가 있지만, 성령의 새롭게 하시는 사역이 없다면 인간은 하나님을 찾고 섬기는 일에 전혀 반대되는 쪽으로 향하는 十제 불능 상태가 된다고 그들은 믿었다. 하나님의 은혜가 없다면 인간이 아무리 최선의 행동을 할지라도 여전히 불신이라는 기초 위에 세워지는 것밖에 안된다. 심지어 인간의 덕(德)조차도 하나님의 통치에 저항하는 무기가 되고 만다. …

사람들은 무엇인가 혼란스러울 때는 하나님을 순수하게 존중하며 진리를 찾는 자처럼 행동한다. … 그러나 그럼에도 불구하고 성령께서 움직이시지 않는 한 그들은, 참되신 하나님을 향한 본성적인 반감과 하나님의 율법을 깨뜨리고 싶은 걷잡을 수 없는 욕망과 하나님을 심판하는 자의 자리에 앉으려는 끈질긴 성향을 보일 수밖에 없다. 그들은 성경에 계시된 하나님을 향하여 도덕적인 적대 관계에 처해 있다. 자신의 뜻이 사사건건 하나님의 뜻과는 반대되기 때문에 그들은 그 어떤 유한한 대상보다도 하나님을 더 미워한다. 그들이 하나님의 아들을 어떻게 대했느냐 하는 것이 그 사실을 명백히 보여주고 있다. 그것은 대개 그들의 불신을 통하여 억압되어 있다. …

18세기와 19세기에 점점 득세한 합리주의 운동의 영향을 받아 죄에 대한 이러한 심도 깊은 분석은 사라지게 되었다. 하나님에 대한 이해가 점점 희미해졌으며 그로 말미암아 합리주의는 인간의 덕을 논할 때 하나님을 향한 경배와 믿음을 빼 버린 채 정의하기 시작했다. 인간 본성은 본질적으로 선하다고 주장한 것이다. 같은 시기에 교회에서도 죄에 대한 인식이 하나님에 대한 인식과 더불어 부패하기 시작했다. 점차 죄의 정의는 이성적으로 변호가 가능한 것으로 바뀌었다. '죄란 알려진 법률에 대한 의식적이고 자발적인 위반 행위' 라고 생각하게 된 것이다.

인간의 표면적 행동 뒤에 숨어 있는 무의식적인 동기에 대한 이해를 교회가 상실해 가고 있던 19세기 말엽, 프로이드라는 사람이 나타나 그 요인을 재발견하여 정교하고도 심오한 세속 신화(神話) 속에 그 모양을 바꾸어 집어 넣었다. 교회가 세속 학문에 무의식을 넘겨 준 이 엄청난 변화의 결과로, 20세기의 목사들은 영혼 치료의 깊은 측면들을 대부분 정신 치료에 내어 준 채 율법적 도덕주의자의 지위로 밀려나고 말았다. 심지어 복음적인 그리스도인 사이에서까지도 그렇다.

그러나 인간 심성 속의 죄의 구조는 이보다 훨씬 더 복잡하다. 죄는 의식적인 불순종으로 나타난 독립된 행위 및 사고들 그 이상의 것이다. 성경의 정의로 보건대 죄는 독립된 과오의 사건이나 유형으로 제한될 수 없다. 그것은 컴플렉스라는 심리학 용어와 훨씬 더 가깝다. 즉 하나님으로부터의 소외에 깊은 뿌리를 두고 있는 억제할 수 없는 태도와 신념과 행동들의 유기적인 조직망을 뜻한다. 죄는 인간의 마음과 생각이 어두워짐으로써 생겨났다. 인간은 하나님에 대한 진리에서 등을 돌려 하나님에 대한 거짓을 선택했다. 그리하여 결국 하나님의 피조 세계에 대해서도 거짓들만을 받아들이게 되었다. 더러워진 우물에서 더러운 물이 나오듯, 인간의 어두워진 마음

속에서는 죄된 생각, 죄된 말, 죄된 행위들이 억제할 수 없이 저절로 흘러나오게 되었다.

　이제 인간의 마음은 무의식의 왜곡된 동기와 반응의 본산지가 되고 말았다. 하나님으로 말미암아 새롭게 되지 못한 사람은 자기 스스로는 이 사실을 깨달을 수조차 없다. "만물보다 거짓되고 심히 부패한 것은 마음이라 누가 능히 이를 알리요마는"(렘 17:9). … 이 무의식적인 어두움의 본산지가 생겨난 경위는 로마서 1:18-23에 잘 나타나 있다. 하나님과 자신의 상태에 대한 핵심적인 진리를 억압한 데서 비롯된 것이다. …설사 이들이 지금 자신이 진리를 억압하고 있다는 사실을 의식하지 못한다 할지라도, 이들의 어두움은 언제나 사발적인 어두움이다.[1]

이 글에 나타난 개념을 몇 가지로 정리해 볼 수 있습니다.

1. 죄란 잘못된 행동 이상의 것입니다.
2. 죄를 "알려진 법률에 대한 의식적이고 자발적인 위반 행위"라고 정의한다면 그것은 피상적인 정의이며 죄의 끔찍한 실체를 심각하게 약화시키는 것입니다.
3. 죄를 이해하기 위해서는 행위 뒤에 숨어 있는 신념과 동기를 주의 깊게 살펴보아야 합니다.
4. 행위 뒤에 숨어 있는 신념과 그 신념에서 비롯되는 동기는 대개 무의식적인 것들입니다(그래서 영적 소경 상태가 됩니다).

---

1. Richard Lovelace, *Dynamics of Spiritual Life*(Downwers Grove, Ill.: InterVarsity, 1979), pp. 86-89.

5. 영적으로 소경 된 사람들이 자기 죄성의 깊은 실체를 깨닫기 위해서는 성령께서 빛을 비추시고 새롭게 하시는 사역이 반드시 필요합니다.
6. 우리가 죄를 무의식적인 신념과 동기에 뿌리박고 있는 것으로 이해하지 않는 한, 그리고 우리 본성 속의 이 뿌리깊은 세력들을 어떻게 노출시키고 다룰 것인지 모색하지 않는 한 교회는 죄의 문제에 대해 여전히 피상적인 적응에만 안주하게 될 것입니다. 정신 치료자(성경적 기초를 가진 사람이든 그렇지 않은 사람이든)들은 고통당하는 이들 옆에서 그들이 보다 효과적인 기능을 회복하도록 교회보다 훌륭히 돕고 있을 동안 말입니다. 참으로 가슴 아픈 일입니다.

오늘날 복음주의 교회가 범하고 있는 가장 커다란 오류는, 러블리스(Lovelace)가 지적한 대로 죄에 대한 이해가 불충분하고 피상적이라는 데 있습니다. 많은 목사들이 죄에 대해서 빙산의 일각만을 설교하고 있습니다. 그들은 그저 수면 위에 드러나는 눈에 보이는 부분에만 신경씁니다. 순진한 선장이 빙산의 꼭대기 부분을 돌면서 배를 항해하고 있습니다. 그 밑에 자기 배를 파선시킬 수도 있는 거대한 빙산이 있다는 사실을 그는 전혀 모릅니다. 오늘날 교회 교사들과 제자 훈련가들 가운데는 이 선장과 같은 경우가 너무나 많습니다. 교인들이 교회가 규정해 놓은 잘못된 행동의 죄만 잘 비켜 가면 그것으로 만족합니다.

이런 접근에는 죄악된 신념들과 빗나간 동기들의 엄청난 덩어리에 대한 언급이 전혀 없습니다. 그 결과 외면적으로는 규범을 준수하여 그것을 영적인 건강으로 가장하지만, 내면적으로는 하나님 및 다른 사람들과의 깊은 관계를 방해하는 공허함과 타락이 그대로 남게 되는 것입니다.

사도 바울의 말에 따르면, 진정한 변화란 단순히 행동 유형을 바꾸는 그 이상의 의미를 지닙니다. 진정한 변화를 경험하기 위해서는 자신의 어두워진 마음의 혼돈된 영역 속으로 들어가야 하고, 성령께서 자신의 본질적인 사고를 새롭게 하시도록 자신을 온전히 내어 드려야 합니다. 로마서 12:1–2에 그 경고가 잘 나타나 있습니다.

그러므로 형제들아 내가 하나님의 모든 자비하심으로 너희를 권하노니 너희 몸을 하나님이 기뻐하시는 거룩한 산 제사로 드리라 이는 너희의 드릴 영적 예배니라 너희는 이 세대를 본받지 말고 오직 마음을 새롭게 함으로 변화를 받아 하나님의 선하시고 기뻐하시고 온전하신 뜻이 무엇인지 분별하도록 하라.

성경 암송이나 묵상은 다 좋고 바람직한 일입니다. 하지만 마음이 새롭게 되려면 그 이상의 것이 필요합니다. '사고 생활'을 잘 관리하여 늘 하나님 말씀을 되새기는 것 역시 꼭 필요한 일입니다. 하지만 그것만으로도 안됩니다.

새롭게 된 마음이란, 삶의 기쁨에 관한 요란스럽고 진부한 문구들로 가득 부풀어 오른 마음이 아닙니다. 또한 비극을 승리로 뒤바꿀 수 있는 잠재력을 뜻하지도 않습니다.

진정한 변화란 곧 속사람의 변화를 말합니다. 자신도 모르는 숨겨진 동기들로 가득 차 있는 거짓된 마음과, 말로는 부정할지라도 실은 속에 그대로 지니고 있는 어두워진 생각이 하나님 말씀 앞에 노출되어야 하며, 그 말씀으로 처리되어야 하는 것입니다.

죄에는 그리스도 안에 있는 생명의 진리를 부정하는 무의식적인 동기와 신념들도 포함됩니다. 또한 죄는 우리로 하여금 하나님을 떠나 다른 그럴듯한 삶의 근원들(바르게 보여도 필경은 사망으로 인도하는 그릇된 길들)을 찾아가게 만듭니다. 그렇다면 우리는 우리가 어떻게 생각하고 무엇을 생각하며 우리의 생각이 또 어떻게 새롭게 될 수 있는지를 주의 깊게 살펴보아야만 합니다.

사고의 기능, 이것이 바로 하나님 형상으로서의 인격이 가지고 있는 두 번째 요소의 핵심입니다.

이성의 원

우리는 다 형상 보유자이기에 하나님을 닮은 존재들입니다. 비록 우리가 그분의 독립성까지 닮지는 않았지만, 우리 역시 그분과 마찬가지로 세상을 관찰하고, 거기서 나름대로의 인상을 받으며, 그 인상들을 가지고 세상의 운행에 관한 개념이나 신념들을 만들어 내고, 자신이 알고 있는 지식을 좇아 인생의 방향을 설계하며, 그러한 자신의 이해를 평가해 보고 변화시켜 나가는 능력을 가지고 있습니다. 한마디로 말해 우리는 생각할 수 있는 존재입니다.

이런 사고의 능력을 원으로 나타내 봅시다(그림 8-1).

〈그림 8-1〉

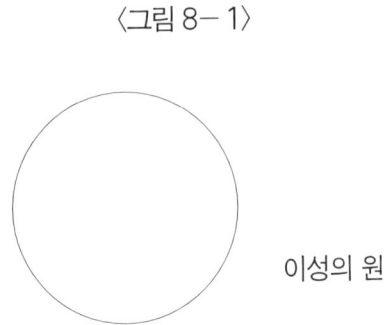

이성의 원

하나님은 인간을 창조하실 때 이성(理性) 능력을 주셨습니다. 타락 전만 해도 아담은 마땅히 믿어야 할 바를 바르게 믿었습니다. 죄가 세상에 들어오기 전에는 자신이 의존적인 존재라는 사실을 아담은 정확하게 알고 있었습니다. 생명은 하나님 안에 있는 것이며, 피조물과 창조주 사이의 관계 기초는 순종이라는 사실도 알고 있었습니다.

아담은 어리석지 않았습니다. 그는 자신 안에는 인생에 필요한 자원들이 들어 있지 않다는 사실을 알고 있었습니다. 그에겐 하나님이 필요했으며, 그는 그 사실을 알았습니다. 아담에게는 독립하여 자신을 믿고 살아 보겠다는 안간힘이 전혀 없었습니다.

인생의 핵심 구조를 이렇듯 정확히 알고 있었기에 아담은 다른 모든 것에 대해서도 객관적으로 사고할 수 있었습니다. 아담의 사고는 어두워지거나 우둔해지지 않았습니다. 다음 그림 속의 점선 원은 인간의 사고가 얼마나 정확한지 그 정확성의 정도를 나타냅니다(그림 8-2).

아담은 도저히 인간으로서 생각할 수 없는 일을 저지르고 말았습니다. 하나님께서 약속하신 것보다 더 좋은 삶이 있다고 유혹하는 사탄의 초청을 받아들임으로써, 하나님을 향해 독립을 선언한 것입니다.

〈그림 8-2〉

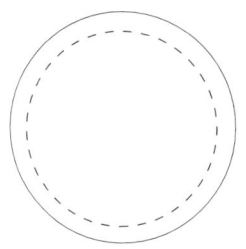

이성의 원이 가득 채워진 상태

그는 의존의 길을 거부했습니다. 하나님으로부터 독립하면 훨씬 나은 수준의 삶이 펼쳐질 것이라고 생각했던 것입니다.

하나님께 반역한 그 순간, 인간은 어리석은 존재가 되고 말았습니다. 모든 명료한 사고의 필수적인 전제(생명은 나 자신에게 있는 것이 아니라 하나님 안에 있다)를 버리고, 오히려 모든 사고의 오염 원인이 되는 거짓말(스스로의 독립적인 표현과 결정을 통하여 더 좋은 삶을 찾을 수 있다)을 믿기로 한 것입니다.

아담이 믿은 거짓말로 인해 인생을 바라보는 방식 전체에 아주 큰 영향을 미치게 되었습니다. 그 거짓을 선택한 순간, 아담은 자신은 물론 모든 후손들을 도덕적인 어두움 속으로 몰아넣고 말았습니다. 인간은 하나님을 거스르는 반역자가 되었습니다. 우리 또한 아담의 후손이기에 자신의 노력과 자원을 통해서 인격의 원을 채울 수 있다고 당연스레 생각합니다. 그러나 그것은 사실이 아닙니다. 하나님과의 관계를 통하지 않고서는 만족이란 있을 수 없습니다. 그런데도 우리는 자기가 더 잘 안다고 생각합니다.

우리는 모두 독립이 몸에 밴 사람들입니다. 존재의 가장 밑바닥으로부터 우리는 하나님을 거스르려 합니다. 우리는 하나님과 적대 관계에 있습니다. 우리는 하나님을 미워합니다. 어리석게도, 하나님께서 요구하시는 것(의지와 순종)은 다 우리에게서 삶을 박탈해 가는 것이라 생각하기 때문입니다.

하나님 없이도 생명을 얻을 수 있다는 거짓된 사고의 핵심부터 타락되어 있기 때문에, 여타의 도덕적 문제들에 대한 신념들 역시 잘못된 것일 수밖에 없습니다. 우리는 물리적인 세계에서는 둘 더하기 둘은 넷이라고 정확히 답을 찾아내지만, 도덕적 세계를 이해하는 문제에 있어서는 정신적인 파산 상태를 여지없이 드러내고 맙니다. 우리는 어두워졌고 우둔하여졌으며 눈이 멀고 말았습니다. 우리의 이성의 원은 텅

〈그림 8-3〉

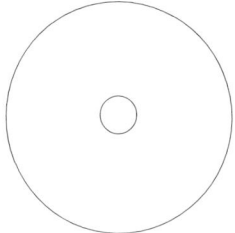

이성의 원이 텅 비어 있는 상태

비어 있습니다(그림 8-3).
  인간의 생각이 어리석긴 하지만 그것을 스스로의 힘으로 교정할 수 있다고 생각하는 사람들도 있습니다. 행복이 자기 생각대로 얻어지지 않을 때 인간은 너무나 쉽게 방향을 돌립니다. 광고를 보고 세제를 샀다가 광고에서처럼 효과가 없으면 얼른 다른 세제로 바꿔 버리는 것만큼이나 쉽게 결정해 버립니다. 인간은 자신의 어리석음의 한계 내에서는 융통성이 있습니다. 자신의 독립을 침해하지만 않는다면 우리는 어떤 대안이라도 거리낌없이 취합니다.
  한 아내가 "당신은 섹스밖에는 아무것도 몰라" 하고 남편을 비난하며 성 관계를 거부했습니다. 남편은 말 잘 듣고 부드러운 정부(情婦)로 성 관계 대상을 바꾸기로 합니다. 그에게는 기가 막히게 좋은 대안이었습니다. 주말에 혼외 정사를 갖는 방향으로 움직일수록 그것이 묘안이라는 사실이 점점 더 입증됩니다. 단순히 성적 쾌락에서만 끝나지 않는 넘치는 만족감이 뒤따르리라는 것은 쉽게 예상할 수 있습니다. 만일 아내와 이혼하고 이 여자와 재혼한다면 그런 만족감은 훨씬 오래 지속될 것입니다.

죄에는 일시적인, 때로는 꽤 긴 시간 동안의 쾌락이 있습니다. 그러기에 독립적으로 살아가는 사람의 인격의 원에도 부당한 방법을 통한 쾌락과 깊은 만족감이 찾아들게 됩니다. 이것이 문제입니다. 이것이 바로 사탄의 속임수요 술책입니다. 마치 독립에도 생명이 있는 것처럼 보입니다. 사탄의 거짓말이 하나님의 진리보다 더 잘 먹혀드는 것처럼 보입니다. 종종 우리는 문제를 성경적으로 해결하려 하기보다는 그냥 우리 맘대로 해결할 때 더 즉각적으로 만족을 느끼곤 합니다. 히브리서 11장에 나오는 성도들은 믿음으로 살았던 사람들이지만, 그들 중에는 이생에서 믿음의 열매를 보지 못한 채 죽은 이들도 많이 있습니다.

독립의 길을 걷는 시간이 길어질수록 우리는 타락한 사고의 늪 속으로 더 깊이 빠져 들게 됩니다. 때로 공허감이 의식 속으로 스며들어 오기도 하지만, 우리는 단순히 미성숙이나 신경성 혹은 성취 부족 등에 그 원인을 돌리면서 재빨리 외면합니다. 때때로 절망이 엄습해 올 때면 무턱대고 정신 치료나 알약, 혹은 뭔가 다른 재미난 것이나 새로운 형태의 쾌락을 찾습니다. 아니면 마약을 복용하거나 술에 흠뻑 취하거나 삶의 뒷전으로 조용히 물러나 명상에 잠기거나 심지어 자살을 하는 경우도 있습니다. 인간의 어리석음은 하나도 변한 것 없이 그대로입니다. 지금도 인간은 하나님 없이 삶을 찾으려 하는 것입니다.

이 어리석음이 없어지고 그 자리에 참 지혜가 찾아와야만 합니다. 전에는 불신자들과 똑같은 길을 걸었지만 이제 그리스도인의 삶은 점점 새로운 생활 양식으로 대치되어야 합니다. 독립에 생명이 있다는 거짓말의 얼룩은 인격의 가장 밑바닥에서부터 깨끗이 지워져야 합니다. 우리의 인생관은 계속적으로 교정되어 '예수 그리스도께서 생명'이라는 진리에 점점 더 가까워져야만 합니다. 마음을 새롭게 할 때에만 변화가 찾아옵니다.

이미지와 신념

"마음을 새롭게 함으로 변화를 받아야 한다"는 바울의 말을 이해하려면 우리 마음의 어떤 행위들이 변화되어야 하는지부터 먼저 알아야 합니다. 인간의 마음속에서는 정확히 어떤 일들이 일어나고 있습니까?

얼핏 보기에 성경에는 이 질문에 대한 답이 많이 나와 있지 않은 것 같습니다. 바울은 인간의 마음 '각 부분들'에 대하여 체계적인 기술을 한 적이 없습니다. 바울은 심리 지도(地圖)를 그리지 않았습니다. 그 대신 바울은 인격을 강조했습니다. 바로 갈망하고 사고하며 선택하고 느끼는 기능을 가진 인격, 하나님으로 더불어 사랑과 순종의 관계를 맺을 수 있는 인격입니다.

그러나 바울은 여러 가지 내적인 부분들 혹은 과정들에 대해서는 분명히 언급했습니다. 그는 내적인 부분들이 함께 모여 '속사람(엡 3:16)'을 구성하는 것이라고 말했습니다. 외면적인 행동을 담당하는 '겉사람'이라는 부분은 속사람(마음, 생각, 영혼 등)의 표현으로서 나타나는 것입니다. 바울은 내적인 변화 없는 외적 변화는 무가치하다는 사실을 분명히 했습니다. 뭔가 안에 있는 것이 바뀌어야 합니다.

이와 비슷하게 우리 주님께서도 하나님의 진리를 통한 내면의 변화라고는 하나도 없이 외적으로만 종교적이었던 사람들을 향하여 가장 엄한 경책을 가하셨습니다(마 23:25-28). 내면의 보이지 않는 타락은 그대로 둔 채 겉으로 보이는 행동만 그럴싸하게 꾸미는 사람들이야말로 특별한 심판 대상으로 지목되었던 것입니다.

메시지는 분명합니다. 내면의 변화가 중심이 되지 않는 한 외면의 개선은 단지 위선에 지나지 않는다는 것입니다. '나'라는 사람의 본질의 핵심 속에 깊이 뿌리박혀 있는 바로 그것이 변화를 절실히 필요로 하고 있는 것입니다. 그렇다면 반드시 변화되어야만 하는 그것은 과연 무엇입니까?

나는 인간의 마음속에 있는 갈망은 결코 변화될 수 없다고 생각합니다. 설사 변화시킬 수 있다 하더라도, 인간의 수준을 본래 하나님께서 의도하셨던 것보다 격하시키는 처사가 될 것입니다. 우리의 갈망은 온당한 것입니다. 우리는 그것을 능동적으로 느끼고 받아들여야 합니다. 그럴 때 우리는 인간의 영혼을 사랑하사 만족하게 채워 주시는 위대하신 하나님을 더욱 깊이 체험하게 됩니다. 문제의 핵심은 우리의 갈망이 아닙니다.[2]

위에 인용한 로마서 말씀을 보면, 인간에게 꼭 필요한 변화가 일어나야 할 곳은 바로 마음속이라는 것을 알 수 있습니다. 인간은 자기 자신과 인생을 어떻게 이해하고 있느냐에 따라 거기에 방향을 맞춰 살아가게 됩니다. 만약 그 이해가 잘못되었다면 우리는 어리석게도 사망에 이르는 방향으로 움직이게 될 것입니다.

우리는 이성적인 존재이기에 세상과 자기 자신을 관찰할 수 있으며 그 관찰을 통하여 자신과 세상에 대한 그림들을 그릴 수 있습니다. 이 그림들이 점점 발전하여 현실에 대한 이미지가 됩니다. 즉 자기가 보기에 현실이 이럴 것이다 하고 생각하는 정신 세계의 대표물이 되는 것입니다.[3]

우리가 만들어 내는 현실에 대한 이미지는 하나의 틀로 굳어지고, 우리는 바로 그 틀 안에서 살아가게 됩니다. 그런데 우리는 이러한 이

---

2. 우리는 타락하였기 때문에 우리의 모든 온당한 갈망들도 타락에 젖어 있다. 인간의 갈망은 하늘 나라에 갈 때까지는 결코 순결할 수 없다. 갈망이란 인간을 어느 한 행동 방향으로 몰아가게 마련인데, 온당치 못한 죄된 방향일 수도 있다. 성경이 말하는 새롭게 됨 속에 인간의 온당한 갈망이 줄어든다는 의미는 없다. 그러나 그 새롭게 됨으로 말미암아 우리의 갈망은 점점 순결해지고, 시간이 지날수록 점점 더 하나님을 갈망할 것이다.

미지를 형성하는 데서 그치지 않고 나아가 우리가 관찰한 바를 단어를 사용하여 상징적으로 나타내게 됩니다. 즉 단어를 통해 현실 세계를 개념화하는 것입니다. 사물을 이해하려는 노력이 계속 거듭되다 보면 나중에는 어느 정도 고정된 신념 체계로 변하게 됩니다. 우리는 현실에 대해 이미지를 형성하며, 신념을 통해 그 현실에 대처해 나가게 됩니다. 이성의 원의 한 부분인 신념을 이성-1이라 하고, 인간의 이성 능력의 또 다른 요소인 이미지를 이성-2라 부르기로 합시다.

그러므로 신념과 이미지는 이성의 원 안의 두 가지 작용 요소입니다. 우리는 타락한 형상 보유자들이기에 하나님의 권위를 인정하여 그분께 나아가지 않은 채 자기 스스로 갈망에 대한 만족을 찾으려 듭니다. 우리는 자신의 독립을 인정하고 조장하는 쪽으로 세상을 해석합니다. 우리의 신념과 이미지는 우리가 스스로 만들어 내는 것이지 세상이 우리에게 강제로 부과하는 것이 아닙니다. 우리는 환경이 허락하는 범위 내에서 어떤 특정한 인식과 개념들, 즉 자신의 독립 노선을 침해하지 않는 인식과 개념들을 능동적으로 선택합니다. 우리가 바깥으로 노출시켜 회개하고 변화받아야 하는 것은 바로 이러한 이미지와 신념들입니다.

마음에 변화를 받는다는 것은 독립을 조장하는 이미지와 신념들을 버리고 의존을 필요로 하는 이미지와 신념들을 갖게 된다는 말입니다.

---

3. 내가 말하는 이미지란 사고의 잠재력이나 긍정적인 고백 또는 프라이멀 치료를 주장하는 사람들이 추천하는 이미지 형성과는 전혀 다른 것이다. 이들은 인간의 이미지 형성을 인간 안에 들어 있는 신적 잠재력을 계발하여 자신이 원하는 것은 무엇이든 다 창조해 낼 수 있는 도구로 사용한다. "믿으라, 보라, 이미지를 형성하라. 그러면 그대로 될 것이다." 내가 보기에 타락한 형상 보유자들은 자신의 이미지 형성 능력을 오히려 자신의 죄된 독립 노선을 더 굳히는 데 사용하고 있다. 이들에게 필요한 것은 이러한 이미지 구사가 아니라 회개하는 것이다.

타락한 인간은 하나님 없이 성공해 보려는 자신의 어리석음을 침해하지 않는 이미지와 노선들만 선택합니다. 이 현상을 보다 잘 이해하기 위해서는 이 두 가지 이성의 작용 요소의 발달 과정을 생각해 볼 필요가 있습니다.

이미지

어린아이는 세상을 경험하면서 그 세상에 대한 정신적인 그림들을 그리게 됩니다. 앞을 못 보는 아이라 할지라도 다른 감각들을 통하여 세상을 '보는' 것은 마찬가지입니다. 당시의 사건이 지나가고 난 후에도 그림은 계속 남아 있습니다. 인간으로 하여금 단순히 눈앞의 자극에만 반응하는 존재 그 이상이 되게 하는 것은 바로 현실을 이미지화할 수 있는 능력이라 할 수 있습니다. 우리는 세상에 반응하는 법을 배우는 것이 아니라 세상에 대한 자신의 그림에 반응하는 법을 배웁니다.

어떤 그림은 보다 강하게 남아 있습니다. 정신의 망막 위에 깊은 자국을 새겨 놓는 것입니다. 우리 내면의 깊은 부분, 즉 사랑과 가치에 대한 갈망에까지 가서 닿는 경험들에 대한 그림은 좀처럼 지워지지 않습니다.

이런 생생한 그림이 어떤 일관성 있는 경험에 의해 반복되어 되살아나게 되면 그 그림은 나중에는 하나의 이미지가 됩니다. 즉 현실의 흐름에 대한 어느 정도 고정된 대표물이 되는 것입니다. 예를 들어 여기 한 아이가 있는데, 이 아이의 아버지는 아이가 일을 서툴게 할 때마다 거의 예외없이 화를 내곤 했습니다. 이런 경우 아이는 두 가지 이미지를 가질 수 있습니다. 첫째로 모든 권위에 있는 사람들은 다 화를 잘 낸다는 것, 둘째는 자기 자신이 희망이 없는 무능한 존재라는 이미지를 그리게 되는 것입니다.

물론 자신과 다른 사람들에 대한 이미지는 보다 유쾌한 것일 수도 있습니다. 만일 부드럽고 강직한 아버지를 경험했다면 그 아이는 모든 권위에 있는 사람들이 다 좋은 사람이고 믿을 만하다는 이미지와 자기 자신이 유능하다는 이미지를 형성하게 되었을 것입니다.

이미지는 이렇듯 유쾌한 것일 수도 있고 불쾌한 것일 수도 있지만, 어느 경우든 우리 내면 깊은 곳에는 자신에 대한 말할 수 없이 고통스러운 이미지가 형성될 수밖에 없습니다. 왜 그럴 수밖에 없는지 그 이유를 살펴보겠습니다.

그 어느 부모도, 친척도, 혹은 목사라도 갈급해 있는 형상 보유자에게 완전한 만족을 제공할 수는 없습니다. 우리는 하나님으로부터만 그것을 채움받도록 되어 있습니다. 사람으로서는 그 누구도 우리를 채워줄 수 없습니다. 그런데도 우리는 그 유한한 존재에 매달려 자신이 갈망하는 만족을 찾으려 애씁니다. 하나님을 찾는 이는 아무도 없습니다. 그러므로 어떤 아이든 어느 정도는 세상을 자기에게 실망을 주는 대상으로, 그리고 자기 자신은 세상에 의해 낙심해야만 하는 존재로 인식하게 됩니다. 만족은 하나님께로부터만 옵니다. 하지만 우리는 그 만족이 없이 고통 속에 살아가는 것입니다.

그 고통은 우리 행동의 동기가 됩니다. 우리는 고통이 경감되기를 원합니다. 우리가 낙심하게 되는 이유는 궁극적으로는 이 친절하지 못한 세상에 있습니다. 세상은 우리를 낙심시킬 수밖에 없습니다. 세상 앞에서 우리는 무력하고 나약하며 우리 스스로의 힘으로는 아무것도 더 나아지게 할 수 없는 존재입니다.

그러나 우리는 잘못이 자기 자신에게 있다고 생각합니다. 우리가 낙심하는 이유는 우리 안에 어떤 결함이 있기 때문이라고 생각하는 것입니다. 그리고는 하나의 희망을 만들어 냅니다. 우리는 자신이 어떤 특정한 이유 때문에 사랑받지 못한다고 생각합니다. 자신에 대해 그러한 이미지를 갖게 되면 다음과 같은 환상에 매달리게 됩니다. 내가 세상을 잘 조작하면 세상이 내가 바라는 것을 내어 놓을 것이라고 말입니다. 그 조작은 자신의 결함을 그럴듯한 위장의 벽 뒤에 감추는 것이 될 수도 있고, 그 결함을 교정하는 것이 될 수도 있습니다. 이제 우리에게는 할 일이 생긴 셈입니다. 적어도 자신의 통제력을 구사할 수 있는 영역이 생긴 것입니다. 이제야 인생이 내 손 안에 들어온 것입니다.

우리가 사람들로부터 온전하게 사랑받지 못하는 데는 이유가 있습니다. 그 이유는 우리 힘으로는 변화시킬 수도 없고 그렇다고 숨길 수도 없습니다. 이 사실을 우리는 끈질기게 거부합니다. 자신이 아무리 다른 사람들을 조작한다 할지라도, 나는 그들로 하여금 나를 온전히 받아들이게 할 수 없는 무력한 존재라는 사실을 우리는 뼈저리게 인식해야만 합니다. 그 무력함의 실상을 깨달을 때 비로소 우리는 자신이 본질적으로 의존적인 존재라는 사실을 생각할 수 있습니다. 인생의 만족을 찾는 길에 대해서라면 나는 털끝만큼도 아는 게 없다는 사실, 그것이 중요합니다. 우리는 혼돈 속에서 살아가고 있습니다. 그 혼돈이 우리로 하여금 의존적인 본질을 인정하지 않을 수 없게 만듭니다.

그러나 타락한 인간이 끈질기게 거부하는 것이 바로 그 인정입니다. 우리는 자신의 혼돈을 인정하지 않습니다. 그러다 보니 자신의 무력함을 뛰어넘는 일을 해야만 합니다. 자기 힘으로는 통제할 수 없는 이유들 때문에 낙심하고 공허한 상태에 빠지게 되는데도, 그것을 거부하고 제 힘으로 뭔가를 해야겠다고 고집합니다. 그리하여 인간은 자신의 결함, 즉 자기 힘으로 해결할 수 있는 대상에 초점을 맞추어 자기 이미지를 선택합니다. 그 이미지가 설사 고통스러운 것(무능함, 어리석음, 못생김 등)이라 할지라도, 그보다 훨씬 더 큰 고통(자신의 무력함을 인정하는 고통)으로부터는 자신을 보호해 주기 때문입니다.

자신에 대한 이미지는 인생을 살아 나가는 기초가 됩니다. 그것이 고통스러운 이미지라도 마찬가지입니다. 만일 내가 자신을 무능하다고 보고 내 인생의 모든 문제들을 그 저주스러운 무능 탓으로 돌린다면, 그것이 나에게는 만족 추구를 향하여 움직이게 해주는 하나의 이정표가 될 것입니다. 어쩌면 나는 내 서투름과 무능함이 가장 확연히 드러나는 영역들은 무슨 수를 써서라도 피하고, 내게 어느 정도 재주가 있는 영역들만 찾으려 할 수도 있을 것입니다. 때로 사회에 잘 적응하지 못하는 사람이 서재의 학자가 되는 경우가 그 한 예입니다.

요지는 이것입니다. 우리는 무력함을 인정하는 더 큰 고통을 피하기 위하여 자신에게 고통스러운 이미지를 선택합니다. 환경이 허락하는 가능성의 범위 안에서 말입니다. 이렇게 선택된 이미지들은 방어적인 기능을 띠게 됩니다. 즉 우리로 하여금 혼돈이라고 하는 자신의 현실은 무시하게 만들고, 그 대신 내가 조작만 잘하면 가치 있는 인생이 얼마든지 가능하다고 하는 희망을 조장하는 것입니다.

이렇게 하여 참된 생명의 길인 의존은 사라지고 사망에 이르는 길인 독립이 계속 보존됩니다. 이렇듯 독립을 통해 인생에 희망을 주려고 하는 이미지들은 반드시 변화되어야만 합니다. 이미지 배후에 숨어 있는 힘, 하나님 없이 생명을 찾아보겠다고 하는 고집에 회개가 필요합니다. 자신의 노력을 통한 삶의 추구가 중단되는 자리에서 비로소 방어적인 이미지는 그 자취를 감추게 됩니다.

신념

우리에게는 단어들을 모아 문장을 만들고 그 문장을 통하여 사고를 표현하는 능력이 있습니다. 그 능력이 있기에 우리는 자신이 추구하는 의미 있는 삶을 향하여 구체적인 방향을 선택하고 결정할 수 있습니다. 우리는 세상이 어떻게 돌아가는가, 그리고 어떻게 하면 이 세상 속에서 우리의 마음이 갈망하는 만족을 맛볼 수 있는가에 관하여 자기 나름의 신념을 형성해 갑니다.

　아이가 무엇이든 조금만 서툴게 해도 아빠가 예외 없이 벌컥 화를 내닌다면, 그 아이는 서투름이 거부당하는 세상 속에서 자신을 하나의 서투른 아이로 보는 법을 학습하게 됩니다. 자신과 세상에 대한 이러한 인식이 그 아이의 일차적인 이미지가 되는 것입니다.

　이제 서투름을 거부하는 세상 속에서 이 서투른 아이는 행복 얻는 전략을 찾아내야 합니다. 그것이 이 아이의 할 일이 됩니다. 이 아이 역시 죄성을 가지고 있고 독립을 인생 노선으로 삼고 있기 때문에, 아이가 찾아내는 전략은 제 손으로 맘대로 통제할 수 있는 것이 될 수밖에 없습니다.

　이미지와 마찬가지로 전략도 개인이 처한 환경에 제약을 받습니다. 어쩌면 이 손재주 없는 아이의 엄마는 사회적 지위에 끔찍히도 신경을 쓰는 사람일지 모릅니다. (예화로 사용하려고 이야기를 아주 단순하게 만들었습니다.) 이 엄마는 자연히 자녀들에게 공손한 예의 범절을 매우 중요한 것으로 가르칠 테고, 사회적으로 '중요한' 모임 장소에서는 특히 더 강조할 것입니다.

　아이는 자신이 다른 사람에게 "고맙습니다" 또는 "만나 뵙게 되어 반갑습니다" 따위의 말을 할 때마다 엄마의 얼굴에 환한 웃음이 번지는 것을 봅니다. 그것을 통하여 아이의 타락한 이성은 자신이 간절히 원하는 바를 얻는 길을 발견하게 됩니다. 즉 아이에게 있어서 사회성이라는 것은 다른 사람들에게 인정과 대우를 받는 수단이 되는 것입니다. 이 아이는 페인트 통을 나를 때마다 너무 서투른 나머지 늘 쏟기 일쑤지만, 그때마다 상황에 맞는 말을 정확히 구사함으로써 다른 사람들이 자신을 좋아하게끔 만들 수 있게 된 것입니다. 사회성 속에 삶의 길이 있다고 하는 이 그릇된 신념은 몇 번의 성공 경험을 통하여 더욱 확고해집니다.

여러 가지 요인들(기회라든가 타고난 재능 따위)의 영향을 받아 이 아이는 장차 우아한 식당의 지배인이나 유능한 세일즈맨, 혹은 언변 좋은 정치가가 될 수 있습니다. 혹은 성도에게 자상한 사람이라 인정받고 사랑받는 목사가 될 수도 있습니다. 그는 자신의 추구에 활력을 주는 동기는 사람들을 좋아하는 마음과 사람들과 좋은 관계를 맺을 줄 아는 능력이라고 생각하게 될 것이며, 다른 사람들도 똑같이 생각할 것입니다. 사회성을 통하여 인정을 얻어내는 이 능력은 심지어 영적인 은사로 칭송될 수도 있습니다.

그러나 그의 생활 양식 밑바닥에는 사회성 속에 생명을 얻는 길이 있다고 하는 어리석고도 죄된 신념이 깔려 있습니다. 그가 자기만을 위해 살아가는 건강치 못한 사람에서 하나님을 사랑하고 하나님을 위해 살아가는 건강한 사람으로 변화되기 위해서는 무엇보다도 그 신념이 바뀌어야 합니다. 우리는 그 신념의 정체를 밝혀 내야 합니다. 그 신념은 하나님 없이 인생을 살아가겠다는 독립 노선의 일부입니다. 자신의 신념에 도취된다는 것은 하나님을 불신하고 반역한다는 것과 같습니다. 이것을 치유할 수 있는 유일한 길은 회개입니다.

이미지와 신념, 이것은 타락한 인간이 자신에게 하나님이 필요 없다는 환상을 유지시키기 위해 만들어 내는 이성의 원의 두 가지 기능입니다. 우리는 자신이 혼돈과 무력함 속에서 살고 있다고 생각하고 싶어하지 않습니다. 우리는 자신의 불행을 감추거나 고칠 수 있는 결점과 결부시켜 설명하려고 합니다. 교만한 인류는 자신은 결코 무능하지 않다고 말합니다. 우리는 자신이 할 수 있는 일이 있으며 그 일을 통하여 생명을 얻을 수 있다고 믿습니다. 사탄은 인생사를 우리 힘으로 직접 풀어 나갈 때 거기 생명이 있다고 약속합니다. 그러나 하나님은 우리가 죄성을 인정하고 그리스도를 구주로 영접하며 그리스도 없는 삶의 혼돈과 무력함을 그대로 인정할 때 거기 생명이 있다고 약속하십니다. 마음을 새롭게 한다는 것은 곧 혼돈을 부정하는 잘못된 이미지들을 버리고, 참된 생명을 얻는 길에 대한 기존의 생각을 바꾸는 것을 말합니다.

피해를 입은 것인가, 스스로 선택한 것인가?

상담 현장에서 내담자의 배경을 살펴보는 것이 도움이 되는 경우가 많습니다. 그의 방어적인 이미지와 신념들이 어디서 영향을 받은 것인지 더 잘 이해할 수 있기 때문입니다. 그러한 배경 파악을 통하여 우리는 또한 그 사람의 이미지와 신념들의 구체적인 내용도 분명히 알 수 있습니다. 과거를 살펴보아야 한다는 말을 꺼내기만 하면 즉각 이런 의구심을 품는 그리스도인들이 많습니다. 즉 한 사람의 행동에 대한 책임이 그 사람 본인에게서 그의 부모에게로 전가되는 것이 아닌가 하는 의구심입니다. 그렇게 생각하는 데도 타당한 이유는 있습니다. 우리는 흔히 사람들을 책임감 있는 존재로 취급하여 경건하고 성숙된 삶을 영위해 가도록 격려하기보다는, 과거의 속박들로부터 해방되어야 하는 무력한 피해자로 취급하는 경향이 있습니다.

이미지와 신념들은 기본적으로 어린 시절의 불가피한 실망들을 통해 형성되기 때문에, 그런 실망들이 구체적으로 어떤 것이었는지를 규명하면 현재의 삶을 지배하고 있는 이미지와 신념들을 더욱 명확하게 인식하는 데 도움이 됩니다. 과거라는 주제에 관한 한, 상담가들은 우리가 모두 부모의 피해자라는 사실을 공식적으로 인정합니다. 열 살 때 아버지에게 성적 희롱을 당한 소녀는 누가 뭐래도 죄로 물든 아버지의 피해자입니다. 우리는 모두가 다 불완전한 부모의 피해자들입니다. 그 중에는 다른 이들보다 정도가 심한 사람들도 있습니다.

그러나 그보다 더 중요한 사실이 있습니다. 우리는 피해자일 뿐만 아니라 스스로 자기 길을 선택하는 존재라는 것입니다. 우리는 책임 있는 형상 보유자로서, 부모를 통해 발견하지 못한 생명을 찾기 위해 하나님께 나아가야 함에도 불구하고 아주 완고하게 그것을 거부합니다. 우리가 부모로부터 받은 대우가 그대로 우리 이미지가 되는 것은 아닙니다. 우리의 이미지는 우리가 선택한 것입니다. 내 인생을 내 힘으로 살아간다는 기본 입장에 맞아 들어가는 것들만을 선택하여 이미지를 형성하는 것입니다. 우리의 신념 역시 우리가 배운 개념들이 그대로 반영된 것이 아닙니다. 신념은 세심한 노력을 통하여 우리 힘으로 만들어 가는 것입니다. 우리는 어떻게 해서든 고통을 줄이고 만족을 얻을 수 있는 전략을 찾기 위하여 그에 합당한 신념들을 만들어 가는 것입니다.

변화는 마음을 새롭게 하는 데 있는 것이지 과거나 현재의 환경을 바꾸는 데 있는 것이 아닙니다. 과거의 상처에 대한 기억을 치유하고 현재의 상황을 재조정하는 것만으로는 문제의 핵심을 해결할 수 없습니다. 자신이 어떻게 부모의 희생자가 되었는가 하는 문제보다는 지금 현재 자신이 갖고 있는 방어적인 이미지와 신념들이 어떤 것인가 하는 문제가 더 깊은 씨름의 제목이 되어야 합니다. 또한 그런 이미지와 신념들은 하나님 없이 삶을 찾으려고 하는 헛된 추구의 한 부분이기 때문에 하나님 없이도 생명이 존재한다는 어리석은 생각을 버리고, 회개하고 삶의 방향을 재조정하려는 태도가 문제 해결의 핵심이 되어야 합니다.

자신이 어떻게 부모의 피해자가 되었는지 이해하게 될 때 비로소 우리에게는 부모를 용서할 수 있는 놀라운 기회가 주어집니다. 또한 자신에게 일어난 일들에 대하여 자신이 그 반응을 어떻게 스스로 선택했는지 이해하게 될 때 비로소 우리는 회개가 필요한 부분이 어디인지 발견합니다.

이제 이 장에서 한 이야기를 요약하겠습니다.
1. 우리는 세상이 결코 채워 줄 수 없는 것을 갈망하는 인격적 존재일 뿐만 아니라, 자신이 누구이며 자신이 갈망하는 만족을 어떻게 찾을 것인지에 대해 개념들을 형성해 가는 이성적인 존재입니다.
2. 우리는 이성적인 존재이기에 자신과 세계에 대해서 이미지를 형성합니다. 이 이미지는 현실 세계에 대하여 우리가 선택적으로 이해한 내용을 대표하는 것입니다. 또한 우리는 이미지와 아울러 신념을 형성합니다. 다른 요소들도 있겠지만 우리의 갈망(관계와 중요한 존재) 추구의 방향은 바로 이런 신념들에 의해서 결정됩니다.
3. 우리는 타락한 존재이기 때문에 우리의 지혜는 우둔해지고 말았습니다. 우리는 하나님 없이도 삶이 가능하다는 허구를 유지하는 데 우리의 사고 기능을 사용합니다.

 1) 우리가 집요하게 붙들고 있는 이미지들은 혼돈과 무력함이라는 현실을 피하는 데 사용하기 위해 선택한 것들입니다. 우리는 반드시 부딪쳐야만 하는 현실을 가장 완고하게 회피하고 있는데, 그 현실이란 바로 우리는 누군가를 온전히 의존해야만 하는 존재라는 사실입니다. 다시 말해서 자신과 세계에 대한 우리의 이미지들은 혼돈을 줄이는 대신 계속해서 독립적으로 살아야겠다는 환상을 가능하게 해줍니다.

 2) 이 현실에 대한 이해, 즉 이미지의 틀 속에서 신념이 형성됩니다. 우리 눈앞에 펼쳐진 이 세상 속에서 우리 같은 사람들이 어떻게 만족을 찾을 수 있는가에 대한 갖가지 확신들이 이 신념의 중심 내용입니다. 만족을 찾는 길에 대한 신념으로부터 추구의 방향이 정해지며 온당치 못한 희망이 싹트게 됩니다.

4. 다른 사람들이 채워 줄 수 있는 것에 의존하며 사는 삶은 반드시 깊은 실망을 가져오게 마련입니다. 그때의 공허함은 참으로 고통스럽습니다. 만일 우리가 그 실망이라는 현실을 정직하게 받아들인다면, 하나님 없이 살아가려 했던 우리 삶의 노선은 점점 약화되어 궁극적으로 완전히 버려지게 될 것입니다. 그러나 타락한 인간은 목이 곧은 사람들인지라 독립을 향한 그들의 꿈은 결코 쉽게 사라지지 않습니다. 자신의 어리석은 꿈을 계속 붙들고 있기 위하여 인간은 자기 내면의 공허함이라는 실체를 어떻게 해서든 부인해야만 합니다. 그리하여 우리는 자신의 견딜 수 없는 고통을 부인하며, 자신을 채워 주지 못한 사람들로부터 얻은 실망을 별것 아닌 것으로 만듭니다. 우리는 현실을 바라볼 때, 자신의 독립 노선의 어리석음을 드러내 주는 부분들은 선택적으로 무시합니다.

5. 자신의 실망과 무능을 거부하려는 마지막 방어는 이성의 원 안에서 일어납니다. 우리는 우리의 실망을 '해명해 주는' 이미지들("나는 못생긴 애야. 내 얼굴은 여드름투성이잖아. 그러니 사람들이 나를 좋아하지 않는 게 당연하지")과 만일 무엇무엇만 어떠하면 문제가 해결될 것이라는 희망을 부추기는 신념들("내게도 분명 잘할 수 있는 일이 있을 거야. 그것만 찾는다면 내 인생도 만족스러운 것이 될 텐데")에 매달리게 됩니다.

6. 독립 노선을 택한 죄와 헛된 희망을 추구해 온 어리석음(즉 우상숭배)의 문제를 다뤄 주지 못한다면, 우리는 인간의 심성 속에 들어 있는 문제의 핵심을 건드리지 못한 것입니다. 경건을 향한 변화에는 의존에의 복귀가 반드시 필요합니다. 독립을 보유하려는 이미지와 신념들은 반드시 정체가 밝혀진 뒤 버려져야만 합니다.

이제 이성의 원에 대한 이야기는 두 가지 주제가 더 남았습니다. 이 두 가지 주제가 바로 다음 장의 초점이 될 것입니다.

- 우리가 다루어야 하는 것들은 모두 다 우리 의식 세계 안에 들어 있습니까? 아니면 우리 행동에 대한 중요한 동기들이 우리 마음의 '무의식'이라는 부분에 묻혀 있습니까? 무의식이라는 것은 성경적인 개념입니까?
- 모든 표면적인 문제 뒤에 숨어 있는 근본적인 문제가 죄라고 한다면, 모든 의미 있는 변화에는 반드시 회개라는 것이 가장 중요한 부분으로 포함되어야 합니다. 사람들은 회개를 행동의 실수에 대해 사과하는 것 정도로만 여겨 종종 회개를 별것 아닌 것으로 만들어 왔습니다. 따라서 회개에 대한 보다 깊은 개념이 필요합니다. 죄란 단지 빙산의 가시적인 부분만으로 이루어지는 것이 아닙니다. 그렇다면 우리 마음의 숨은 죄까지 다루어 주는 보다 깊은 회개의 개념이 회복되어야만 합니다.

9
변화의 시발점: 회개

무의식

어떤 심리학자가 무의식이라는 개념에 대해 이야기를 꺼내면, 많은 복음주의자들은 재빨리 어떤 가정을 세우곤 합니다. 그 심리학자의 생각은 성경의 가르침보다는 세상의 훈련에 더 큰 영향을 받았다는 가정 말입니다. 무의식의 세력이 행동에 어떤 영향을 주는지 최초로 체계화하고 강조한 사람은 프로이드입니다. 바로 그 이유 때문에 사람들은 무의식이라는 개념을 신학적이기보다는 정신 치료학적 개념으로 간주해 왔습니다. 그 결과 교회는 사람들에게 자신이 분명히 의식하는 바만 행하면 된다고 가르치게 되었습니다. 그리고 정신 치료자들은 교회의 그런 가르침의 피해자들, 내면의 신비로운 세력은 오히려 순종의 노력을 약화시킨다고 생각하게 된 사람들을 수발하게 되었습니다.

그러나 근래 기독교 교회 안에서도 무의식의 개념을 부활시키려는 운동이 점점 커지고 있습니다. 그 개념은 프로이드의 개념과는 커다란 차이가 있습니다. 예컨대 뉴 에이지 전도자들은 무의식이란 위험한 충동의 저장소라고 말하면서 억압할 것이 아니라고 가르치고 있습니다. 그들은 오히려 무의식이란 인간 본성의 숨은 잠재력이요 우리가 의식하지 못하는 창조력의 저장소라고 강조합니다. 이 무의식을 얼마큼 '끌어내어 쓰느냐'에 따라 현실을 창조할 수 있는 내면의 사고력이 그만큼 커진다는 것입니다.

나의 견해로 무의식이란, 그리스도인의 신학 속으로 침투해 온 세속적인 프로이드식 사고의 한 파생물도 아니고, 나를 신적인 존재가 되게 해주는 엄청나지만 아직은 개발되지 않은 어떤 자원도 아닙니다. 인간에 내재된 무의식의 요소들에 대한 나의 이해의 뿌리는 인간의 마음이야말로 만물 중 그 어떤 것보다도 거짓되고 심히 부패한 것이라는 성경의 가르침에 근거하고 있습니다.

히브리서 3:13은 타락한 인간에게 당연히 일어나는 일, 즉 죄의 유혹(기만)으로 강퍅게 됨에 대해서 얘기한 뒤 그것을 막기 위해 정기적으로 피차 권면하라고 말씀합니다. 죄성에 유혹(기만)당하여 자기 내면의 타락을 끝까지 의식하지 못하게 되는 일은 능히 일어날 수 있을 뿐만 아니라 지극히 정상적인 일입니다.

빙산의 비유를 다시 한 번 생각해 봅시다. 수면 윗부분은 의식 세계의 행동과 신념과 감정을 말합니다. 수면 아랫부분은 자신이 선택했으면서도 분명히 인정하기를 거부하는 이미지와 신념들의 세계입니다. 우리는 자신이 의식하지 못하는 개념들을 근거로 삶의 방향을 정하게 됩니다(그림 9-1).

대부분의 신학교가 학생들을 수면 윗부분의 문제만 다룰 수 있는 사람으로 양성하고 있습니다.

- 성경을 해석하고 진리를 선포하며 마땅히 믿을 것을 가르치는 일.
- 꾸준히 하나님 뜻을 좇아 살아가도록 권면하는 일.
- 감정을 초월하여 순종 가운데 인내하도록 격려하는 일.

〈그림 9-1〉

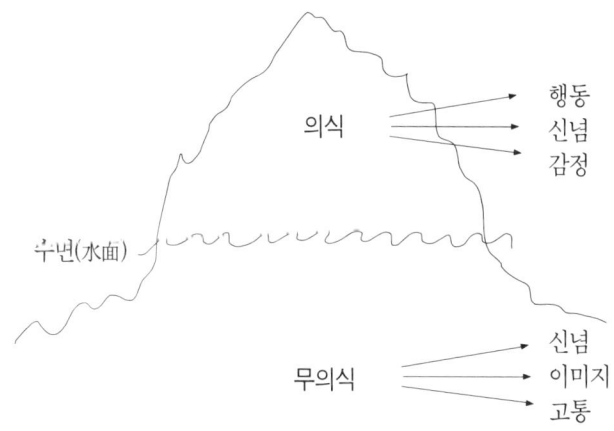

이것이 신학생들이 학교에서 배우는 내용입니다. 이런 일들은 다 온당하고 중요하며 올바릅니다. 그러나 만일 우리가 사람들을 도울 때 수면 아랫부분을 다루어 주지 못한다면, 수면 윗부분에 대한 일은 외형의 변화밖에 가져오지 못할 것입니다. 즉 자기 교회의 여러 가지 기준에 대한 외형적 동조만이 중요한 것이 되고 맙니다. 이것은 커다란 비극입니다. 이런 공동체에서는 하나님과 다른 사람들을 향한 깊은 사랑보다는 판단주의와 율법주의, 압력과 교만 등이 특징으로 나타나게 됩니다.

수면 윗부분에서만 사역하는 목회자나 다른 그리스도인 지도자들 밑에서는 로보트 내지는 반항자들이 생겨납니다. 로보트란 외부의 기대에 무턱대고 동조하는 사람들로서, 이들의 삶에서는 물을 담을 수 없는 밑 터진 웅덩이를 향한 무의식적 추구가 계속됩니다. 이들에게는 제 힘을 믿고 살아간다는 노선을 침해하지 않는 이미지와 제 힘으로 만족을 찾을 수 있는 전략을 만들어 낸다는 신념들이 있거니와, 이런 이미지와 신념들(수면 아랫부분의 문제들)은 정체가 규명되지 않은 채 의식의 바깥에 끝까지 그대로 남아 있게 됩니다.

독창자는 자신의 영광을 위하여 노래한 뒤 그 재능에 찬사를 받고, 청소년들은 매일 빠짐없이 경건의 시간을 가짐으로써 경건한 아이라는 칭찬을 듣습니다. 사업가들은 교회에 헌금을 후하게 내고서 목사나 선교 담당자들로부터 귀한 대접을 받으며, 회중 속에는 바리새인들이 넘칩니다. 수면 위만 보면 깨끗하고 영적이지만 수면 아래는 숨겨진 타락으로 가득 차 있는 모습들입니다.

우리는 수면 아래의 문제를 다루는 법을 배워야만 합니다. 그런 문제들은 대개 규명되지 않은 채로 있지만 우리 삶에 심각한 영향을 미치고 있습니다. 우리는 인간의 심성 속에서 어떤 일이 일어나고 있는지 이해해야 하며, 사람들이 그런 숨겨진 부분들(우리가 하나님을 의지하는 방향으로 나아가는 것을 방해하는 부분)을 잘 처리할 수 있도록 돕는 법을 터득해야만 합니다.

그리스도인 중에는 무의식의 내용이 중요하다는 것을 인정하면서도 수면 밑에 있는 모든 것들을 몽땅 하나로 묶어서 성령께 해결해 달라고 내려놓는 이들도 있습니다. 그러나 그것은 자신의 혼돈과 무력함이라는 고통스러운 현실을 인정하는 책임과, 새로 의존의 길을 선택함으로써 기존의 방어적 이미지와 신념들을 능동적으로 내어 버리는 책임을 회피하는 처사입니다. 기억 치유, '생의 전환', '제2의 축복들(신앙의 본질이 아닌 부수적인 축복)' 등에는 하나의 공통된 주제가 있습니다. 즉 인식하기 고통스러운 잘못된 삶의 방향을 인정하고 회개하는 것은 더 이상 인간 변화 과정의 정확한 핵심이 아니라는 것입니다. 변화를 필요로 하는 것은 더 이상 마음이 아니라 내면의 일부 심리적인 상태입니다. 또한 이런 심리 상태에 대해서는 우리가 피해자이기 때문에 우리에게는 아무런 책임도 없습니다. 따라서 그것은 성령의 신비로운 역사를 통해서 변화되어야만 합니다. 능동적인 회개는 없어지고 수동적인 양도(讓渡)만 남습니다.

우리의 심성 내면에서는 어떤 과정들이 진행되는 중이라고 믿습니다. 즉 자기가 움직일 방향을 결정하고, 인격의 원의 고통으로부터 스스로를 보호하는 데 사용할 전략을 결정하며, 자기가 바라는 쾌락을 추구할 방법들을 결정하는 과정들입니다. 또한 우리에게는 자기 속에서 일어나는 이러한 과정들을 자기라는 존재와 별개의 것으로 독립시켜 생각하려는 강렬하면서도 위험한 성향이 있습니다. 이제 싸움은 '나'와 '그것' 사이의 싸움이 됩니다.[1] 통제권을 빼앗기 위해 내게로 대항해 오는 내면의 어떤 대상(내가 아니라 거의 타인과 같은 존재)과 싸우게 되는 것입니다. 내가 만일 무슨 잘못된 일을 하게 되면 그것은 내가 아니라 내면의 세력 탓입니다. 즉 한 인간으로서의 온당한 책임감이라는 것이 거의 사라지게 됩니다. 일반적으로 정신 분석학에서는

---

1. 이와 같은 개념은 일부 그리스도인들 사이에서 '두 개의 본성'을 가르치는 것으로 표현되고 있다. 여기 '나(그리스도 안에 있는 나의 참존재, 나의 새로운 본성, 완전한 것)'가 있고 '또 다른 나(other me, 옛날의 나, 나의 옛 본성, 완전히 타락한 것)'가 있다. 이 두 세력 사이의 맹렬한 싸움이 내 몸 안에서 쉬지 않고 계속된다. 그 결과 현실의 나는 이 두 전투 세력 사이의 중재자가 되어, 착한 병사는 격려해 주고 나쁜 병사는 정복하려 애쓰게 된다. 단 하나의 인격만 있어 그 인격이 매순간 독립의 길이냐 의존의 길이냐를 책임감 있게 선택한다는 개념은 간 곳 없이 사라지는 것이다.

바로 그러한 내면의 과정들이 나를 통제하고 있다고 생각합니다. 나는 내 안의 나 아닌 세력의 피해자가 되는 것입니다.

프로이드는 의식의 자아를 "나"라고 불렀습니다. 그런가 하면 우리 심성의 무의식 부분을 "그것"이라고 불렀는데 아주 뼈가 있는 표현입니다. 이런 식의 사고가 바로 인간의 심성을 내가 책임질 수 있는 부분과 내가 책임질 수 없는 부분으로 양분시키는 결과를 가져온 것입니다.

우리는 모두 피해자이기도 하며 동시에 능동적인 행위자이기도 합니다. 분명한 사실입니다. 그러나 우리가 자신의 환경이라는 정황(contexts) 속에서 만들어 가는 이미지와 신념들은 우리 스스로 선택한 노력의 산물입니다. 우리는 자신의 독립 노선을 유지하면서 세상에서 만족을 얻기 위해 그런 노력들을 스스로 선택합니다.

자신 안에서 볼 때 우리는 전적으로 능동적인 행위자입니다. 우리는 자신의 독립된 영혼을 위협해 오는 혼돈으로부터 자신을 벗어나게 해 주는 이미지들만 골라서 형성하며, 또 하나님 없이도 만족을 약속해 주는 신념들만 용케 골라서 간직합니다.

사람의 내면에 무의식이라는 실체가 존재함을 인정하는 것이 인간의 책임을 강조하는 성경의 메시지를 적당히 타협하는 처사는 결코 아닙니다. 사람 속에 있는 무의식의 실체를 부인하면서까지 책임이라는 개념을 고수할 필요는 전혀 없습니다.

무의식은 존재합니다. 단지 우리가 부패한 마음을 지닌 존재로서 자신이 행하고 있는 모든 일들을 다 알고 있지 못할 뿐입니다. 또한 우리는 내가 진짜 믿고 있는 것이 무엇이며 내가 어느 방향으로 나아가고 있는지 바로 알고 싶어하지 않습니다. 우리를 파멸시켜 버릴 것만 같은 관계 속의 고통을 느끼고 싶어하지도 않습니다. 그러나 그 고통과 고통에서 벗어나기 위해 우리가 사용하는 전략들에 우리는 반드시 직면해야만 합니다. 고통이 우리를 주님께로 데려다 줄 수 있습니다. 잘못된 전략들에 대해서는 반드시 회개하고, 그것을 올바른 방향으로 고쳐야 합니다.

우리는 자기 보호를 위해서 자신의 세계는 스스로 통제하겠다는 입장을 끈질기게 붙들고 있습니다. 자신의 절망스러운 고통을 받아들이거나 죄된 전략들을 회개할 생각은 조금도 없습니다. 그러므로 누군가 다른 사람이 보아 주기까지는 아무도 자기를 정확히 볼 수 없다고 하는 것은 과연 사실입니다.

하나님은 우리의 자기 노출을 돕기 위하여 세 가지 도구를 사용하십니다.

- 하나님의 말씀(히 4:12-13)
- 하나님의 성령(시 139:23-24)
- 하나님의 사람들(히 3:13)

내가 무의식 중에 선택하고 있는 잘못된 방향들을 더 잘 이해하기 위해서 이제 나에게는 힘써 이 세 가지 도구들의 도움을 받아야 할 책임이 있습니다. 그리고 이 도구들이 나를 노출시키는 일을 잘 행할 수 있도록 나 또한 거기에 협력할 책임도 있습니다.

무의식의 내용

내 안에 노출되어야 할 것은 정확히 무엇입니까? 도대체 내 안에서는 어떤 일이 일어나고 있습니까? 내가 그토록 고집스럽게 직면하기를 거부해 왔던 것이 무엇이란 말입니까? 내 안의 어떤 부분들이 무의식입니까? 우리의 무의식에는 두 가지 중요한 요소가 있다고 생각합니다.

노출을 필요로 하는 것도 바로 이 두 가지입니다. 첫째는 관계의 고통이고 둘째는 자기 보호적인 관계 유형입니다.

관계의 고통

하나님만이 채워 주실 수 있는 깊은 만족을 얻기 위해 다른 사람들을 의존한다는 것은 고통스러운 일입니다. 이 세상에는 자기 영혼을 만족시켜 주실 분으로서 완전하게 하나님을 추구하는 사람은 하나도 없습니다. 그렇기 때문에 우리 각자는 어떤 종류의 것이든 모두들 고통 가운데 있습니다. 공허감에 신음하고 연약함 속에서 떨고 있는 것입니다.

그러나 많은 이들이 자신은 기껏해야 조금 외로울 뿐이며 가끔씩 심하게 우울해지는 정도라고들 합니다. 사람들은 분노나 탐욕이나 이기심에 대해서는 그래도 잘 알고 있지만 자신의 깊은 상처에 대해서는 잘 모르고 살아갑니다. 왜 그렇습니까? 만족을 얻기 위해 온전히 주님을 의뢰하지 않는 모든 이들 마음속에서 쓰라린 공허감이 고동치고 있는데도, 왜 많은 사람들이 그것을 느끼지 못하는 것입니까?

형상 보유자들이 자신의 갈망을 처리할 수 있는 길은 오직 두 가지밖에 없습니다. 생이 우리 영혼을 찢어 버릴 듯 위협해 올 때 우리는 하나님께로 가서 간절한 마음으로 그분을 의뢰할 수 있습니다. 아니면 자신의 고통의 깊이와 의미를 부인한 채 끝까지 독립을 고수하면서 만족을 찾아 돌아다닐 수도 있습니다. 이 둘 중 완전하게 첫 번째 것을 선택하는 사람은 아무도 없습니다. 대부분은 아예 그것을 생각조차 하지 못합니다.

요지는 이것입니다. 스스로 만족을 찾는다는 노선을 고수하기 위하여 견디기 힘든 인생의 쓰라린 실망들도 별것 아닌 것처럼 여겨야만 한다는 것입니다. 우리는 대부분 가장 많이 의존하고 요구했던 것으로부터 쓰라린 실망을 맛보게 되어 있습니다. 자신의 갈망이 그런 것을 통하여 실현되지 않기 때문입니다. 우리는 자신의 상처를 외면하는 길을 선택하기 때문에, 관계의 고통은 인식되지 않은 채 그대로 존재하게 됩니다. 즉 그에 대해 무의식 상태에 있게 되는 것입니다.

관계를 맺는 전략들

그러나 고통은 여전히 존재하고 있으며, 우리는 어떻게든 그 고통을 덜어 보려 합니다. 인간은 관계적인 존재이기에 인생에 반응하는 전략들을 만들어 내되 자신의 고통을 의식하지 못하게 해주는 전략, 그리고 자신이 원하는 만족을 최소한이라도 가져다 줄 만한 전략들만 만들어 냅니다. 우리가 개발해 내는 이런 특정 전략들은 자신과 세계에 대한 이미지 및 자기가 이룰 수 있다고 믿는 신념의 산물이라 할 수 있습니다.

전략의 본질이 잘 나타나는 것은 바로 우리의 대인 관계 유형인데, 우리의 관계 유형의 목적은 한마디로 말해 내가 원하는 바를 얻어 내는 데 있습니다. 즉 우리는 더 이상 상처받지 않을 만큼 나의 안전을 보장해 줄 적당한 거리와 내 기분을 좋게 해줄 만큼 다른 사람들과의 교분을 보장해 줄 적당한 접촉을 원하는 것입니다. 이 균형을 유지하기란 참으로 어렵습니다. 적당히 가까운 관계를 유지하면서도 더 심한 상처의 모험을 줄이기 위해 적당히 거리를 두어야 하는 것입니다.

우리는 웬만하면 갈등 상황을 부드럽게 피해 가려 합니다. 자신의 이런 노력을 솔직히 인정하는 사람들도 있습니다. 어떤 세미나에 참석했을 때 있었던 일입니다. 한 참석자가 잠깐 이야기할 시간을 내줄 수 있겠느냐고 물었습니다. 나는 그에게, 만일 내가 "싫습니다. 당신과는 이야기하고 싶지 않습니다. 저리 비켜 주십시오!" 하고 무례하게 말한다면 어떻게 반응하겠냐고 물어 보았습니다. 그는 웃으면서 이렇게 말했습니다. "글쎄요, 조금 화가 나겠지요. 하지만 그냥 감사하다고 말한 뒤 자리를 피할 것 같습니다." 한편 이와는 전혀 다르게 반응할 사람도 있을 것입니다. 마치 갈등 상황을 환영하기라도 한다는 듯 대 놓고 대항하는 자세로 나올지도 모릅니다. 그래도 대부분의 사람들은 조용하고 현명하며 의연한 자세로 나올 것입니다.

대인 관계 유형은 각자 타고난 차이점들에 다분히 영향을 받습니다. 그럼에도 불구하고 모든 대인 관계 방식의 밑바닥을 살펴보면 자기 이익을 추구하는 자세와 더 큰 관계의 고통으로부터 자신을 보호하려는 성향이 짙게 깔려 있는 것을 발견합니다. 다만 우리 대부분은 자신의 사회적 전략 밑바닥에 깔린 자기 방어적인 동기들을 의식하지 못하고 있을 뿐입니다. 왜 그렇습니까?

잠언 20:5은 사람의 마음에 있는 모략, 즉 뜻하는 바는 깊은 물과 같다고 말씀합니다. 얕은 물을 내려다보면 바닥이 보입니다. 그러나 물이 깊으면 바닥을 볼 수 없습니다. 우리는 자기 기만에 빠져 있습니다. 우리는 자신의 참 동기를 부정합니다. 그렇게 되면 참 동기는 보이지 않을 수밖에 없습니다. 이것이 우리의 자기 기만을 아주 잘 보여 주는 예입니다.

밝혀지지 않은 채 남아 있는 것은 우리의 동기뿐만이 아닙니다. 우리의 인간 관계의 독특한 방식이나 유형 또한 그렇습니다. 우리는 자신이 조용하다 혹은 공격적이다 혹은 친절하다고 생각할 수 있습니다. 그러나 자신이 정확히 다른 사람들과 어떻게 관계를 맺고 있으며, 구체적인 행동 밑에 숨겨진 자신의 목적이 무엇인지에 대해서는 좀처럼 들여다보려 하지 않습니다. 독립적인 인간에게는 늘 의식을 흐리게 하고 사는 것이 자신에게 유리합니다. 만일 자신의 관계 유형과 진정한 동기를 바로 인정한다면, 그것은 보나마나 조작적이고 자기 방어적이며 사랑 없는 이기적인 것임에 틀림 없습니다. 그뿐 아닙니다. 만일 우리가 더 큰 고통으로부터 자기를 보호하려는 성향을 가지고 있다는 사실을 인정한다면, 그렇잖아도 위험하게 묻혀 있던 고통이 의식의 표면 가까이까지 떠오르게 될 것이 뻔합니다.

그러므로 내가 잘되기 위해 남을 조작하는 그릇되고 죄된 전략들은 의도적으로 의식 밑으로 숨겨야 합니다. 그러니 자연 무의식 속에 자리를 잡게 되는 것입니다.

독립을 포기하고 주님을 의뢰하도록 격려함으로써 성숙을 가져다 주는 것을 목표로 하는 상담이라면 반드시 인간의 마음속에 있는 독립 노선을 부추기는 요소들을 심각하게 다루어야 합니다. 우리는 고통을 노출시켜야 합니다. 고통이란 그 존재 자체가 그것을 덜어 보려는 우리의 선택들이 어리석고 효과 없음을 증거해 주는 것입니다. 여기서 성경적 상담가가 할 일은 가르쳐 주고 설득하는 것에서 한 발 더 나아갑니다. 즉 드러내고 조사하는 일을 해야 하는 것입니다. 성경적 상담가는 첫째, 바람에 대한 실망에서 비롯되는 그간 부인해 왔던 관계의 고통을 찾아내야 합니다. 둘째, 더 큰 고통에서 자신을 방어하기 위해 만들어 낸 미묘하게 인식되지 않은 잘못된 전략들을 찾아내야 합니다.

이 두 가지 요소를 숨기는 것은 기존의 독립 노선을 더 굳게 유지시켜 줄 뿐입니다. 건강으로 가는 길목에는 연약함의 인정과 의존이 필요합니다. 그렇기 때문에 우리는 이 두 가지 요소를 표면에 드러내야 하며 또한 반드시 해결해야 합니다. 하지만 어떻게 그렇게 할 수 있습니까? 상처와 전략을 인정한 후에는 무엇을 어떻게 해야 합니까? 이 질문의 답을 찾기 위해서는 회개에 대해 깊이 생각해 보아야만 합니다.

회개

모든 형태의 불행 밑에는 하나님을 우리의 깊은 갈망을 만족시켜 주시는 분으로서 인정하지 않는 태도가 도사리고 있습니다. 이렇게 하나님을 공급자로 누리지 못하게 하는 모든 장애물의 뿌리가 바로 죄입니다. 그렇다면 이 죄로부터 돌아서는 회개야말로 인간이 어떻게 변화되는가에 대한 바른 이해의 핵심이 되어야만 합니다.

우리 주님의 대속의 죽음은 우리 죄에 대한 거룩하신 하나님의 모든 온당한 요구를 다 만족시키셨습니다. 그리스도를 믿는 믿음으로 우리는 우리 죄를 용서받게 되며 사랑의 하나님과의 친밀한 관계, 주권자 하나님과의 의미 있는 교제 속으로 들어가게 됩니다. 그때에야 비로소 우리는 관계와 중요한 존재의 갈망이 만족되는, 본래 의도되었던 삶을 살아갈 수 있게 됩니다.

그 관계에 들어가는 데는 반드시 회개가 필요합니다. 회개란 우리 사고의 완전한 전환을 말합니다. 우리는 내 힘으로도 생명을 얻을 수 있다는 어리석은 생각을 버리고, 그리스도께서 주시는 생명을 겸손하게 통회하는 마음으로 받아들여야 합니다.

그리스도와의 관계에 들어가는 일이 회개 없이는 불가능하듯, 그 관계를 발전시켜 나가는 일에도 계속되는 회개가 필요합니다. 죄는 끊임없이 우리의 문제가 됩니다. 이미 정복된 원수요 용서받은 것이지만 그러나 여전히 활동하고 있습니다. 우리는 자신 속에서 쉽게 떨쳐 내 버릴 수 없는 자기를 믿으려는 성향을 보게 됩니다.

회심 전에는 몰랐던 전쟁이 회심 후에는 계속 터지게 됩니다. 육체와 성령 사이의 전쟁입니다. 육체는 생명을 찾는 길에 대하여 자기 자신의 생각을 따라 사는 사람이요, 성령은 생명을 얻는 일에 있어서 전적으로 하나님께 의존하는 사람입니다. 이 육체는 성령과 정반대로 대치하고 있습니다. 회개란 하나님을 향한 순종보다는 인격의 고통으로부터의 보호를 더 중요한 것으로 여겨 왔던 생명에 대한 잘못된 태도들을 발견해 냅니다. 그리고 그 자기 방어적인 조작의 자리에 대신 의존과 순종을 두는 것을 말합니다.

회개란 화낸 것을 사과하고 다시는 그러지 않겠다고 약속하는 것보다 훨씬 어려운 일입니다. 보이지 않는 곳에 숨어 있는 죄는 종양과도 같이 수술을 통해 반드시 제거되어야만 합니다. 우리는 관계의 고통을 노출해야만 하며, 그것을 통해 잘못된 전략들의 방어적인 목적을 깨달아야만 합니다. 어떤 전략이 잘못된 것이라 할 때, 그 근본 이유는 목적에 있습니다. 만일 목적이 더 깊은 관계의 고통을 피하는 데 있다면, 우리는 그 전략들의 방어적인 기능을 인식하기 위해서라도 고통을 인정해야만 합니다.

어떤 사람이 화를 참지 못하고 아내에게 큰소리를 칩니다. 그는 자신의 이런 행동이 죄라는 걸 깨닫고 진심으로 용서를 구할 수 있습니다. 이것은 의미 있지만 완전치는 않은 회개의 한 예입니다. 만일 그가 자신의 분노를 유발시킨 그 고통을 경험할 만큼 온전히 자기를 열게 된다면, 그는 자신의 분노 밑에 있는 자기 방어라는 동기를 더 가까이 인식하게 될 것입니다. 그 동기는 이렇게 말하고 있습니다. "다시는 나한테 상처 주지 마. 당신을 위협하여 나와 적당한 거리를 유지하도록 만들 거야. 나는 내 상처를 분노 밑에 감출 거야. 그렇게 해야 당신이 내가 얼마나 약한 존재인지 발견하지 못할 테니까."

이렇게 자신의 관계의 고통과 방어적인 전략들을 인식하게 되면 이제 그는 더욱 온전한 의미에서 회개할 수 있습니다. 여기엔 모험도 내포되어 있음을 느끼지만, 그는 더 큰 고통을 피하려는 계획을 이제는 포기하고 대신 아내의 유익을 위해 기꺼이 아내에게 자신을 더 깊이 내어 주는 길을 선택할 수 있는 것입니다. 그가 아내에게 구체적으로 어떤 행동을 취하느냐 하는 것은 어떤 행동이 기존의 자기 방어 유형들을 버리는 데 가장 큰 도움이 되느냐에 달려 있습니다. 그는 자신의 상처를 나눌 수도 있고, 자신의 분노를 유발시켰던 요인을 간과할 수도 있고, 아니면 좀더 분명하게 자신의 분노를 표현하거나 더 깊은 애정을 가지고 아내에게 다가갈 수도 있을 것입니다. 그의 행동의 경건성은 그 행동의 목적이 얼마만큼이나 자기 방어에 있지 않고 아내를 축복하는 데 있느냐에 따라 측정됩니다. 자기 방어를 위한 행동은 육체를 따라 행하는 것이고, 아내를 축복하기 위한 행동은 성령을 따라 행하는 것입니다.

진정한 변화가 있으려면 반드시 두 가지 일이 일어나야 합니다. 하나는 용서이고 또 하나는 그 관계 속으로의 지속적인 개입입니다. 우리는 우리에게 깊은 상처를 준 사람들을 용서해야 합니다. 용서해야 할 행동이 무엇인가를 정확히 알고 있을수록 용서의 가치는 더욱 커집니다. 누가 나에 대해서 좋지 않은 말을 했다는 얘기를 들었다면, 그때의 용서는 그다지 어렵지 않을 수도 있습니다. 그러나 어떤 사람이 나의 아내를 겁탈했다는 사실을 알게 되면 문제는 달라질 것입니다. 용서가 의미 있는 것이 되려면 용서해야 될 과오의 정도를 정확히 인식해야 합니다.

그러므로 우리에게 과오를 범한 사람들을 깊이 용서할 수 있으려면 우선 관계의 실패가 가져다 주는 고통을 온전히 인식해야 합니다. 즉 관계의 고통을 직면할 때에만 용서는 가능해집니다.

용서 다음에는 그 관계 속으로의 지속적인 개입이 필요합니다. 우리를 해쳤던 사람, 우리를 해칠지도 모르는 사람들과 지속적으로 관계를 맺어 가야 하는 것입니다. 이제 우리가 다른 사람들과 맺는 관계는 자기 방어적인 후퇴와 고립이 주가 되어서는 안됩니다. 악의를 품고 우리를 이용하는 사람들에게도 선을 베풀라고 하나님은 명하셨습니다.

우리는 이 명령에 순종하여 이제 자기 방어라는 생각은 모두 떨쳐 버리고 오직 다른 사람들을 섬기고자 하는 마음만으로 그들을 향해 나아가야 합니다.[2]

본질적인 변화의 두 가지 요소인 용서와 지속적인 관계는 깊은 회개의 필연적인 열매입니다. 자기 방어적인 입장과 그 속에 숨어 있는 반항과 교만을 버릴 때, 비로소 우리는 나의 자기 방어라는 목표를 방해했던 사람들을 용서할 수 있으며 또 앞으로 나를 해칠 수도 있는 사람들과의 지속적인 관계 속에서 나 자신을 내어 줄 수가 있습니다. 내가 말하는 '깊은 회개'라는 것은 용서와 지속적인 관계의 밑바탕이 되는 회개로서 거기엔 두 가지 요소가 다 포함됩니다. 첫째는 나의 고통 및 자기 방어적인 입장의 노출이고, 둘째는 자신을 포기하고 주를 의뢰하며 순종하겠다는 자발적인 결단입니다.

많은 사람들이 이 깊은 회개를 제대로 경험하지 못하는 것은, 자신의 고통과 자기 방어를 기꺼이 직면하려 들지 않기 때문입니다. 이렇게 생각하는 사람들도 있습니다. 사람이 거듭나지 않았을지라도 그 존재의 핵 속으로 깊이 들어가 보면 거기 놀라운 자원이 우리를 기다리고 있다는 것입니다. 그들은 상처와 타락이 도사리고 있는 인간의 내면 속에 오히려 항상 선을 행하기만 원하는 새로운 피조물이 있다고 기대하는 것입니다. 인간의 내면 속에 순결이 들어 있다고 하는 주장은 오해에 기초한 생각입니다.

그런 견해에서 본다면 회개란 자기 방어의 입장을 버리고 의식적으로 순종의 길을 선택하는 것이 아니라 단순히 뭔가를 믿는 것, 그리고

---

2. 아내를 구타하는 남편에게 용서와 지속적인 관계 유지를 적용한다면 경찰을 불러 보호를 요청하는 것이 될 수도 있음을 꼭 이야기하고 싶다. 성경이 말하는 지속적인 관계 유지가 매저키즘을 의미하지는 않는다.

숨겨진 선한 자아를 표출하는 것으로 전락하고 맙니다.

거듭난 사람의 중심 속에는 하나의 갈망하는 인격이 들어 있습니다. 독립을 통한 행복을 꿈꾸던, 깊이 타락한 인격입니다. 어느 순간이든 이 인격은 둘 중 한 쪽에 서 있게 됩니다. 즉 계속해서 독립이라는 어리석은 생활을 좇아 살기로 선택하든지, 아니면 회개와 믿음을 통해 자신의 뿌리깊은 의존성을 겸손히 인정하고 아무리 큰 값을 지불한다 해도 하나님 말씀만 좇아 살기로 선택하든지 둘 중 하나인 것입니다.

우리가 하나님을 누리고 사람들을 사랑할 수 있는 것은 깊은 회개를 통해서 가능합니다. 그 회개는 조작적인 관계 유형을 버리고 모험이 따르더라도 다른 사람들과의 지속적인 관계를 맺어 가는 것을 말합니다. 상처 주는 사람들을 용서하고 순종이 요구하는 방향으로만 나아가는 것은 회개라는 기초 위에 세워집니다. 그 결과 우리는 우리를 향한 그리스도의 사랑을 더 깊이 인식하게 되며, 다른 사람들을 향한 하나님의 계획 속에서 우리가 차지하는 가치를 더 선명히 깨닫게 됩니다.

자신이 서툴고 비뚤어지고 어리석고 탐탁지 않은 사람이라 생각하던 방어적인 이미지들은 점차 없어지고 그 대신 하나님께 사랑받는 자녀라고 하는 훨씬 정확한 자기 이미지를 갖게 됩니다. 조작적인 자기 방어를 통해 생명을 얻으려던 그릇된 신념들은 없어지고 순종이 기쁨의 길임을 깨닫는 지혜가 충만해집니다. 우리의 이성의 원이 충만하게 차오르는 것입니다.

이성의 원은 물론 인격의 원 전체를 채우는 과정을 궁극적으로 시작하는 것은 회개입니다. 숨겨 온 고통과 잘못된 전략들을 노출시키는 것이 첫 단계입니다. 이렇게 회개한 형상 보유자들은 이제 형상 보유자만이 할 수 있는 또 한 가지 일을 행하게 됩니다. 즉 정해진 목표를 향하여 의지를 사용해서 나아가는 일입니다. 이 일을 통해서도 인격의 원이 채워지는 과정은 계속됩니다. 목표를 향하여 나아가는 데는 무엇이 필요합니까? 그것을 이해하기 위해서 이제 우리는 하나님의 형상을 보유하고 있는 인격에 대한 우리의 정의 그 세 번째 요소, 바로 선택의 기능으로 넘어가 보고자 합니다.

10
선택의 자유:
인간은 의지적인 존재다

혼돈을 좋아하는 사람은 아무도 없습니다. 혼돈은 자신감을 빼앗아 가기 때문입니다. 우리는 지금 무슨 일을 하고 있으며 어떤 결과를 기대할 수 있는지를 분명히 알 때 훨씬 기분이 좋아집니다. 우리의 타락한 성품 한가운데 꽁꽁 묶여 있는 것이 한 가지 있는데 강박적인 통제 욕구입니다. 이 욕구를 만족시키기 위해 우리는 내 수준에서 예측과 이해가 가능한 세상 속에서 살아야만 합니다. 만일 내가 세상이 어떻게 돌아가며 이 일 뒤에 어떤 일이 일어날지 다 알고 있다면, 내가 내 꿈을 실현시킬 수 있다고 낙관하는 것은 아주 현실성 있는 일입니다. 최소한 그 꿈의 일부만이라도 말입니다.

혼돈은 우리의 통제 욕구에 심각한 도전을 던져 줍니다. 내 손으로 관리할 수 있는 범주 속으로 끼워 맞출 수 없는 복잡과 혼돈, 그것은 내게서 자신감을 구사할 수 있는 기회를 빼앗아 갑니다.

황원을 가로지르는 고속 도로 위에서 차가 고장이 난다면 그 답답함과 당혹스러움은 말로 다할 수 없을 것입니다. 물론 그 답답함의 일부는 물리적인 불편과 위험 가능성에 대한 현실적인 판단과도 맞물려 있을 것입니다.

그러나 그것이 다는 아닙니다. 나는 중요한 어떤 대상에 대해서 통제력이 없다는 사실을 알아야 합니다. 단 몇 분 간이라 할지라도 나의 운명이 내 손아귀 너머에 있다고 할 때 우리는 뭔가 깊은 불안을 경험하게 됩니다.

전선 밑에 있는 수많은 선과 벨트와 볼트는 내 힘으로는 도저히 이해할 수 없는 수수께끼일 뿐입니다. 물론 거기에는 어떤 원리가 있어 그 원리대로 돌아가리라는 것은 압니다. 그러나 나는 그 원리를 알 수 없습니다. 그 원리를 아는 사람에게는 의미가 있겠지만, 나한테는 아무 의미도 없습니다. 엔진을 바라보고 있노라면 누군가 그 원리를 아는 사람이 곁에 오지 않는 한 나는 형편 없고 바보 같고 무능한, 즉 통제할 힘이 없는 존재라는 느낌이 듭니다. 썩 좋은 느낌은 아닙니다.

통제를 원하는 사람들에게 있어서 혼돈은 적(敵)입니다. 타락한 인간은 자기 인생을 자기 스스로 풀어 가고자 합니다. 만일 그가 자신의 지배 의식을 계속 누리기 원한다면 그는 이 혼돈을 극복하거나 아니면 회피해야 합니다. 교회를 성장시키는 방법, 재정 문제에 있어서 마음에 평안을 얻는 방법, 가정을 행복하고 효과적인 집단으로 만드는 방법 등에 대하여 정확한 비결을 가르쳐 준다고 선전하는 책들과 강연들이 얼마나 많습니까? 그런 약속들 가운데는 그다지 고상하지 않은 것들도 상당히 많습니다.

부정할 수 없는 혼돈에 직면했을 때 우리가 취할 수 있는 방법은 두 가지입니다. 그 문제에 대해 혼돈을 느끼지 않는 누군가에게 도움을 의존하는 방법, 아니면 혼돈되는 내용을 다 배워서 이해함으로써 혼돈에서 벗어나는 방법입니다.

첫 번째 방법은 의존을 인정하지 않으려는 우리의 성향과 서로 대치됩니다. 특히 누군가에게 도움을 받으러 갔을 때, "당신은 꼭 내 도움을 받아야겠군요"라고 말하는 경우라면 더욱 그렇습니다. 심지어 우리는 도움을 받아야 하는 그 전문가마저도 어떤 식으로든 내가 통제하고 싶어서 교묘한 술수를 쓰는 경우가 있습니다. 그만큼 남을 진정으로 의존하는 것을 우리는 두려워합니다.

이런 문제를 비교적 잘 처리해 내는 사람들도 있는 것 같습니다. 우리 주위에는 어떠한 주제 앞에서도 늘 자신 있게 그리고 장황하게 말할 수 있는 이들이 있게 마련입니다. 이런 사람들은 자신의 얘기 중에 모순되는 사실을 발견하거나 타인이 제시하는 명확한 전문 자료를 보더라도 좀처럼 자신감을 잃지 않습니다. 흔들리기는커녕 미동도 하지 않습니다.

그러나 대부분의 사람들은 현실적인 사고를 갖고 있기 때문에, 자기가 모든 것을 안다고 생각지는 않습니다. 하루하루 살아가다 보면 우리는 종종 다음과 같은 혼돈 상황을 만나게 됩니다.

- 아이들이 텔레비전을 보게 해야 하나, 아니면 독서하는 데 더 많은 시간을 할애하도록 해야 하나? 요즘 딸아이가 남자 친구를 사귀는 것 같은데, 물어 봐야 하나? 나는 아이들과 충분한 시간을 보내고 있나? 아이들에게 너무 많은 것을 사 주는 건 아닐까? 아니면 너무 적게 사 주는 걸까?
- 직장을 바꾼다는 것이 괜찮은 생각인가, 아니면 도피적인 생각일까? 하나님께서 직장을 바꾸도록 나를 인도하고 계신가? 어떤 보험 회사의 보험 정책이 더 나은가? 새 차를 사도 될까? 아내는 그렇지 않다는데, 아내는 나를 돕는 사람이니 그 말을 들어야 하나? 아니면 가장은 나니까 내 뜻대로 결정해야 하나?

- 우리 교회 부목사님께 강한 성적 매력을 느끼는데 어떻게 해야 하나? 가서 말을 해야 할까, 아니면 남편에게 고백해야 하나? 엄마가 이런 생각을 하고 있으니, 앞으로 우리 아이들도 성적인 문제로 고생하게 되는 건 아닐까? 하나님이 그런 식으로 벌을 주시는 것일까? 왜 남편과의 성 관계에 대해서는 전혀 흥미가 없을까? 괜찮은 사람인데…. 지금 나한테는 상담이 필요한지도 모른다. 하지만 누굴 찾아가야 하나?

- 나는 지금 우울한데도 자신을 지나치게 강요하여 일을 추진하고 있지는 않은가? 왜 전처럼 일을 즐기지 못하는 것일까? 나는 왜 이렇게 불평이 많지? 특별히 그럴 일이 없는데도…. 나는 왜 칭찬을 들으면 기분이 좋지 않을까? 항우울제라도 먹어야 하나? 하나님을 믿는 것만으로는 충분하지 않은 건가? 하지만 그런 약을 어디서 구해 먹을 수 있을까?

우리는 매일 결정을 요구당하며 살고 있습니다. 그런 상황들은 우리의 불확실성을 더 드러내 줍니다. 성경에 분명한 지침이 명시되어 있는 주제들도 있습니다(예: 부목사와 성 관계를 가져서는 안됩니다). 그러나 대부분의 문제에 대해서는 그저 커다란 윤곽만 제시되어 있을 뿐입니다. 그런 윤곽은 우리가 바라는 구체적인 지침을 얻기에는 너무나 일반적입니다. 분명한 것은 우리가 까다로운 혼돈 상황들 앞에서 결정을 내리며 하루하루 살아간다는 사실입니다. 이 사실이 우리를 불편하게 만듭니다. 모호함을 잘 참아 내는 사람은 그리 많지 않습니다.

혼돈을 인생의 필요한 한 부분으로 받아들이고 하나님을 의지하는 마음으로 결연히 그 혼돈을 통과해 나가는 일, 우리는 그것에 별로 매력을 느끼지 않습니다. 그 결과 우리는 아예 무시할 수 있을 정도까지 혼돈을 감소시켜야 한다는 강한 압박을 받게 됩니다. 어떤 대가를 치르더라도 우리는 결국 통제 의식을 되찾고야 말 것입니다. 우리는 결과도 모른 채 어떤 결정을 내리기를 꺼려 합니다.

분노와 두려움이라는 동기 속에서 이제 우리는 우리가 살고 있는 세상에 하나의 명령을 부과하게 됩니다. 이 명령의 주된 기능은 끝까지 자기 통제력을 유지할 수 있다는 안일한 환상을 회복시키는 데 있습니다. 이제 사물에 대한 이해의 적절성 여부를 평가하는 최종 기준은 그 이해가 얼마나 현실을 제대로 반영하고 있느냐가 아닙니다. 우리의 사고가 외부 현실에 얼마나 부합되느냐 하는 것은 더 이상 문제가 되지 않습니다. 물론 바른 생각을 갖는 것은 좋은 일이지만, 우리는 바른 사람이 되는 것보다는 힘있는 사람이 되는 것에 더 마음이 가 있습니다. 그 동안 아껴 온 독립 노선을 유지하려는 필사적인 욕구가 우리로 하여금 평생 동안 자기를 믿으며 제 힘으로 살아가려는 생각에 착념하게 만듭니다. 무엇이 옳으냐가 문제가 아니라 무엇이 좋은 방법이냐가 문제입니다.

그 결과 선택의 기능은 하나의 무기로 왜곡되고 말았습니다. 우리는 자신의 무지와 도움이 필요한 상태를 인정하기를 거부할 때 이 무기를 사용합니다. 불확실하게 있기보다는 그냥 아무거나 주장하는 것이 더 낫다는 것입니다. 대가 세고 공격적인 한 무역 회사 간부가 있습니다. 그는 아침 여섯 시 반이면 벌써 사무실에 나와 있습니다. 그는 뛰어난 기술과 솟구치는 자신감으로 이사회 의장직을 맡고 있습니다. 그런가 하면 여기 불안한 마음으로 여자 친구에게 데이트를 신청하려고 전화를 거는 십대 소년이 있습니다. 남에게 의존할 줄 아는 존재가 된다는 면에서는 그 간부가 소년보다 훨씬 뒤진다 할 수 있습니다. "나를 떠나서는 너희가 아무것도 할 수 없음이라"(요 15:5) 하신 우리 주님 말씀이 훨씬 더 진실되게 들리는 쪽은 간부가 아니라 소년입니다.

우리는 통제를 원합니다. 자신이 하고 있는 일이 무슨 일인지 알 때 우리는 흡족함을 느낍니다. 자기 능력을 잘 인식하여 그 능력을 자신 있게 구사해 나가는 것은 옳은 일입니다. 그러나 우리의 지나친 통제 욕망은 인생을 수완 있게 잘 살아 나가려는 우리의 온당한 갈망을 타락시켜 버립니다. 특히 인간의 마음을 다루는 법을 연구하다 보면 그런 것을 더욱 느끼게 됩니다.

인간이란 한마디로 잘라 설명하기에는 너무나 복잡한 존재입니다. 반항적인 딸아이를 둔 부모가 있습니다. 그들은 딸을 다루는 분명하고도 올바른 길을 하나 찾아낼 수 있을 만큼 철저하게 그 아이를 평가할 수 없습니다. 그래도 그들은 뭔가 반응을 해야만 합니다. 자신의 반응이 과연 옳은 것일지에 대한 확신이 없는 채로 말입니다.

심한 우울증에 빠진 내담자에게 한 상담가가 희망의 불꽃을 붙여 주려고 합니다. 상담가는 지금 자기가 하는 일이 좋은 쪽으로든 나쁜 쪽으로든 내담자에게 중요한 영향을 미칠 것을 알고 있습니다. 그러나 누구나 자신 있게 따라도 좋을, 어떤 합의된 '정답'이 있는 것은 아닙니다. 그 상담가가 하는 것이 잘못된 것일 수도 있습니다. 그 잘못은 반응이라는 모험을 아예 거부할 때에만 피할 수 있습니다.

모호한 상황 속에서 자신 있게 행동하려는 압박감은 우리의 의지적 기능을 혼돈에 대한 공격 무기로 왜곡시킵니다. 그러나 왜곡은 거기서 끝나지 않습니다. 그 압박감은 문제에 대한 생각을 빨리 끝내 버리고 싶어하는 성향을 만들어 내기도 합니다. '됐어, 이젠 알았어. 이 정도면 충분해. 뭐가 어떻게 돌아가는지 분명히 알았고, 앞으로 어떻게 해야 하는지도 감을 잡았어.' 혼돈의 자리에 이런 확신을 심어 놓으면 기분이 좋아지는 것입니다.

일단 이렇게 답을 내려 버리면 우리는 더 이상 그 문제에 대해 생각하려 들지 않습니다. 그 '분명하다는' 생각을 깊이 파고들어가면 거기 복잡과 혼돈의 미로가 있다는 사실을 잘 알고 있기 때문입니다. 더 생각해 봐야 혼돈만 가중될 뿐이라면, 방어적이고 독단적인 위치에 그냥 주저앉는 것이 훨씬 마음 편한 일입니다.

하지만 이렇게 생각을 끝내 버리는 데는 대가가 뒤따릅니다. 현실을 사소한 것으로 경시하게 되는 것입니다. 그렇게 되는 이유는 우리가 난해한 문제는 무시하고 확실한 자료만 중시하는 선택적 입장을 취하게 되기 때문입니다. 우리는 정확한 범위, 깔끔한 공식, 잘 정리된 이론 따위만 좋아하게 됩니다. 이런 것을 보고 있노라면 내 힘으로 통제할 수 있다는 뿌듯한 감정이 찾아 들기 때문입니다.

자기 통제력이라는 환상을 놓치지 않기 위해서 현실을 사소한 것으로 취급해 버리는 이런 상황은 대부분의 상담 이론에서도 분명히 찾아볼 수 있습니다. 이것은 세속 상담이나 그리스도인 상담이나 마찬가지입니다. 정신 역동 이론가들은 인간의 깊은 갈망이라는 실체를 욕구나 충동으로 격하시키곤 합니다. 통찰, 정화(catharsis), 자아 강화 등이 이 욕구들을 처리하는 수단이 됩니다. 목마른 사람이 있으면 치료를 통해서 성숙시키면 된다는 것입니다. 때로 그리스도인들도 주님께 온전히 헌신하기만 하면 즉각적으로 온전한 만족을 맛볼 수 있다고 주장함으로써 인간의 깊은 갈망을 사소하고 하찮은 것으로 만들어 버리곤 합니다.

인지 치료자들은 인간의 복잡성과 이성의 기능들을 무시한 채 인지적인 직면과 재구성을 통해서 퇴치해 가야 할 비합리적인 사고만을 구체적으로 죽 늘어놓는 경우가 있습니다. 합리적인 문장들을 자신 있게, 계속 강력하게 되뇌이다 보면 능히 커다란 변화가 일어나리라 생각합니다. 너무나 많은 목사들이 암송과 공부와 묵상으로 성경에 푹 담가져 있기만 하면 그 뒤는 무엇이든 잘 풀리게 된다고 가르침으로써, 그런 접근을 '그리스도인화' 하고 있습니다.

* * *

인격의 세 번째 요소인 의지 또한 이와 비슷하게 천시되고 있습니다. 인간의 선택 능력이 이 장의 초점입니다. 나는 인간의 의지라는 것을 깔끔한 공식 안에 꼭 들어맞는 것으로 단순화시키거나 격하시키고 싶지 않습니다. 하나님의 작품 속에는 언제나 그분의 신비의 영역이 들어 있는 것입니다. 만일 우리가 인간의 의지(volition)를 그저 단순한 의지력(willpower) 정도로 대충 말하고 만다면, 그것은 선택 능력을 가진 형상 보유자를 제대로 인식하지 못하는 처사가 됩니다.

도무지 먹으려 들지 않는 무식욕증 소녀나 왕창 먹어 놓고는 설사제를 먹는 여자를 볼 때 우리는 좌절감이나 혐오감 이상의 감정을 느끼곤 합니다. "도대체 저 여자는 왜 먹는 게 문제가 돼서 저러는 거지?" 하는 분노가 치밉니다. 그들의 근본 문제는 책임감 결여라고 우리는 자신 있게 가정합니다. 포르노 중독자는 난잡한 책들을 불태워야 하고 동성 연애자는 교제 대상을 이성으로 바꾸어야 하며 공포증 환자는 자기가 두려워하는 상황을 직면해야 한다고 생각하는 것도 똑같은 이유, 바로 분노 때문입니다.

이런 잘못된 모습들을 볼 때, 그들에 대한 동정심이나 그들의 문제에 대한 적극적인 관심은 그만 분노에 찬 도덕주의에 삼켜져 없어지고 맙니다. "정신차려라, 똑바로 해라, 책임감 있게 살아라!" 그거면 됐지 더 이상의 말이 필요 없습니다.

내가 이런 도덕주의를 문제삼는 것은 그것이 인간의 책임성을 강조하기 때문이 아닙니다. 정신 의학과 심리학이 인간의 문제를 설명할 때 인간의 책임을 별로 중요하지 않게 여기는 입장을 보이는 경우가 있는데, 그것은 비난받아 마땅합니다. 그것은 방향이 틀렸습니다. 형상 보유자들은 선택의 기능을 지닌 존재로 지음받았으며, 따라서 자신의 삶에 전적인 책임을 지고 있기 때문입니다.

도덕의 한계선과 개인의 책임을 강하게 주장하는 데는 문제가 없습니다. 문제는 바로 선택의 자유를 갖고 있는 형상 보유자 인간을 피상적으로 얄팍하게 이해하고 있다는 점입니다. "사람들은 자기 길을 자기가 선택한다. 그러니 책임도 자기가 지면 된다"라고만 말해서는 안 됩니다. 여기에는 그 이상의 차원이 있습니다. 인간은 필연 그 이상의 존재입니다.

이제 인간의 의지 문제를 다룸에 있어서 나는 우선 인간의 선택 능력에 대해 살펴본 뒤, 이어 자신이 원한 선택인데도 인간에게는 그것을 경험하지 못하게 되는 일이 왜 그토록 잦은 것인지 생각해 보고자 합니다. 그리고 끝으로, 자유에 대한 오염된 이미지를 불식하고 올바른 인식을 회복할 수 있는 방법을 제시하려고 합니다. 정리해서 말하면 선택의 실체, 선택감의 상실, 선택의 회복이라는 세 가지 개념이 되겠습니다.

선택의 실체

성경은 일관성 있게 인간을 책임 있는 존재로 묘사하고 있습니다. 모세 시대에는 안식일에 막대기를 집어 들기만 해도 돌에 맞아 죽었습니다. 하나님께서 금하신 일이기 때문이었습니다(민 15:29-36). 아나니아와 삽비라가 교회 공동체에게 거짓말을 했을 때 하나님은 그들을 죽이셨습니다. 그들은 아무도 시키지 않았는데도 자신들 스스로 범과를 행했기 때문입니다(행 5:1-10). 예수님은 부자 청년에게 선택권을 주셨습니다. 그는 가서 소유를 팔고 예수님을 따를 수도 있었고, 자기 소유에 계속 매달려 있을 수도 있었습니다. 그는 결국 한 가지를 선택했습니다(마 19:16-22).

위에 말한 예들은 모두 선택의 실체보다 훨씬 더 기본적이라 할 수 있는 인간 심성 속의 미묘한 요인들에 대해서는 참작의 흔적조차 보이지 않고 있습니다. 그들이 결정을 내리기까지는 많은 요소들이 영향을 미쳤을 것입니다. 그러나 중요한 것은 결국 그들이 내린 선택입니다. 그들은 자기 행동에 책임을 져야만 했습니다. 자기 행동의 최종 원인은 바로 자신의 선택에 있기 때문입니다. 사람의 행동에 대한 책임을 당사자의 선택이 아닌 다른 것에 두는 이론이 있다면, 적어도 그 부분에 있어서는 비성경적인 이론입니다.

그러나 우리의 선택 능력에는 어떤 특정한 일을 행하기로 선택하는 그 이상이 들어 있습니다. 우리가 선택하는 행동들 밑에는 그 행동을 선택해야만 했던 이유들이 숨어 있습니다. 이제 사람들이 무엇을 선택하며 왜 그것을 선택하는지 둘 다 이해하기 위해서는 동기라는 어려운 영역을 간단히 살펴볼 필요가 있습니다.

사람은 자신이 중요하다고 여기는 목표를 향해 그 방향으로 나아가고 있다는 것이 책임에 대한 성경적인 견해입니다. 만일 우리가 과거나 현재의 어떤 세력 때문에 지금 이 행동을 하지 않을 수 없다는 식으로 인간의 행동을 설명하려 한다면, 그것은 책임을 부정하고 대신 결정론을 따르는 것입니다. 그렇게 되면 우리의 행동은 당구공의 움직임과 하나도 다를 바가 없습니다. 저항할 수 없는 외부 세력에 전적으로 영향을 받고 있는 것입니다.

인과 법칙의 결정론을 피하기 위해서는 사람을 자기 세계에서 자기 목표를 가지고 행동하는 존재로 보아야만 합니다. 또한 동기를 어쩔 수 없이 행동하게 만드는 세력으로 볼 게 아니라 '한 인격이 지니는 목적(teleology)'을 이해한다는 차원에서 보아야 합니다. 헬라어 테레오스(teleos)는 '끝나는 점' 혹은 '완성'을 뜻합니다. 동기에 대해서 내가 생각하는 기본 원리는 쉽게 말하면, 모든 행동에는 목표가 있다는 것입니다. 달리 말한다면, 우리의 모든 행동에는 그 행동을 통해 달성하리라고 생각하는 목표가 있다는 것입니다.

그러므로 인간의 의지적 기능에는 두 가지 측면이 있습니다. 하나는 행동을 선택하는 기능(의지-1)이고 다른 하나는 목표를 선택하는 기능(의지-2)입니다. 우리는 먼저 내가 무엇을 추구할 것인가(의지-2)를 결정한 뒤 그것을 어떻게 성취할 것인지(의지-1)를 결정하는 것입니다.

동기를 목적론 측면에서 보는 데는 중요한 의미가 있습니다. 누군가 어떤 행동을 하고 있을 때, 그가 왜 그렇게 행동하는지 이해하려면 먼저 "저 사람이 성취하려고 하는 것은 무엇인가?" "저 사람이 저런 행동을 통해서 얻어내려고 하는 것은 무엇인가?"를 물어야 합니다. 이제 동기는 미래에 초점을 둔 '지금 여기서'의 현상이 되는 것입니다. 물론 사람이 어떤 목표를 추구하고 또 그 목표 달성을 위해 어떤 방법을 택하는가를 결정하는 데는 그의 과거가 남겨 준 자국들도 영향을 미칩니다. 그러나 인간 행동의 결정적인 요인은 과거가 아니라 바로 현재에 있습니다.

상담가를 찾아와 자신의 수줍음 문제를 털어놓는 한 젊은 여자가 있습니다. 이 여자는 왠지 늘 외롭고 두렵습니다. 사람들과 관계를 맺고는 싶지만 너무 겁이 많아서 사람을 사귀는 데 필요한 단계들을 취하지 못합니다. 상담가에게 대답할 때도 한두 마디면 끝이고 거의 눈을 마주치지 않습니다. 심하게 경직되어 있어서 재미난 이야기가 나와도 좀처럼 웃을 줄 모릅니다. 그야말로 '수줍다'는 표현이 딱 들어맞는 사람입니다.

이 여자는 왜 이렇게 수줍어하게 되었습니까? 우리는 이 여자에게서 왜 이런 행동 유형(의지-1)이 나오게 되었는지 이해해야만 합니다. 성격 이론 가운데 특질 이론(Trait theories)의 입장은 이런 관계 유형이 기질로부터 비롯된 것임을 강조합니다. 즉 그 여자는 원래부터 '우울한' 기질을 가지고 있었다는 것입니다. 하지만 이런 설명은 구어적인 표현 '수줍음'을 좀더 전문 용어 냄새가 나는 '우울'이라는 표현으로 바꾸어 놓은 것밖에 안됩니다. 정작 이 여자를 이해하는 데는 조금도 보탬이 안됩니다.

결정론적 충동 이론을 따르는 상담가는 이 여자의 심리적 구조나 환경(과거든 현재든)에서 원인을 찾을 것입니다. 그런 심리 구조나 환경이 그 여자로 하여금 수줍게 행동하도록 만든다는 것입니다. 어쩌면 부모로부터의 거절, 계속되는 거절에 대한 두려움, 자아의 힘의 부족 등을 그런 행동의 원인으로 제시할지도 모릅니다. 그러나 이런 식의 생각은 인간 행동의 궁극적인 원인을 의지가 아닌 결정론에 두는 것입니다.

목적론적 견해는 이 여자를, 자신이 원하는 것과 그것을 원하는 이유를 둘 다 선택할 수 있는 형상 보유자로서 취급합니다. 그리고 이 여자의 관계 유형을 자신이 바라는 목표(의지-2)에 도달하기 위해 자신이 선택한 전략(의지-1)으로 해석합니다.

이 여자가 왜 이런 행동과 목표를 선택하게 되었는지 이해하기 위해서는 그 부모의 역사를 살펴보는 것이 도움이 될 것입니다. 그 여자는 자기 아버지가 늘 기분 좋아 시끄럽게 떠드는 사람, 마음씨 좋고 걸핏하면 잘 웃는 사람이라고 말했습니다. 그러나 아버지 이야기를 하는 동안 그 여자에게서는 따뜻한 감사보다는 실망과 분노의 흔적이 역력했습니다. 몇 가지 더 깊은 질문을 던져 보니 과연 그럴 만한 이유가 있음을 알게 되었습니다. 그 여자의 아버지는 어느 누구와도 깊고 친밀한 관계를 맺어 본 적이 없는 사람이었던 것입니다. 이 여자의 가장 간절한 바람은 다른 어떤 것도 아니고 단 한 번이라도 아버지와 깊은 대화를 나누는 일이었습니다. 이 여자는 아버지가 자신의 눈을 그윽히

들여다보면서 자신과 깊은 인격적 관계를 맺어 주기를 원했습니다. 그러나 그런 일은 단 한 번도 없었습니다.

깊은 관계에 대한 그 여자의 갈망은 채워지지 않은 채 그대로 남아 있게 되었습니다. 그 여자는 아버지의 의미 있는 관심을 정말 간절히 원했습니다. 그것을 얻어내는 길이 있다면 무슨 일이라도 했을 것이라고 그 여자는 힘주어 이야기했습니다. 텅 빈 인격의 원의 고통은 사람을 강력하게 움직여 어떻게 해서든 경감책을 찾도록 만듭니다.

깊은 관계를 그토록 간절히 원하건만 그것을 얻어낼 만한 방법이 전혀 없을 수도 있습니다. 그러나 그것은 생각만 해도 끔찍한 일이기에 이제 이 여자는 아버지와의 관계의 결핍에 대한 이유를 자기 자신 속에서 찾습니다. 그리고는 한 가지 허구를 집요하게 붙듭니다. 즉 고통을 피하는 일만큼은 자기 힘으로 할 수 있다는 생각입니다. 이제 이 여자는 자신을 알맹이가 빠진 여자, 그 내면에 진지한 대우를 받을 만한 가치라고는 전혀 없는 사람으로 보게 됩니다. 그 여자는 옷은 예쁘게 차려 입었지만 쇼 윈도우에 진열되어 있는 마네킹처럼 자신이 생명 없는 존재 같은 느낌이 여러 번 들었다고 얘기했습니다. 자신에 대한 이런 이미지(이성-2)는 인생을 살아 나가는 가장 좋은 방법을 찾을 때에도 기본 배경으로 작용합니다.

자기 내면에 있는 것을 다른 사람에게 진지하게 표현했다가 가볍게 취급당하는 일이 이 여자에게는 너무나 고통스러운 일이기 때문에, 이제 이 여자는 고통을 피하는 가장 효과적인 길은 자신의 참 존재(감정, 의견, 생각)를 보이지 않게 숨기는 것이라는 결론을 내리게 됩니다. 사람들에게는 그저 바깥 모습만 보여 줍니다. 안에는 주목할 만한 가치 있는 게 아무것도 없습니다. 그 결과 사람들은 멋지게 차려 입은 이 마네킹을 좋게 보고 가까이 오던 일을 그만두게 됩니다. 이러한 사회적 간격이 고통으로부터 이 여자를 보호해 줍니다. 이것이 바로 그 여자의 방어적인 신념(이성-1)입니다.

이 여자는 채워지지 않은 갈망의 고통 때문에 탈출구를 찾아 쫓기게 되었고, 그러한 탈출구 탐색의 바탕이 되는 것은 바로 그 여자의 이미지와 신념입니다. 이렇듯 자기 세계를 조종하는 길을 찾는 과정에서 한 가지 눈에 띄는 방향이 나타나게 됩니다. 그 방향의 첫째 요소는 목표입니다.

만족을 가져다 주는 길에 대한 신념 뒤에는 언제나 추구해야 될 목표가 수반되게 마련입니다. 일단 자기 인격의 원의 고통을 덜어 낼 수 있는 길을 알게 되면 이제 그것은 재빠르게 목표로 둔갑해 버립니다. 한 목마른 사람이 '옆방에만 가면 물을 마실 수 있다'고 생각한다면, 옆방으로 가는 것이 이제 그의 목표가 되는 것입니다.

숨는 것이 고통을 줄이는 최선의 방책이라 믿는 수줍은 여자에게 있어서는, 자신의 진정한 자아를 감쪽같이 감추는 것이 절대적인 목표가 됩니다. 그리고 그 목표 달성은 절대 절명의 중대사가 됩니다. 인격의 생존이 걸려 있는 문제이기 때문입니다.

이렇게 목표(의지-2)가 분명히 정해지면 이제 그 목표에 도달하기 위한 효과적인 방법 선택이 중요한 문제로 떠오릅니다. 몇 가지 대안들이 나올 수 있습니다. 독단적이고 교만하게 행동할 수도 있고, 지적인 관계 유형을 통해 적절한 간격을 유지할 수도 있습니다. 그러나 이러한 실제적인 전략의 선택은 선택처럼 느껴지지가 않습니다. 그것말고는 다른 길이 없는 것처럼 보이기 때문입니다.

외향적인 아버지의 영향, 아버지를 향한 적개심과 아버지의 관계 유형에 대한 경멸의 시선, 아버지의 관심을 결코 얻어낼 수 없을지도 모른다는 두려움, 괜찮은 전략들의 범위를 제한하는 타고난 능력의 결핍과 성향들, 이 모든 것들이 한데 어우러져 수줍음이라는 선택을 '타당한' 것으로 만드는 것입니다.

어떤 사람이 이 여자에게 "왜 그렇게 수줍어하십니까?" 하고 묻는다 해도, 인격의 고통을 줄이기 위한 자기 방어적인 전략으로 수줍어지기로 스스로 선택했다는 생각은 이 여자에게 절대로 떠오르지 않을 것입니다. 누가 그 여자에게 수줍음이 그녀 스스로의 선택이라고 얘기한다면 틀림없이 그 말에 당황하면서 화를 낼 것입니다. 그리고 이렇게 주장할 것입니다. "나도 수줍은 게 싫어요. 정말 싫단 말이에요. 뭣 때문에 싫은 것을 선택하겠어요?" 그러나 깊이 파고들어가 보면 그 여자의 관계 유형은 자기가 정한 목표에 도달하기 위하여 자기가 선택한 전략임을 알 수 있습니다.

이제 우리에게는 난해한 질문이 남아 있습니다. 그 여자의 행동이 과연 자신의 선택일진대, 왜 그 선택이 선택처럼 느껴지지 않는가 하는 것입니다.

선택감의 상실

사람의 행동이 결국 자기 책임이라는 것에 대해, 대부분의 그리스도인들은 모두 같은 생각입니다. 책임과 자유가 서로 연관돼 있다는 사실에 대해서도 이견이 없습니다. 우리에겐 책임 없는 자유도 있을 수 없고, 자유 없는 책임도 있을 수 없습니다. 사람이 자기 행동에 책임이 있는 것은 그가 자유로운 존재이기 때문입니다. 하나님의 주권에 대해 토의하는 사람들도 대부분은 우리가 하는 선택을 하나님(혹은 다른 외부 세력)의 책임으로 돌리지 않고 인간의 자유와 실체를 그대로 인정합니다.

그러나 일단 토의 그룹을 떠나 일상 생활로 돌아가면, 인간이 책임 있는 존재라는 진리는 온데간데없이 사라지고 맙니다. 인격의 자유라는 감격스럽고 경이로운 실체도 매일매일 요구되는 의무들과 내면의 충동 세력 밑으로 묻혀 버리는 일이 비일비재합니다. 많은 삶의 영역들 속에서 우리는 대부분 자신이 의지적으로 자유로운 존재가 아니라 강압적으로 묶여 있는 존재라는 사실을 경험하게 됩니다. 왜 그렇습니까? 왜 수줍은 사람들은 그 수줍음을 자기가 선택한 것으로 느끼지 않고 본래부터 있었던 자기 존재의 일부로 느낍니까? 왜 우리의 관계 유형은 많은 자유로운 선택들의 결과가 아니라 고정된 성격의 불가피한 표현처럼 보이는 것입니까? 왜 우리의 반복되는 행동들은 선택된 것이라기보다는 어쩔 수 없이 그렇게 되는 것으로 보이는 것입니까?

내가 신학교에서 강의할 때 학생들에게 최근 자신의 삶 속에서 의지적인 통제력을 별로 느끼지 못하는 문제에 대해 생각해 보고 리포트를 써 내라고 했던 적이 있었습니다. 남학생의 반 이상이 빈번한 자위 행위를 문제로 꼽았습니다. 대부분의 학생들이 그것이 잘못된 것이라는 확신은 있었지만 아무리 기를 쓰고 노력해도 그 행위를 멈출 수 없노라고 얘기했습니다.

이런 딜레마에 반응함에 있어서 상담가들은 대개 두 가지 노선 중 하나를 선택합니다. 문제는 '할 수 있고 없고'가 아니라 '내가 하려고 하는지 안 하려는지'에 있다고 강력히 주장하는 노선이 있습니다. 이런 주장에는 무슨 수를 써서라도 문제를 극복해 버리라는 권면이 뒤따릅니다. 그런가 하면 인간의 의지 이외의 어떤 다른 것이 주범이라는 주장도 있습니다. 이들은 그 무의식 속의 원인을 향한 치료적인 탐색을 시작합니다.

강박적인 죄나 통제할 수 없는 반응 유형 등의 문제에 대하여 우리가 어떤 생각을 갖고 있느냐 하는 것은 매우 중요합니다. 우울증에 빠진 사람이 있다고 합시다. 그에게 인생이란 그저 책임감 때문에 수행하게 되는 무겁고도 의미 없는 의식(儀式)이 되어 버렸습니다. 우리는 이런 사람에게 마음을 굳게 먹고 열심히 살아야 한다고 말해 줘야 합니까? 자신에 대한 비참한 느낌을 버리고 분주하게 열심히 살아가라고 힘주어 격려하는 것이 형상 보유자로서 그의 실체를 충분히 고려하는 접근이겠습니까?

아니면 인간의 심리 속에는 선택 능력을 저하시키는 뿌리깊은 장해 요소들이 있음을 인식하는 것이 더 바람직한 접근이겠습니까? 우리는 하반신 마비 환자에게 걸으라고 권하지는 않을 것입니다. 자신이 예수 그리스도의 능력을 가졌다고 생각하지 않는 한 말입니다. 마찬가지로 어쩌면 우리는 의지 기능이 약화된 사람에게는 책임의 개념을 덜 강조하고, 그 대신 보다 깊은 부분에 대한 치료적인 탐색을 해야 할지도 모릅니다. 우리는 어느 쪽으로 가야 합니까? 선택의 실체를 인정하는 길입니까, 선택이 기본 문세가 아니라고 부정하는 길입니까? 잘못을 지적해 주는 길입니까, 상황을 이해해 주는 길입니까?

선택의 느낌 상실은 일상적인 경험입니다. 하루 동안 자신이 하는 일들의 대부분은 선택이라기보다는 그냥 그렇게 흘러가는 것처럼 보입니다. 자명종의 감정 없는 소리가 단잠을 깨울 때 상쾌한 자유를 느끼며 일어나는 경우는 거의 없습니다. 그저 침대에서 뛰쳐나와 부랴부랴 세수를 하고는 일상 속으로 빠져드는 것입니다. 대부분의 사람들에게 아침이란 이렇듯 자리에서 일어나 옷을 챙겨 입고 일터로 가야 하는 또 하나의 지겨운 움직임으로 시작됩니다. 우리는 꽉 짜여진 책임들의 숨막히는 실체에 의해 이끌려 가는 기분을 느낍니다.

창조주로부터 의지의 기능을 부여받은 형상 보유자가 선택하는 존재로서 자신의 모습을 잃어버리는 이유는 무엇입니까? 왜 우리는 많은 활동들을 "내가 이렇게 하기로 했어"보다는 "이렇게 해야만 돼"라는 태도로밖에 할 수 없는 것입니까? 왜 우리는 "어렵지만 계속하는 쪽을 선택하겠어"나 "욕망은 강하지만 거기에 굴복하고 안 하고는 내가 선택해야 할 문제야"가 아니라, "어쩔 수 없어" 혹은 "이 이상은 어떻게 할 수가 없어"라고 그렇게 자주 말하는 것입니까?

우리는 선택의 느낌 상실이 곧 선택의 실체 상실을 뜻하는 것은 아니라는 사실을 분명히 해야만 합니다. 자기가 하는 일이 곧 자기 선택을 좇아 된 것이라는 주관적 인식을 송두리째 상실해 버린다 할지라도, 여전히 우리가 하는 행동은 우리의 선택에 의해 따라나오는 것입니다. 강박적인 자위 행위에 빠진 사람을 도울 때 행동에 대한 책임을 강조하지 않고 그 행동의 원인을 바깥에서 찾아 주려 한다면, 그것은 분명 성경의 인간관에 어긋나는 접근입니다. 선택의 느낌 상실을 설명하는 과정에서 선택의 실체마저 부인해서는 안됩니다.

한편 선택의 사실만 소리 높여 강조한다고 해서 선택의 느낌을 상실한 이의 문제를 제대로 다루는 것은 아닙니다. 무식욕증 환자에게 아무리 많이 먹으라고 권해 봤자 그의 식생활 유형은 변하지 않을 것입니다. 오히려 안 먹겠다는 그의 고집을 더 굳게 할지도 모릅니다. 그렇다면 어떻게 해야 합니까?

선택의 느낌을 상실하게 되는 문제를 다루는 열쇠는, 모든 행동에는 목표가 숨어 있다는 사실을 인식하는 데 있습니다. 모든 행동(의지-1) 밑에는 그 행동을 그 방향으로 이끌고 있는 목표(의지-2)가 있습니다. 우리는 행동과 목표를 둘 다 선택하는 것입니다.

그러나 대개 우리는 이 목표를 인식하지 못합니다. "사람의 마음에 있는 모략(목표)은 깊은 물 같으니라"(잠 20:5). 물이 깊으면 밑바닥은 여간해서 잘 보이지 않습니다. 우리의 행동 뒤에 숨어 있는 목표도 여간해서는 분별하기가 어렵습니다. "그럴지라도 명철한 사람은 그것을 길어 내느니라."

명철한 사람은 귀중한 시간을 들여 자신의 목표를 알아내려고 합니다. 왜 그렇습니까? 여기 한 가지 원리를 제시하겠습니다. 이 원리가 그 이유를 분명히 밝혀 줄 것입니다. 그 원리란, 자기 행동의 목표를 얼마나 인식하고 있느냐에 따라 그 행동은 그만큼 선택으로 느껴진다는 것입니다.

여기서 우리는 자연스럽게 결론을 얻을 수 있습니다. 즉 목표를 인식하지 못한 채 추구하는 행동은 선택처럼 느껴지지 않는다는 것입니다.

성찰하지 않는 인생은 삶의 가치가 없습니다. 또한 그것은 자유를 인식하지 못하며 사는 인생입니다. 자신의 행동 이면에 있는 목표를 인식하지 못하면, 자기 행동을 자기 자유로 선택한 목표에 도달하기 위해 스스로 선택한 행동이라고 보지 못합니다. 자신도 그저 어쩔 수 없이 강박적으로 그렇게 행동하게 된다고 느낄 뿐입니다.

앞에 말한 수줍은 여자는 고통으로부터 자기 자신을 보호하는 것을 목표로 삼고 있습니다. 그렇지만 그 목표는 지금껏 계속 부인되어 왔습니다. 그럴 만한 이유도 충분히 있습니다. 자기 방어를 목표로 삼았다는 면에서 이 여자는 분명 잘못되어 있습니다. 그러나 그 목표를 버리고 자신의 생존을 위해 하나님을 의뢰한다는 것은 아주 끔찍한 일입니다. 그보다 편한 해결책이 있습니다. 자신의 참 목표가 무엇인지 모르는 상태로 있는 것입니다. 모르는 채 있으면 회개의 책임도 없어지는 것입니다.

그러나 이러한 상태는 동시에 수줍은 여자로부터 자신이 의지적인 존재라는 의식을 박탈해 갑니다. 의식을 상실해 버리면 살아 있다는 느낌 또한 사라지게 됩니다. 그렇게 되면 인생은 어떤 일이 닥쳐 와도 끝까지 붙들 수 있는 가치 있는 목표를 추구하리라는 선택이 아니라 두려움과 압박에 대한 어쩔 수 없는 반응, 강박적인 의식(儀式)이 되고 맙니다.

이제 의지의 원을 한번 그려 보겠습니다(그림 10-1).

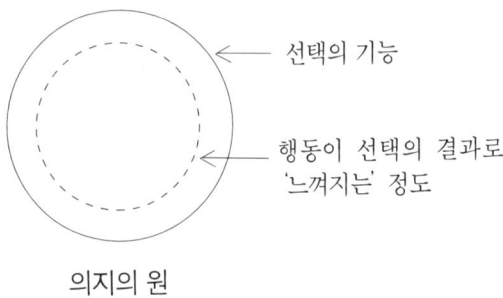

〈그림 10-1〉

실선으로 된 원은 우리의 선택 기능을 나타냅니다. 점선으로 된 원은 자기 행동을 선택한 결과라는 것을 주관적으로 인식하고 있는 정도를 나타냅니다. 의지의 원이 어느 정도 '가득 찼다'는 것은 곧 그 사람의 선택들이 과연 선택으로 느껴지고 있다는 의미입니다. 의지의 원이 '텅 비어 있다'는 것은 그 사람의 행동이 선택으로 느껴지지 않고 압박에 대한 불가피한 반응으로 느껴지고 있다는 뜻입니다. 앞의 예에서 강박적인 자위 행위에 빠진 사람과 수줍은 여자의 의지의 원은 다분히 비어 있는 쪽으로 그려질 것입니다. 그들은 자신의 선택을 거의 의식하지 못하는 것입니다.

의지의 원이 얼마큼 가득 차느냐 하는 것은 주어진 행동 뒤의 목표를 얼마나 분명히 인식하고 있느냐에 달려 있습니다.[1] 만일 우리가 목

---

1. 자기 의지에 대한 느낌을 상실한다는 것은 어느 한 행동 영역에서 가장 예리하게 경험될 수도 있고 또는 자신에 대한 일반적인 무력감이 될 수도 있다. 또한 의지에 대한 느낌의 상실 밑에는 대개 인식하지 못한 목표들이 얽혀 있게 마련이다.

표를 그냥 숨겨진 채로 놓아 둔다면 목표를 달성하기 위해 취하는 우리의 모든 행동들은 다 강박적인 반응으로 느껴질 것입니다. 자신의 목표가 무엇인지는 한 번도 알아보려 하지 않은 채 감춰진 목표를 향해 취하는 행동들이 우리에게는 너무도 많습니다. 대부분의 사람들이 자신이 뭔가에 의해 통제받고 있으며 어딘가에 묶여 있다고 느끼면서 인생을 살아가는 이유가 바로 거기에 있습니다. 그런 인생에는 기쁨이 없습니다. 인간이 자유로운 존재라는 사실 자체가 기쁨을 가져다 주는 것은 아닙니다. 기쁨을 맛보기 위해서는 자신이 자유로운 존재임을 명확히 인식해야만 하는 것입니다. 그렇다면 선택의 실체에 대한 인식을 어떻게 회복할 수 있습니까?

선택의 회복

선택이란 형상 보유자의 권리입니다. 이 권리를 인식하고 구사할 때 우리는 비로소 산다는 게 무엇인지를 느끼게 됩니다. 산다는 게 무엇인지를 느낄 때 우리는 하나님께서 인도하시는 삶을 살기로 선택할 수 있습니다. 그 선택만 하면, 인생에 깊은 관계와 의미 있는 목표가 찾아오며 또한 그로 인한 고요하고도 가슴 벅찬 기쁨이 배어나게 됩니다.

그리스도인의 삶에 관한 권면들을 보면 대개가 이런 가정을 깔고 있습니다. 즉 인간이란 자신의 선택의 실체를 충분히 잘 인식하며 살아가고 있다는 가정입니다. 그러나 선택의 실체가 진정으로 느껴지기 위해서는 행동 밑에 깔린 목표의 인식이 선행되어야만 한다는 견지에서 볼 때, 그리스도인이든 비그리스도인이든 대다수의 사람들이 자기 자신을 선택하는 존재로 인식하지 못하고 있다고 생각됩니다. 대부분의 사람들에게 있어서 선택의 스릴이란 어쩌다 화제 거리가 되는 정도일 뿐 그것을 느끼며 사는 일은 거의 없습니다.

형상 보유자들은 선택하며 살아갑니다. 우리는 모두 여기에 동의합니다. 또한 하나님께서 인도하시는 대로 살겠다고 선택해야 한다는 데도 동의합니다. 그러나 사람들이 자기 행동은 자기가 선택하는 것이라는 그 실상을 깊이 있게 인식하지 못한다면, 어떤 구체적인 행동들을 따르라는 권면은 아무 쓸모가 없게 됩니다. 교육을 받는 사람이 변화가 자신에게 달려 있다는 사실을 인식하지 못한다면, 그 교육이 무슨 소용 있겠습니까? 이제 우리에게는 중요한 질문이 하나 남아 있습니다. 자신이 의지적인 존재라는 사실에 대한 생생한 인식을 어떻게 되찾느냐는 것입니다.

최근 어느 유명한 텔레비전 설교자가 수많은 회중을 앞에 놓고 이런 가사의 찬송을 인도한 적이 있습니다. "나는 바뀔 수 있네. 나는 바뀌어야만 하네. 나는 바뀔 것이네." 이런 태도만 가진다면 선택의 인식을 회복할 수 있겠습니까? "나는 선택하는 존재다"라고 반복해서 말하면 정말 회복되는 것입니까? 그게 아니라면 자신의 의지에 관해 자유케 하는 진리를 회복하는 일은 그보다 훨씬 더 어렵고 점진적인 과정입니까?

하루는 난폭한 아내를 둔 남편이 나를 찾아왔습니다. 그는 기회만 오면 아내와 한판 벌이기로 맘을 먹고서 단단히 벼르고 있었습니다. 이 내담자가 내게 포스터를 한 장 주었습니다. 거기엔 이렇게 쓰여 있었습니다. "진리가 너희를 자유케 하리라. 그러나 그 전에 진리는 너희를 비참하게 하리라." 그렇습니다. 선택의 인식을 회복하려면 우리는 우리 행동 밑에 숨어 있는 미묘하고도 종종 흉측한 목표들에 점점 더 직면해 가야 합니다. 자유의 기쁨을 알아가는 길목을 걸으려면 숨겨진 죄를 지적당하는 고통스런 시간들도 통과해야 하는 것입니다.

의지의 스릴을 회복하려면 무엇보다도 먼저 우리의 자기 방어적인 목표들이 우리가 택하는 거의 모든 추구 방향을 타락시키고 있다는 사실을 명확히 볼 수 있어야 합니다. 강박적인 자위 행위에 빠진 사람이 그저 "맞아요, 이제야 제 행동의 목표가 무엇인지 보입니다. 나는 배우자에게 만족을 주어야 한다는 도덕적인 문제는 전혀 생각하지 않은 채 그냥 당장의 쾌락만을 원하고 있었습니다"라고 인정하는 것만으로는 충분하지 않습니다. 물론 그러한 통찰은 사실일 것입니다. 그러나 그것은 그 사람의 동기의 핵심을 노출시키지는 못합니다.

자위 행위를 하지 않기로 선택하는 자기 선택 능력을 온전히 인식한 사람이라면, 이미 자신의 목표가 간편한 쾌락에 있었다는 것을 알고 있기 때문에 이제 '더 깊은' 목표들을 찾으려 애쓸 필요가 없습니다. 그저 자기 확신대로 행하겠다고 선택하기만 하면 되는 것입니다.

그러나 자위 행위가 하나의 강박 행위가 되어 장기적으로 그것을 전혀 통제하지 못하는 상태라면 자신의 동기를 보다 세심하게 들여다보아야 합니다. 그래야만 자위 행위를 하든지 하지 않든지 선택할 수 있는 자신의 자유로운 실체를 인식할 수 있는 것입니다. 하나님께 자신을 살펴 달라고 구하면서(시 139:23 – 24) 자기 마음의 모략(목표)을 길어 내고(잠 20:5) 또 그리스도인 친구들을 통해 자기 마음의 유혹(기만)을 노출시킬(히 3:13) 수 있을 만큼 적극적으로 자신을 열어 보인다면, 결국 그 사람은 자신의 자기 방어적 태도를 깊이 인식하고 그것을 죄로 깨닫게 될 것입니다. 자신이 인격의 원의 공허함이라는 고통을 피하려는 입장에 서 있음을 인식하고 그러한 입장에 대해 회개하며 그 고통 속으로 들어가지 않는 한, 그 사람은 결코 자유의 신비로운 실체를 경험할 수 없을 것입니다.

자위 행위의 충동은 인격의 원의 고통을 순간적으로 덜기 위한 수단임을 그는 분명히 알아야 합니다. 뿐만 아니라 자기 방어라는 노선이 자신의 모든 행동들(자위 행위를 포함하여)을 위에서 통제하는 에너지가 되고 있으며, 그런 행동들이 한데 모여 인생에 지속적으로 대응하는 유형을 만들어 낸다는 사실도 명확히 인식해야 합니다. 이렇게 기본 방향을 인식하게 될 때 이 사람은 지금 자기 앞에 닥친 관건이, 자위 행위를 하느냐 마느냐의 선택이 아니라 인격적 만족을 위해 하나님을 의뢰할 것이냐 아니면 자기 방법을 좇아 만족을 추구할 것이냐의 선택임을 이해하게 될 것입니다. 비로소 선택이 선택으로 느껴지는 것입니다.

행동 뒤에 숨어 있는 자기 방어적인 목표가 노출되고 자기 방어가 하나님을 의뢰하는 것의 정반대 행위임을 인식하게 되면, 의지에 대한 인식은 점차적으로 회복되어 갑니다. 그리스도인의 삶이 성숙해 간다는 말은 인생을 가득 메우고 있는 근본적인 선택의 순간들을 인식하는 것이 점점 더 깊어져 간다는 말입니다. 단것을 지나치게 많이 먹는 것이 강박적인 습관으로 되어 버렸다면, 파이 한 조각 주문하는 것이 인격의 고통으로부터 자신을 보호하려는 목표에 어떤 영향을 미치는지를 인식해야 할 필요가 있습니다. 그리고 우리가 실제로 육체적인 쾌락을 통해 인격적인 삶을 얻을 수 있다는 거짓말을 좇아 살고 있는 사실을 인식해야 하는 것입니다.

그 가정(假定)이 노출되고 나면 이제 우리 앞에는 선택이 남아 있습니다. 그 가정을 믿고 파이를 먹음으로써 생명을 얻고자 할 수도 있고, 그 가정을 무시하고 파이가 생명 얻는 길임을 부인할 수도 있습니다. 동기의 문제가 마음속에 분명하게 자리를 잡으면, 선택의 실체는 비로소 분명하게 나타납니다. 선택의 느낌을 회복하는 일은 근본 목표의 노출에 달려 있습니다.

자기 방어가 인생의 주요 흐름이라는 것이 분명해지면, 사람들은 자위 행위와 같은 문제를 극복하기 위해서는 자기 방어에서 사랑의 관계로 방향을 온전히 전환해야 한다는 사실을 깨닫게 됩니다. 사람의 관계 유형이 변화되어야 하는 것입니다. 방어적인 조작 행위들을 버리고 남을 위해서 자신을 표현하려는 행동들로 바뀌어야 하는 것입니다. 자위 행위 같은 습관들을 성숙과 절제를 증진시키는 방향으로 변화시키기 위해서는 인생의 근본 목표에 의미 있는 변화가 먼저 있어야 합니다. 잘못된 행동을 의지력으로 끊으려 한다면 실패하게 되어 있습니다. 하나님께 도움을 청하고 더 많은 시간을 성경 읽는 데 할애하는 것도 해답이 될 수 있습니다. 그러나 잘못된 목표에 대한 인정과 회개 없이는 지속적이고 값어치 있는 변화는 결코 일어나지 않습니다.

이것은 느리고도 끝이 없는 과정입니다. 우리의 독립과 자기 방어 성향은 너무도 그 뿌리가 깊어서 인생을 사는 동안 아무리 노력한다 해도 아주 조금 약화될 뿐 완전히 없어지지는 않습니다. 그러므로 우리 앞에는 직면해야 할 또 다른 자기 방어적인 목표들이 언제나 나타나게 되어 있습니다. 이 물은 참으로 깊은 물입니다. 그렇다고 해서 그러한 노출 과정에 대해 우울해질 필요는 없습니다. 타락한 동기를 인식하게 될 때마다 선택의 자유에 대한 보다 깊은 인식도 함께 찾아옵니다. 옳은 것을 선택함으로써 우리의 자유를 구사하게 될 때 고요히 솟아오르는 삶의 기쁨은 하나님께서 의도하셨던 수준에 보다 가까워지게 됩니다. 이 기쁨은 솟아났다가 또 사라지기도 합니다. 그러나 시간이 지날수록 기쁨은 우리 내면 가장 깊은 부분으로 더욱 깊이 있게 파고들 것입니다. 인생은 비로소 진정한 삶의 기회가 됩니다. 물론 낙심되고 지칠 때도 있으며 어떤 때는 극심한 고통을 겪기도 하겠지만, 느리고 고요한 가운데 성장의 스릴이 계속되는 것입니다.

어떤 환경이 내 앞길을 가로막는다 하더라도 우리에게는 진정한 삶의 길을 선택할 자유가 있습니다. 이것을 분명히 아는 것이 바로 자족의 비결입니다(빌 4:9-13). 내가 그리스도를 알고 있기 때문에 이제 배우자가 나를 거부해도, 아이들이 잘못된 길로 빠져도, 승진 대상에서 제외되더라도, 병에 걸려 몸을 움직이지 못하게 되어도 여전히 똑같은 삶을 추구할 수 있습니다.[2] 그러므로 나는 다른 사람이나 혹은 그들이 내게 하는 행위를 두려워할 필요가 없습니다. 내가 생각하는바 진정한 삶이라 믿는 목표, 즉 하나님을 알아 간다는 것을 추구할 자유가 내게 있기 때문입니다. 이 세상 어느 누구도, 어떠한 일도 내가 그 목표를 추구하는 것을 막을 수 없습니다. 막을 수 있는 것은 오직 나 자신밖에 없습니다. 아무도 내게서 내 자유를 뺏을 수 없습니다. 내가 선택할 수 있는 존재라는 사실을 알 때 진정한 기쁨의 근원을 향한 문은 활짝 열립니다. 고된 자기 성찰의 작업을 통하여 의지의 기능에 대한 인식을 회복하는 일은 실로 노력할 만한 가치가 있습니다.

혼돈, 하나님을 의뢰할 수 있는 절호의 기회

마지막으로 한 가지 사실만 더 얘기하면 이 장은 끝납니다. 이 장 첫머리에서 우리는 우리가 혼돈에 대한 타고난 거부감을 가지고 있다는 사실을 얘기했습니다. 복잡한 실체들을 간단한 범주 속에 끼워 맞추는 것으로써 문제를 해결하는 경우가 우리에게 심심찮게 있다는 사실도 지적했습니다. 그래야만 우리가 인생에 대한 자신감을 계속 유지할 수 있기 때문이라는 것도 말입니다. 그러므로 우리는 혼돈을 피하고 그 대신 통제의 환상을 붙잡습니다.

혼돈에 대해 이야기할 것이 한 가지 더 남아 있습니다. 혼돈을 줄이고 통제를 붙잡으려 할 때, 우리는 의지의 기쁨을 경험할 수 있는 귀한 기회를 놓치고 맙니다. 혼돈과 불확실은 선택의 기쁨을 가장 풍요롭게

---

2. 말로는 쉽지만, 자신이 소중히 여기는 것들을 모두 다 빼앗기고도 여전히 앞으로 나아간다는 것은 사실 쉬운 일이 아니다. 성숙에는 지옥과도 같은 고통의 순간들이 수반되는 것이다. 쉬운 해답이란 존재하지 않는다.

누릴 수 있는, 반드시 필요한 배경이라고 나는 생각합니다.

하나님은 우리를 당신의 형상대로 만드셨습니다. 여러 가지 의미가 있겠지만, 거기에는 우리가 전적으로 자기 선택을 좇아 세상을 살아갈 수 있는 능력을 지닌 존재라는 의미도 포함됩니다. 지혜로운 사람이라면 하나님의 계시된 계획, 즉 '의지와 순종'을 좇아 살아갈 것을 선택합니다. 그러나 성경의 빛을 따라 살아도 말할 수 없는 혼돈이 이 세상엔 가득하다는 사실을 곧 발견할 것입니다. 하나님은 모든 일이 어떻게 돌아가고 있으며 어떤 상황에서 어떻게 하는 게 최선인지를 하나하나 명확히 알려 주시지는 않습니다.

혼돈을 피해 적당한 해답에 안주하는 게 아니라 오히려 혼돈을 인정하고 능동적으로 그 속으로 들어갈 때, 때로는 결정할 수 없는 우유 부단 속에서 동작이 멎어 버릴 수도 있습니다. 도대체 어떻게 해야 할지 알 수 없는 것입니다. 모든 문제에 대한 정답을 갖고 있는 강력한 지도자 밑에는 혼돈이 꼭 필요한 사실을 인식하지 못하는 많은 추종자들이 모여들게 됩니다. 혼돈은 필요한 것입니다. 하나님은 우리의 모든 질문에 다 대답해 주기를 선택하지 않으셨기 때문입니다. 혼돈은 또한 좋은 것입니다. 무엇이 어떻게 돌아가는지, 무엇을 어떻게 해야 할지를 모르는 혼돈이 우리에게 인간만이 가질 수 있는 독특한 선택의 기능을 구사할 기회를 가져다 주기 때문입니다.

선택의 기본 경계선은 성경에 분명히 나타나 있습니다. 그러나 선택의 구체적인 사항들은 전적으로 우리에게 달려 있습니다. 우리가 혼돈을 회피하여 당장의 그럴듯한 해명을 받아들이고 공식과도 같은 인생 지침을 따른다면, 우리의 행동은 자신의 세상을 자신이 열어 가는 주권적 선택이 아니라 그저 하라는 대로 하는 수동적 반응이 되고 말 것입니다. 의지적 행위의 스릴이 없어지고 마는 것입니다.

바울은 자신이 "그리스도와 함께 십자가에 못박혔다"고 고백했습니다(갈 2:20). 이 말은 그에게서 선택의 책임이 없어졌다는 의미가 아닙니다. 그의 중심이 그리스도께 드려졌으며 따라서 아무리 치러야 할 대가가 크더라도 자신은 그리스도를 아는 지식을 선택하겠다는 의미입니다. 바울은 인생에 혼돈과 낙망이 찾아올 때에도 하나님을 향해 계속 달려갈 수 있는 자기 내면의 자유를 인식했습니다. 하나님을 알아 가는 것 외에 아무런 의미를 찾을 수 없는 환경 속에서도 여전히 그분만 따를 수 있는 용기, 이것이 바로 깊은 수준의 성숙입니다. 혼돈과 낙심 속에서도 앞으로 나아가기를 선택할 수 있는 자신의 자유를 인식할 때, 바울처럼 온전히 하나님을 의뢰하는 깊은 수준의 성숙이 가능합니다. 계속 자신의 통제를 고집하는 타락한 인간에게 혼돈은 적(敵)입니다. 그러나 구속받은 사람에게 그 혼돈은 선택의 자유를 만끽할 수 있는 기회입니다.

11
인생의 희비를 느낌:
인간은 감정적인 존재다

최근 한 친구가 찾아와 자기 인생이 송두리째 무너져 내리고 있다면서 탄식했습니다. 가정, 직장, 교회, 건강, 어느 것 하나 제대로 되어가는 게 없다는 것입니다. 직장 일을 마치고 집에 돌아오면, 십대 아들은 늘 샐쭉해 있고, 아내는 "저런 아이를 키우는 것도 더 이상은 못하겠다. 이젠 정말 지긋지긋하다"고 말하는 듯한 표정을 짓는다고 했습니다. 직장 일은 온통 긴장의 연속이었습니다. 그나마 얼마 전까지는 보수라도 괜찮던 것이 최근 조직 개편 이후로 스트레스는 두 배, 보수는 거의 반으로 줄었답니다.

그의 유일한 희망은 교회 생활이었습니다. 그런데 교회에 깊이 개입하면 할수록 가려져 있던 지저분한 질투의 모습들이 하나둘 보이기 시작했습니다. 설교도 잘하고 그 친구를 그때까지 꾸준히 양육해 주던 목사는 비전 없는 사무 위원회의 고집스런 자만에 지쳐 교회를 사임하고 말았습니다. 설상가상으로 최근 받은 건강 진단 결과, 꾸준한 정기

검진이 필요하다는 통보까지 받았습니다.

　이렇게 여기저기서 내리누르는 엄청난 스트레스 때문에 그는 힘이라곤 하나도 없이 그야말로 축 처져 있었습니다. 그래도 하나님의 약속이 있어 겨우 움직이기는 하지만, 그의 영혼을 괴롭히고 있는 감정의 고통에 전혀 도움이 되지 못하기는 마찬가지입니다. 그는 좀더 기분이 나아지기를 원했고 매일의 삶 속에서 영혼의 맑고 깨끗한 상태를 다시 한 번 누려 보고 싶었습니다. 그러나 그런 것을 좀처럼 찾을 수가 없었습니다. 짐에 눌린 무거운 마음으로 아무런 의욕도 느끼지 못한 채 그는 그냥 지쳐 있었던 것입니다.

　우리는 그의 마음의 깊은 갈망들이 무엇인지 함께 살펴보았습니다. 방어적인 이미지에 대해서 알아보았고 몇 가지 어리석은 사고에 대해서도 다루었습니다. 또한 우리가 찾아낸 잘못된 방향들에 대해서도 회개할 것을 권면했습니다. 그는 방어적인 행동 유형들을 바꾸기 위해 필요한 단계들을 다 밟았습니다. 우리는 그의 인격의 원, 이성의 원, 의지의 원에 대하여 비록 제한적이긴 했지만 그래도 요긴한 작업들을 모두 시행했습니다. 그러나 그는 여전히 자기를 삼킬 듯 위협해 오는 감정들로 인해 고통당하고 있었습니다.

　삶의 희비를 깊이 느낄 수 있을 정도로 온전한 인격을 가진 사람이라면, 강렬한 감정의 홍수에 떠밀려 내려가는 경험이란 얼마든지 있을 수 있는 일입니다. 그런 상태의 사람에게는 기뻐하고 책임을 잊지 말며 흐려진 헌신을 다시 새롭게 하라고 아무리 충고해도 그것은 지독히 둔감한 처사일 뿐입니다.

　어떤 때는 고통의 감정이 그렇게 위협적이진 않지만 지속적으로 따라다니면서 괴롭히는 경우도 있습니다. 그럴 때에도, 바쁜 일감을 찾아보라든가 바깥에 나가 기분 전환이라도 해보라든가 하는 통상적인 대책들이 늘 효과가 있는 것은 아닙니다. 또한 더 많은 시간을 내서 성경을 읽는다든가 더 오랫동안 기도한다든가 교회 활동에 더 열심히 참여한다든가 하는, 보다 '영적인' 방안들도 때로는 고통의 감정을 일시적으로 의식 뒤켠에 제쳐 두는 것에 지나지 않을 때가 있습니다.

우리는 살아가면서 가슴속에 불편한 감정을 느끼지 않는 날이 단 하루도 없습니다. 그 감정이 예를 들어, 물건을 사고 계산대에서 줄을 서서 기다리는데 뒤에 있는 뚱뚱한 여자가 밀어서 생겨났든, 병원에서 좋지 않은 진단 결과를 듣고 생겨났든, 어쨌든 이 타락한 세상 속의 인생에는 불쾌한 감정을 유발시키는 기회들이 거의 끊이지 않고 계속됩니다.

지금까지 우리는 이 책 앞부분에서 인간의 여러 기능, 즉 목적 있는 삶을 중시하는 기능, 사고를 통해 이미지와 신념을 만드는 기능, 방향을 정하고 추구하는 기능 등에 대하여 살펴보았습니다. 이제부터는 우리 인격을 구성하는 마지막 요소, 바로 인간의 느끼는 기능에 대하여 살펴보고자 합니다.

인간의 감정적인 삶을 바르게 이해하기 위해서는 적어도 세 가지 질문이 제시되어야 합니다.

- 감정의 근원은 무엇인가?(감정은 어디서 오는 것인가?)
- 감정의 유용성은 무엇인가?(우리는 감정으로부터 무엇을 배울 수 있는가?)
- 감정을 어떻게 처리해야 하는가?(감정이 찾아올 때 어떻게 해야 하는가?)

이 질문들에 대하여 생각해 보기 전에 단순하면서도 매우 중요한 사실 한 가지를 먼저 지적해 두고 싶습니다. 앞으로 다소 기술적인 이야기가 진행되는 동안, 자칫하면 이 사실이 가려질 수도 있기 때문입니다. 그것은 바로 상처받는 것은 정상이라는 사실입니다.

타락한 세상에서의 삶이란 곧 고통의 불가피성을 뜻합니다. 요셉의 경우를 생각해 보십시오. 어려서 형들에 의해 노예로 팔린 그가 후에 애굽에서 다시 형들과 화해하기까지(창 43:30, 45:1) 요셉의 속에서 참기 어려운 감정이 밀려온 적이 한두 번이었겠습니까? 또 하나를 생각해 보십시오. 아이가 없다는 이유로 멸시와 모욕을 당했던 한나는 하나님 앞에서 슬퍼하면서 아들을 달라고 간구했습니다(삼상 1:1-18). 이들은 경건한 사람들이었지만 깊은 감정의 고통을 경험했습니다. 성경은 이러한 그들을 결코 정죄하지 않고 오히려 좋은 본보기로 기록하고 있습니다. 이제 그 이유를 설명하고자 합니다.

천국에는 잘못된 것이 하나도 없습니다. 그러나 이 땅에서는 모든 것이 다 조금씩은 잘못되어 있습니다. 타락한 이 세상에 대해 더 민감하게 인식하면 할수록(이런 인식은 성숙과 함께 자라납니다) 상처도 그만큼 커집니다. 주님을 알아 가기로 한 우리의 헌신이 뜨거우면 뜨거울수록 우리는 이 실망스러운 환경과 온전치 못한 자신에 대해 더욱 신음하게 되는 것입니다. 기쁨이란 본래부터 종말론적인 것입니다. 기쁨은 미래에 뿌리를 두고 있기 때문입니다.

너무나 자주 우리는, 성숙한 그리스도인은 항상 기분이 좋아야 한다고 인식하게 됩니다. 시무룩한 얼굴은 기독교를 올바로 전달하지 못하는 잘못된 광고판이라는 얘기를 듣곤 합니다. 우리 앞에 있는 소망을 생각할 때 우리는 기쁨에 사로잡혀 그 어떤 괴로움도 다 영광스러운 찬양의 기회로 바꿀 수 있어야 한다는 것입니다.

문제는 이러한 생각이 거의 사실처럼 보인다는 데 있습니다. 우리는 난관을 친구처럼 환영해야 하고 항상 기뻐해야 하며 우리를 향한 하나님의 자비하신 뜻 안에서 안식을 누려야 합니다. 그러나 기쁨이란 고난과 아픔을 대치하기 위해 있는 것이 아니라 그것을 잘 통과해 가도록 우리를 붙들어 주기 위해 있습니다. 우리 주님은 아버지의 뜻을 좇아 행하기를 기뻐하셨지만 그와 동시에 슬픔의 사람이기도 하셨습니다. 그분은 앞에 있는 기쁨을 생각하시면서 많은 고난을 겪으셨습니다.

정당하게 고통스러운 일이 발생했을 때 우리는 '기분 좋은 상태를 유지해야' 한다는 압박으로부터 자신을 벗어나게 해야만 합니다. 아픔 가운데 있는 그리스도인들은 그 아픔에 죄책감을 느끼며 그것을 거부할 게 아니라 고통을 받아들여야 합니다. 가족과 사별한 사람들은 슬퍼해야만 합니다. 말 안 듣는 자녀를 둔 부모는 속이 상해야만 합니다. 나약한 남편을 보는 아내는 실망스럽고 화가 나야만 합니다. 대화 없이 권위만 내세우는 부모의 자녀들은 배신감을 느껴야만 합니다. 직장을 잃은 사람들은 암담한 기분이 들어야만 합니다. 자신의 왜곡된 욕망을 싫어하는 동성 연애자들은 신음해야만 합니다. 성숙한 사람이라고 이런 감정들을 느끼지 않는 것이 결코 아닙니다. 나중에 또 나오겠지만, 사실 이 모든 감정들은 우리로 하여금 하나님을 향한 의존성을 더 깊이 깨닫게 해주는 도구로 사용될 수 있습니다.

그러므로 상처받는 것은 정상입니다. 아니 그 이상입니다. 상처받는 것은 반드시 필요한 일입니다. 상처를 받는다는 것은 살아 있다는 증거입니다. 적어도 이 타락한 세상에 사는 동안은 그렇습니다. 괴로운 감정이 찾아들 때 우리 마음속에 자연스럽게 떠오르는 생각은 어떻게든 이 고통을 없애야겠다는 것입니다. 그러나 그 생각을 곧바로 목표 삼아서는 안됩니다. 그보다는 감정을 있는 그대로 받아들여 온전히 느낀 뒤 앞으로 해야 할 바를 평가해 보는 것이 더 바람직합니다. 앞으로 이 장에서 다룰 이야기들을 상처 줄이기나 피하는 법을 찾아내자는 얘기로 해석해서는 안됩니다.

그리스도인은 모든 현실을 있는 그대로 받아들이도록 부름받은 사람들입니다. 성숙한 그리스도인의 삶 속에 부정(否定)이 들어설 자리란 없습니다. 그렇다고 내가 지금 고통을 늘이는 길을 찾아야 한다고 얘기하는 것은 물론 아닙니다. 매저키즘(masochism, 자기 학대 성향)은 미덕이 아니라 질환입니다. 그러나 내가 생각하기로 일단 다가오는 상처에 대해서는, 구속(救贖)을 필요로 하는 세상의 실체 속으로 한발짝 더 깊이 들어가는 기회로 받아들여야 합니다. 고통을 통하여 하나님을 향한 갈급함과 하나님을 위해 살고자 하는 열망이 더 커질 수 있는 것입니다.

이렇듯 감정이란 피할 것이 아니라 느껴야 하는 것입니다. 그러나 동시에 우리는 감정이 무엇인지를 이해해야 합니다. 단순히 고통을 느끼는 것만으로는 가치가 없습니다. 감정을 사용하여 자신에게 개선이 필요한 영역이나 더 깊은 믿음이 구사되어야 할 영역을 찾아내는 법을 배우기 위해서는 먼저 감정이 어디서 오는지부터 이해해야 합니다.

감정의 근원: 감정은 어디서 오는 것인가?

그리스도인들은 문제를 정도 이상으로 어렵게 만들지 않습니다. 많은 그리스도인들의 이러한 노력에 나는 전적으로 동감합니다. 그러나 심리학자들 특히 분석 계열의 심리학자들은 인생의 문제를 지나치게 복잡한 것으로 만들어 영적인 권면 정도는 아예 유치한 것으로 치부해 버립니다. 그들이 이 때문에 비난받는 것은 지극히 온당한 처사입니다. 이들은 단순한 의뢰 대신 장기 치료를 내놓습니다. 시작하신 일을 능히 이루시는 하나님을 의뢰해야 할 곳에서 이들은 심층 분석을 갖고 나옵니다. 인생이란 너무나 복잡한 것이어서 심리학의 지혜가 아니고서는 문제 해결의 과업에 손댈 수 없다는 것이 그들의 생각입니다.

내가 보기에 인간의 감정 문제에 대한 이해 가운데 교회를 그 돕는 사역으로부터 제외시키려 하는 입장은 분명 모두 잘못된 것입니다. 다른 한편, 교회 고유의 돕는 기능을 유지시키려는 것은 바람직한 일이지만 그렇다고 해서 본래의 복잡성마저 지나치게 단순하게 만들어 무지한 교인들로 하여금 자신이 유능하다고 느끼게 해서는 안됩니다. 우리는 성경이 인간에 대해 이야기하고 있는 범주를 벗어나지 않고자 조심하는 가운데, 데이타가 요구하는 만큼의 복잡성은 용납해야 합니다. 감정을 설명하는 데 3단계 공식 같은 것을 적용하는 것은 아무런 도움이 안됩니다. 그런 공식은 내면의 모든 실체를 다 설명해 주지 못하는 것들입니다.

즉석 처방을 약속하는 지나치게 단순한 이론들은 얼마든지 많이 있으며, 그런 이론을 찾는 이들 또한 쉽게 찾아볼 수 있습니다.

- 잘못된 감정은 잘못된 행동에서 나온다. 그러므로 행동을 똑바로 하라.
- 잘못된 감정은 잘못된 목표에서 나온다. 그러므로 인생의 방향을 다시 정립하라.
- 잘못된 감정은 잘못된 사고에서 나온다. 그러므로 생각을 똑바로 하라.
- 잘못된 감정은 잘못된 신앙에서 나온다. 그러므로 더 영적인 사람이 되라.

우리 안에는 문제를 간단히 생각하고 싶어하는 강한 충동이 있습니다. 이 충동 속에서 우리는 혼돈을 싫어하는 우리의 성향을 또 한 번 발견하게 됩니다. 우리 이해를 초월하는 일들은 우리의 긍지와 자존심을 손상시킵니다. 우리의 절망적인 무력함과 연약함을 보지 않으면 안되게 만드는 것입니다. 때문에 우리는 그런 것들을 싫어합니다. 감정 문제를 해결하려 할 때 우리는 자신의 절대적인 의존성을 인정하여 온전히 하나님을 따르지 않아도 되는 그런 길을 원합니다. 인간의 감정 이해와 처리에 대한 여러 공식들 속에 바로 그러한 길들이 제시되어 있습니다. 그렇게 해서 감정을 피하는 것입니다.

감정의 근원을 추적할 때 두 가지 기준에 따라 감정을 구분하는 것이 도움이 될 것입니다. 유쾌한 감정과 불쾌한 감정, 건설적인 감정과 파괴적인 감정이 그 두 가지입니다.

유쾌한 감정과 불쾌한 감정

하나님은 우리를 반응하는 존재로 지으셨습니다. 우리의 환경 가운데는 발생 사건이 반응 내용을 전적으로 결정하는 영역들이 있습니다. 뺨을 한 대 맞으면 아픔이 느껴지고 부드럽게 쓰다듬어 주면 기분이 좋습니다. 만일 맞고서도 아픔을 못 느끼거나 어루만져 주어도 좋은 감촉을 느끼지 못한다면, 뭔가 잘못된 것입니다. 몸이 마땅히 반응해야 하는 자극에도 아무런 반응을 보이지 않으니 말입니다.

건강한 몸은 예상대로 자극에 반응을 보입니다. 마찬가지로 건강한 성격도 어떤 경험에 대해 유쾌한 사건은 유쾌한 감정을 유발하고 불쾌한 사건은 불쾌한 감정을 유발한다고 말할 수 있습니다.[1]

---

1. 복잡성에 대한 두 가지 요점을 얘기할 수 있다. 첫째, 어떤 사건이 유쾌한 것인지 불쾌한 것인지를 결정하는 일은 언제나 쉽지만은 않다. 하나님의 성품을 드러내고 그분의 태초의 계획과 같은 방향에 있는 사건을 유쾌한 사건이라 생각하면 될 것이다. 둘째, 아무리 유쾌한 사건이라 할지라도, 가장 좋은 그 사건 안에도 분명 뭔가 빠진 게 있기 때문이다. 그리스도인의 유쾌한 감정 속에는 언제나 앞으로 다가올 더 좋은 날에 대한 신음이 한데 섞여 있다. 불쾌한 사건 역시 혼합된 감정들을 유발하며 특히 그리스도인에게는 더 그러하다. 고통의 한가운데서도 더 이상의 고통이 없을 그날을 생각하면 마음이 녹아지며, 지금도 하나님의 선한 계획이 진행되고 있다는 인식이 있기에 슬픔 중에도 잔잔한 기쁨을 맛보는 것이다.

건설적인 감정과 파괴적인 감정

우리들 대부분은 내가 느끼는 감정이 얼마나 가치 있느냐보다는 이 감정이 내가 좋아하는 것이냐 아니냐를 훨씬 더 중요하게 생각합니다. 우리의 짧은 시각을 잘 보여 주는 태도가 아닌가 합니다. 우리는 보물을 지금 당장 갖기 원합니다. 나중에는 의미가 없습니다. 그러나 이생을 내생의 준비로 보는, 보다 현실적인 시각에서 볼 때 불쾌하지만 건설적인 감정은 유쾌하긴 해도 파괴적인 감정보다 훨씬 좋은 것입니다. 가장 좋은 것이 유쾌하고도 건설적인 감정이라는 것은 말할 필요도 없고 말입니다.

감정의 이 두 번째 구분은 중요한 것이며 깊이 생각해 봐야 할 문제입니다. 그렇다면 감정을 선설석이거나 파괴적인 것으로 만드는 요인은 정확히 무엇입니까? 무엇에 대해서 건설적 혹은 파괴적이라는 것입니까? 이런 감정을 느낄 것인지 저런 감정을 느낄 것인지를 우리가 결정합니까, 아니면 유쾌한 감정이나 불쾌한 감정처럼 발생 사건에 의해 이미 결정되어 있는 것입니까?

다음 사실을 인식하는 것이 이 문제를 해결하는 출발점입니다. 감정 중에는 하나님과 사람들을 사랑하라는 우리 인간의 본분을 방해하는 감정들이 있다는 사실입니다. 그것이 기준입니다. 바로 그러한 감정을 우리는 파괴적인 감정이라 부를 수 있습니다. 그런가 하면 하나님과 다른 사람들을 향한 우리의 사랑의 발길을 더욱 힘있게 해주는 감정들도 있습니다. 이것이 바로 건설적인 감정입니다. 이런 감정들은 우리가 창조주의 의도대로 살아갈 수 있도록 우리의 기능을 촉진시켜 줍니다.

이러한 관점에서 본다면 파괴적인 감정에는 죄된 감정이라는, 아니면 우리 내면의 죄된 과정의 한 부분이라는 이름을 붙이는 것이 타당할 수도 있습니다. 과연 죄가 역사(役事)하는 통로로 사용되는 감정들도 있다는 것을 인정해야 한다고 나는 믿습니다. 그러나 그럼에도 불구하고 어떤 감정을 죄된 감정이라 부르는 데는 다소간의 위험이 따릅니다. 그 위험을 예를 들어 설명해 보겠습니다.

주님을 신실하게 따르기 원하는 결혼한 젊은 여자가 있습니다. 이 여자는 여러 가지 분노들 가운데 어떤어떤 것들이 죄인지 엄격하게 배워 왔습니다. 남편에 대해 아주 사소한 좌절감을 느낄 때조차도(남편은 가장 거룩한 사람조차도 화가 머리 끝까지 나게 만들 수 있는 사람입니다), 이 여자는 즉시 자기 감정에 죄라는 딱지를 붙이고는 '다시는 이 감정을 느끼지 말아야지' 하면서 감정 조절에 안간힘을 씁니다. 이 여자는 자신의 분노를, 결혼 생활 가운데 다뤄져야 할 문제가 무엇인지를 보다 철저히 파헤치는 데 활용할 수도 있었습니다. 그런데 이 여자는 그렇게 하기는커녕 분노의 존재 자체를 거부해 버렸습니다. 우리는 죄가 될지도 모른다는 생각 때문에 감정을 부정해서는 안됩니다. 그 대신 감정을 잘 평가해야 합니다.

유쾌한 것이든 불쾌한 것이든 감정이 생기면 우리는 그것을 잘 평가하여 그 감정이 건설적인지 파괴적인지를 분별해야 합니다. 일단 감정을 인정하고 나면 그 다음 물어야 할 중요한 질문은, 이 감정이 우리를 하나님께로부터 멀어지게 하는 것인가, 아니면 하나님께 나아가는 길과 같은 방향의 것인가 하는 점입니다. 만일 우리의 감정이 하나님과 다른 사람들과의 사랑의 관계를 방해하는 것이 확실하다면, 우리는 그 감정의 근원을 추적해야만 합니다. 우리 안에 교정이 필요한 모종의 일이 진행되고 있는 것입니다.

감정이 건설적인 것인지 파괴적인 것인지의 여부는 발생하는 사건에 달려 있는 게 아니라 그 사건에 내면적으로 어떻게 반응하느냐에 달려 있습니다. 우리의 감정이 유쾌한 것인지 불쾌한 것인지는 사건에 의해 결정됩니다. 그러나 우리의 감정이 건설적이냐 아니면 파괴적이냐를 결정하는 것은 우리 자신입니다. 파괴적인 감정이 존재한다는 것은 우리 안에 뭔가 문제가 있다는 얘기입니다. 이제 우리의 감정을 건설적인 것도 되게 하고 파괴적인 것도 되게 하는 내면의 과정을 주의 깊게 살펴보기로 하겠습니다.

먼저 불쾌한 사건부터 시작해 보겠습니다. 여러분의 십대 아들이 마약을 복용한다는 사실을 지금 알았다고 합시다. 몹시 불쾌한 사건입니다. 따라서 여러분의 감정도 불쾌한 감정이 됩니다. 여러분은 지금 기분이 좋지 않습니다. 그러나 여기서 이 불쾌한 감정은 건설적인 것이 될 수도 있고 파괴적인 것이 될 수도 있습니다. 여러분이 어떤 지혜에 의존하여 그 사건에 반응하느냐에 따라 달라지는 것입니다.

아무리 불쾌한 사건이 일어난다 할지라도 여러분의 가장 깊은 갈망은 그것에 아무 영향도 받지 않고 오직 하나님으로 말미암아 채워진다는 사실을 믿는다면(올바른 신념 - 이성 1), 그리고 인생에 어떤 일이 닥친다 해도 자기 자신을 사랑받는 고귀한 형상 보유자로 여긴다면(올바른 이미지 - 이성 2) 설사 고통스러운 사건을 겪게 되더라도 여러분은 그것을 인격에 대한 치명적 위협이 아닌 그저 깊은 실망 정도로만 인식하게 될 것입니다.

일단 실망을 느끼게 되면 이제 여러분은 사태가 호전되기를 몹시 갈망(요구가 아님)할 것입니다. 만일 이 갈망이 실현된다면(아들이 자신을 그리스도께 헌신하고 약물을 끊는다면), 실망의 감정은 놀랍게도 감사로 바뀔 것입니다. 새로 일어난 유쾌한 사건이 유쾌한 감정들을 자극하는 것입니다.

그러나 만일 그 갈망이 이루어지지 않는다면(아들이 불법 약물 소지죄로 체포된다면), 실망과 심한 고통은 의분으로 발전될 것입니다. 만일 갈망하는 결과가 불확실한 상태로 남아 있게 되면(아들이 호전될 것 같아 보이지만 그 증거가 불투명하다면), 그때의 감정은 고통스럽지만 동시에 생산적인 관심이 될 것입니다. 그래서 여러 가지 대안들을 찾아보고 자문을 구하며 간절히 기도하게 됩니다.

만일 상태가 아주 심하여 그 갈망이 실현될 가능성이 전혀 없다면(아들이 약물 과다 복용으로 목숨을 잃고 만다면), 실망은 깊을 대로 깊어져 거의 견딜 수 없는 슬픔이 되겠지만 이때의 슬픔 역시 잠재적으로 생산적인 슬픔입니다. 결국 여러분과 여러분의 배우자는 그리스도가 어떠한 분이시며 그분의 뜻이 얼마나 깊으신가를 바탕으로 힘을 얻어 새롭게 연합할 수 있을 것이며, 이와 비슷한 문제를 가진)다른 사람들을 위로하고 도울 수 있는 길을 발견하게 될 것입니다(이런 반응은 말처럼 쉬운 것이 아닙니다).

이번에는 똑같은 불쾌한 사건에 대한 내면의 반응이 어리석음을 좇아 이루어질 경우 생기는 감정을 보겠습니다. 그 아들의 아버지가 자신의 가정을 자기 기쁨의 소망으로 삼았다고 합시다(이성-1: "나는 우리 집안 일들이 잘돼 가야 나 자신을 존중할 수 있다"). 이 신념의 배후에는 다른 사람들은 자신을 위해 존재해야 한다는 방어적 요구를 반영하는 이미지가 깔려 있습니다(이성-2: "나는 평생 푸대접을 받으며 살아왔어. 나는 나약한 희생자야. 내게는 나를 이해해 주고 나를 민감하게 대해 줄 사람들, 특히 가족이 필요해").

이성의 원 안에서 이런 식으로 사고가 이루어지면 처음의 불쾌했던 사건은 인격의 생존에 대한 위협으로 인식됩니다. 또한 그에 따른 즉각적인 감정은 실망이 아니라 공포가 됩니다.

우리 존재의 가장 깊은 부분이 위협을 받게 되면, 우리가 느끼는 공포는 우리의 자기 방어 노선을 더욱 강하게 만듭니다. 이제 책임감 있는 행동은 관심 밖으로 물러나고 오직 자기 보호만이 관심사가 됩니다. 행동의 동기도 전적으로 자기를 변호하는 데 있습니다. 파괴적인 감정으로 가는 길의 문이 활짝 열린 것입니다.

사태가 호전되어야 한다는 요구가 실현되면(아들이 그리스도를 믿게 되면), 공포는 사그라져 안도감으로 바뀝니다(그러나 문제가 재발할지도 모른다는 일말의 두려움은 여전히 남아 있습니다). 만일 그 요구가 전혀 실현될 수 없는 쪽으로 사태가 악화된다면(아들이 자살을 한다면), 공포의 감정은 더욱 깊어져 분노와 죄책으로 가득 찬 무력감이 되고 맙니다. 그 아들의 부모는 이제 암울한 절망 속에서 살아가게 되는 것입니다.

반드시 불쾌한 감정을 유발하는 똑같이 불쾌한 사건이라 할지라도, 그 사건에 내적으로 반응하는 여러분의 지혜 또는 어리석음의 정도에 따라 건설적인 감정이 될 수도 있고 파괴적인 감정이 될 수도 있다는 사실을 잊지 마십시오. 지금까지 얘기한 것을 도표를 사용하여 요약해 보겠습니다(그림 11-1).

마찬가지로 유쾌한 사건이 일어났을 때에도 감정은 건설적인 것이 될 수도 있고 파괴적인 것이 될 수도 있습니다. 유쾌한 사건은 유쾌한 감정을 유발합니다. 그러나 유쾌한 감정 역시 우리 속 깊은 내면의 평가적인 반응(많은 경우 이것은 전적으로 무의식적인 과정입니다)이 무엇이냐에 따라 파괴적인 감정으로 변질될 수 있습니다. 원리는 똑같습니다. 지혜에서는 건설적인 감정이 나오고 어리석음에서는 파괴적인 감정이 나온다는 것입니다.

일례를 들어서 생각해 보겠습니다. 어떤 여자가 한 평범한 남자와 결혼을 합니다. 이 남자는 아주 평범해서 특별히 자상하지도, 그렇다고 거칠지도 않은 사람입니다. 어느 날 특별한 이유도 없이 이 남자가, 아주 심혈을 기울여 멋진 선물을 하나 사 들고 와서는 아내를 깜짝 놀라게 합니다. 그 여자가 평소에 너무 갖고 싶었지만 남편에게 단 한 번도 얘기한 적이 없는 물건이기 때문이었습니다. 여자는 매우 기분이 좋습니다. 당연합니다. 유쾌한 사건은 유쾌한 감정을 유발합니다.

〈그림 11-1〉 감정의 근원(상황이 어려운 경우)

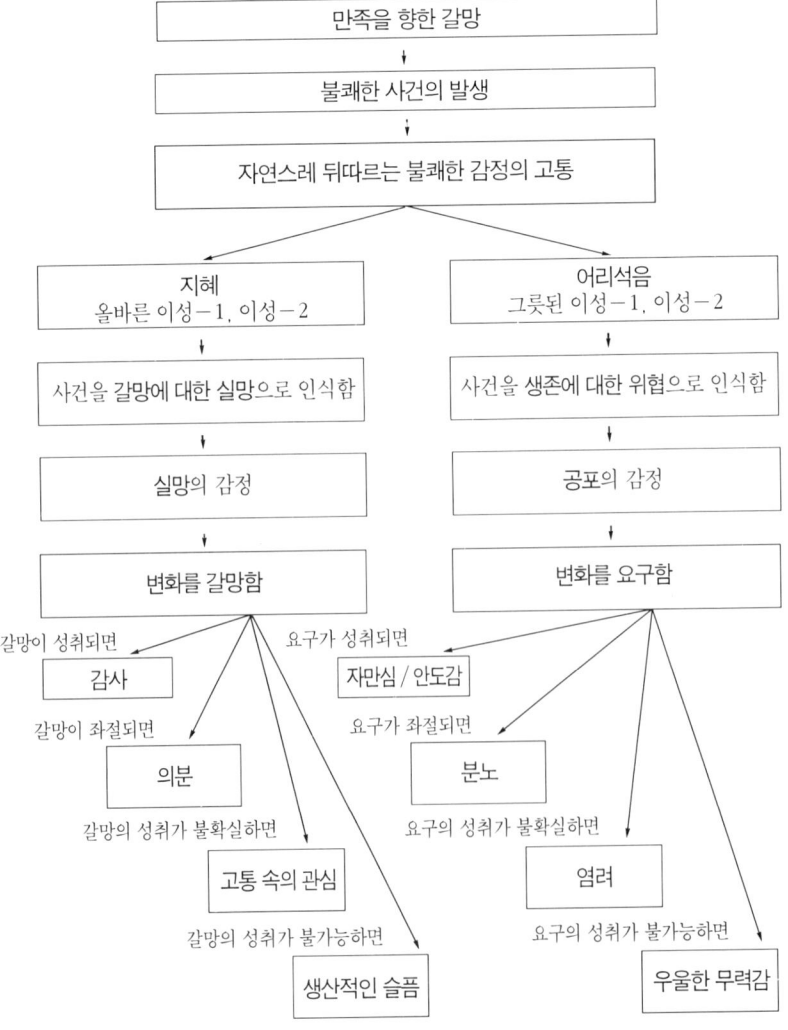

274 인간 이해와 상담

유쾌한 감정이 건설적인 것이 되느냐 파괴적인 것이 되느냐 하는 것은 전적으로 사건과 자신의 깊은 갈망을 그 여자가 어떻게 이해하느냐에 전적으로 달렸습니다. 물론 남편의 친절한 행위를 갈망하는 것은 온당한 일이며, 이 경우 그 갈망은 남편의 자상한 선물로 말미암아 충분히 채워졌습니다. 그러나 이 사건을 지혜에 근거하여 평가한다면, 그 여자의 여자로서의 가치는 남편의 친절 여부와 무관하게 이미 확립되어 있으며 또한 그것은 남편의 행동에 본질적으로 영향을 받지 않습니다.

만일 이 여자의 신념과 이미지가 지혜로운 것이라면 이 여자는 이 사건을 전적으로 온당한 갈망이 제대로 성취된 것으로 해석할 것입니다. 그러므로 그에 따르는 감정도 지극히 자연스러운 온정이 될 것입니다. 이제 여자는 진정으로 이 사건이 남편에게 새로운 차원의 낭만적인 애정 표현의 시발점이 되기를 갈망하게 될 것입니다. 만일 이 갈망이 실현된다면, 여자는 행복할 것이고 따뜻한 감사를 느끼게 될 것입니다. 그러나 만일 이 갈망이 이루어지지 않아 남편이 다시 옛날의 무뚝뚝한 모습으로 돌아간다면, 여자는 기분이 나빠지면서 화가 날 것입니다.

만일 남편의 낭만의 불꽃이 깜박깜박하다가 다시 타오르고 이내 다시 깜박거린다고 합시다. 아마도 아내는 남편의 행동을 종잡을 수 없을 것이고 따라서 불안 속에서 관심을 기울이게 될 것입니다. 만일 그 선물을 마지막으로 남편의 자상한 행위가 끝나고 만다면, 남편의 그러한 태도는 친밀한 관계에 대해 아내가 품고 있는 희망의 불씨를 완전히 꺼 버릴 것입니다. 이때 아내는 깊은 슬픔을 느끼게 되는데, 그래도 그것은 여전히 잠재적으로 생산적인 슬픔입니다.

이번에는 이 유쾌한 사건이 어리석은 신념과 이미지의 막을 통하여 해석되는 경우를 생각해 봅시다. 이 여자는 그간의 긴 세월 동안 스스로를 사람들이 좋아하지 않는 탐탁지 않은 존재라 여기며 살아왔는지도 모릅니다. 이 여자는 아버지로부터 받은 거절의 고통을 변호할 때도 아버지가 애정이 부족한 사람이라는 차원에서 설명하는 것이 아니라(이것은 고통스러운 설명입니다), 자신이 사랑받을 만한 사람이 못 된다는 식으로 설명하곤 합니다. 이 여자에게는 이것이 덜 고통스러운 설명입니다. 이렇게 설명해야 문제를 해결할 수 있는 일말의 희망이 있기 때문입니다. 자신이 사랑스럽게 보이는 법을 배울 수도 있고, 그게 안되면 적어도 자신의 사랑스럽지 못한 모습을 감추는 법이라도 배울 수 있으리라고 생각하는 것입니다. 자신이 탐탁지 못한 존재라는 이미지(이성-2)를 갖는다는 말은, 곧 수용을 얻어 내고 고통을 회피하기 위해 자기 힘으로 뭔가 할 수 있다고 생각하는 것입니다. 그러나 그것은 말할 것도 없이 밑 빠진 웅덩이입니다. 이렇게 해서 자기 방어의 기초가 튼튼히 다져지면, 그 전제를 바탕으로 이제 이 여자는 관계에서 상처를 줄이기 위한 전략들을 하나둘 개발해 나갈 것입니다.

　내면의 역동이 이러한 상태일 때 남편이 준 갑작스런 선물은 하나의 위협으로 다가옵니다. 특별히 한 일도 없는데 그런 사랑을 받았기 때문입니다. 값으로 살 수 없는 사랑이야말로 자신이 그토록 갈망하던 것인데도, 막상 그런 사랑이 오면 왠지 두려움이 찾아듭니다. 자기 힘으로 그런 사랑을 지속시킬 수 없기 때문입니다. 전적으로 상대방 마음에 달려 있는 것입니다.

　자신은 탐탁지 않은 존재라는 이미지를 가진 사람은 다음과 같은 생각(이성-1)을 하기 쉽습니다. 자신의 탐탁지 않은 모습을 선행이라는 벽 뒤에 감춘다면 자기가 바라는 애정을 얻어낼 수 있을지도 모른다는 희망을 갖는 것입니다. 그래서 상황을 자기 힘으로 통제하기 위해 안간힘을 쓰게 됩니다. 어쩌면 남편으로 하여금 그런 선물을 계속 주게 만들려고 더욱더 매력 있는 모습을 보이고자 애쓸지도 모릅니다. 약점이 될 소지가 있는 모습은 무슨 수를 써서라도 가려야만 할 것입니다. 내가 통제권을 쥐어야만 하기 때문입니다.

이 여자는 이렇게 값으로 사는 애정을 여자로서 자신의 고유한 가치에 필수적인 것으로 인식합니다. 그렇기 때문에 이제 더 많은 선물을 받는 것이 필수적인 목표가 됩니다. 거기에 자신의 생존이 달려 있는 것입니다. 자상한 선물에 대한 반응으로써 이 여자에게 찾아오는 감정은 고맙기는 하지만 뭔가 편치 않은 마음, 즉 불안한 감사가 됩니다. 그 여자는 남편의 자상한 태도에 자기 존재의 본질을 의존하고 있기 때문에, 선물이 계속되지 않을 때의 상처로부터 자신을 보호하기 위한 사기 방어 노선은 더욱 강화됩니다. 그 여자는 남편에게 잘 보일 수 있는 일이라면 못할 게 없는 '속없이 착한' 사람이 될 것입니다. 그러나 따지고 보면 그런 일들은 남편을 격려하기 위한 것이 아니라 남편을 통제하기 위한 수단입니다.

만일 이런 조작적인 노력이 성공한다면(촛불을 밝혀 둔 저녁 식탁에 남편이 낭만적으로 반응한다면), 이 여자는 사랑에 찬 감사가 아니라 가슴 뿌듯한 자만심을 느낄 것입니다. 물론 남편의 낭만도 썩 괜찮은 일이지만, 그보다 이 여자를 더 기분 좋게 만드는 것은 자신이 남편을 그렇게 만들었다는 사실입니다. 그러나 만일 그런 노력이 허사로 돌아간다면(남편이 촛불을 꺼 버리고 전깃불을 켠 다음 게걸스레 식사를 한다면), 그 여자는 참을 수 없는 분노를 느낄 것입니다. 만일 남편이 계속 자상하기는 한데 별다른 의미나 정성 없이 그리하는 것이라면, 그 여자는 남편의 사랑에 대해 불확실한 감정을 갖게 될 것이고 마음속에 압박감과 불안이 쌓여 갈 것입니다.

더 이상 선물을 받지 못하는 것이 몇 주가 지나고 몇 달 몇 년이 지난다면 그 여자는 마지못해 자신의 실패를 인정할지도 모릅니다. 최선의 노력을 다했지만 그것으로는 충분하지 못했던 것입니다. 이 시점에서 그 여자의 실망은 절망으로 바뀔 것입니다. 우울한 무력감에 빠지게 됩니다('나는 여자로서 남자의 애정을 얻어내기는 다 틀렸어'). 그러한 태도가 바로 혼외 관계를 불러오는 것입니다('아마 다른 남자라면 나를 원할지도 몰라'). 그것만이 그 여자의 유일한 희망입니다.

이 예를 첫번 것과 비슷한 도표(그림 11-2)로 정리해 보았습니다. 유쾌한 사건에서 나온 유쾌한 감정도 그 사건을 평가하는 기준이 지혜냐 어리석음이냐에 따라 건설적인 감정이 될 수도 있고 파괴적인 감정이 될 수도 있습니다.

지금까지 한 이야기의 중심 요지를 다시 한 번 반복해 보겠습니다.

우리의 감정이 유쾌한 것이냐 불쾌한 것이냐 하는 것은 전적으로 우리 삶 속에서 일어나는 사건의 본질에 달려 있습니다. 그러나 우리의 감정이 건설적이냐 파괴적이냐 하는 것은 전적으로 그 사건을 보는 우리 눈의 지혜 또는 어리석음 여부에 달려 있습니다.

어리석은 사고에 뿌리를 두고 있는 자기 방어 노선은 유쾌한 감정이든 불쾌한 감정이든 모든 감정을 타락시키는 힘을 갖고 있습니다. 그리하여 모든 감정을 다 파괴적인 감정으로 만드는 것입니다. 그러나 우리 존재의 가장 깊은 곳으로부터 주님을 깊이 의뢰하는 태도를 갖게 되면, 모든 감정이(심지어 최고로 고통스러운 감정까지도) 우리로 하여금 더욱 온전히 하나님을 좇게 만드는 건설적인 감정으로 변하게 됩니다. 이 중심 요지를 보다 간단한 도표로 나타내 보았습니다(그림 11-3).

감정의 유용성: 우리는 감정으로부터 무엇을 배울 수 있는가

감정의 근원을 이해하게 되었다면 이제 감정의 가치를 더 잘 이해할 수 있는 준비가 된 것입니다. 감정의 유쾌함 여부를 통해서는 우리 인

〈그림 11- 2〉 감정의 근원(상황이 즐거운 경우)

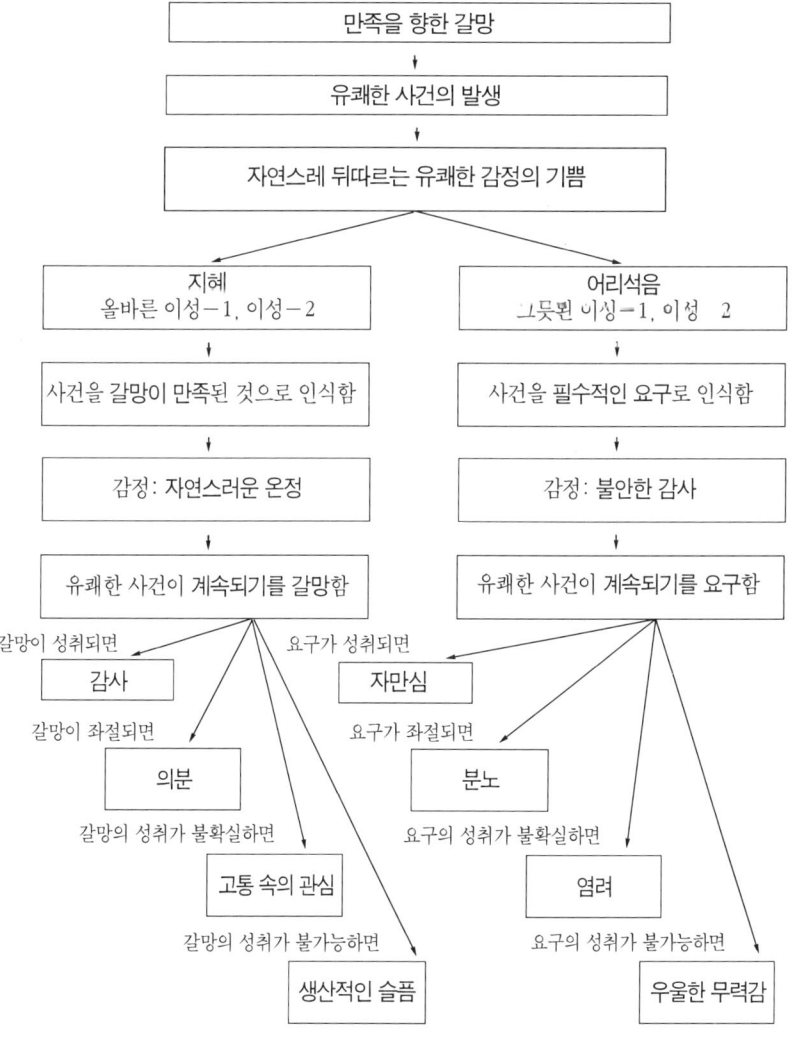

인생의 희비를 느낌 279

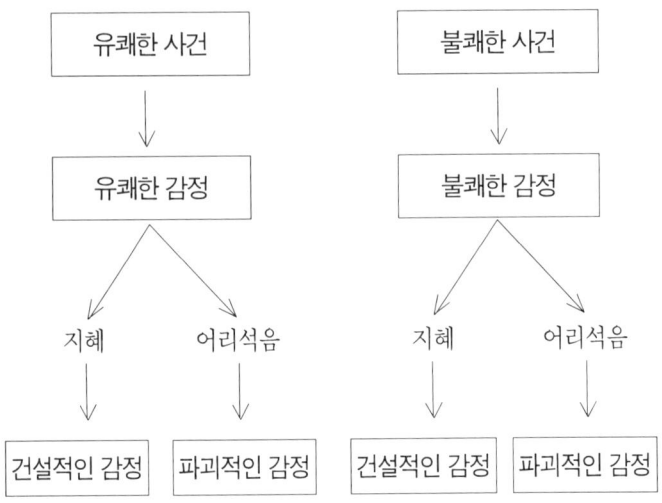

〈그림 11-3〉

생의 사건들이 즐거운 것인지 또는 괴로운 것인지를 알 수 있을 뿐, 그 이상 이렇다 할 만한 배울 점이 없습니다. 그러나 건설적인 감정의 개념 속에는 그보다 훨씬 많은 것이 들어 있습니다. 만일 우리가 느끼는 방식이 우리 본연의 관계 유지를 방해한다면, 반드시 인간 마음 깊은 곳의 거짓되고 부패한 과정들이 정당한 인정을 요구하면서 활발하게 작동하고 있는 것입니다.

이렇듯 감정은 경고등과 같아서 우리에게 내면을 점검해 보라고 경고해 주기도 하고, 또는 계량 눈금과도 같아서 지금 우리가 창조주께 지음받은 형상 보유자로서 제대로 기능하고 있는지 알려 주기도 합니다. 내게서 하나님을 추구할 힘을 빼앗아 가는 감정들이 그 근원을 내 안에 두고 있다는 사실을 아는 것은 정말 기쁜 소식이라 할 수 있습니다. 그것은 곧 내 감정 문제를 해결하기 위해 뭔가 조치를 취할 수 있음을 뜻하기 때문입니다. 물론 우리는 유쾌한 감정이 되게 해주는 쪽으로 성숙해 가는 법을 배울 수 있습니다.

지혜 안에서 성숙해 가는 과정은 그야말로 글자 그대로 하나의 긴 과정입니다. 염려라는 불을 끄고 평안이라는 불을 당장 켤 수 있는 그런 기술은 없습니다. 하나님을 믿는 것과 인생을 하나님의 시각으로 보는 것에서 자라 간다는 것은 평생 동안 계속되는 과정입니다. 그 과정을 통하여 파괴적인 감정들은 아주 서서히 건설적인 감정들로 바뀌어 갑니다. 감정의 가치는 바로 그 성숙의 과정을 점검해 주고 현상태를 알려 주는 데 있습니다.

내 안의 감정의 실체가 인간 본연의 관계 유지를 향한 움직임에 모순되는 상태에 있음을 알게 되었다면, 그것을 통하여 나는 내 존재의 본질적인 만족에 반드시 필요하다고 여겨지는 어떤 잘못된 대상을 부당하게 요구하고 있을 수도 있다는 가능성을 생각하게 됩니다. 이때가 바로 더 깊은 자기 성찰의 고된 작업이 필요한 시기입니다.

그러므로 문제를 찾아내는 것은 중요합니다. 이제 잘못된 결론이나 막다른 골목을 피하기 위해 자신의 문제를 찾아내고자 한다면, 우리는 세 가지 자료의 도움을 받아야 합니다. 곧 하나님의 성령과 하나님의 말씀과 하나님의 사람들입니다.

하나님의 성령께서 우리를 살펴 주시고(시 139:23-24) 우리의 부패한 마음(오직 그분만이 아시는 마음, 렘 17:9-10)을 시험해 주시도록 간절히 기도하는 것, 이것은 없어서는 안될 중요한 출발점입니다. 또한 말씀의 능력이 나의 가장 깊은 생각과 뜻을 찔러 쪼갤 것이라는(히 4:12) 믿음 속에서 겸손히 말씀을 묵상하는 태도가 필요합니다. 그것을 통해 자신이 추구하고 있는 잘못된 목표들을 알게 되기 때문입니다. 또 필요하다면 자신의 연약함을 내보이면서 하나님의 사람들과 진실한 교제를 나눌 때, 죄의 유혹으로 강퍅하게 되려는 마음(히 3:13, 특히 본서 13장 참조)을 녹이는 통찰과 격려를 얻게 될 것입니다. 자기 성찰의 목표는 결코 자기 속에 빠지는 것이 아닙니다. 이 사실을 잊어서는 안됩니다. 자기 성찰의 취지는 감추어진 어리석음을 찾아내는 데 있습니다. 자신의 파괴적인 감정들을 하나하나 찾아 나갈 때 비로소 우리는 새로운 차원의 회개를 할 수 있게 됩니다.

감정과 그 뿌리를 공부하는 것은 우리를 겸손하게 만드는 경험이 됩니다. 인간은 영원히 불완전한 존재입니다. 그 불완전함 때문에 생겨나는 감정을 경험하지 않은 사람은 아무도 없습니다. 성화란 기나긴 과정이기에 우리는 이러한 감정들을 대충 못 본 체하고 지나가서는 안 됩니다.

감정의 처리: 감정이 찾아올 때 어떻게 해야 하는가?

우리는 그리스도인으로서 성숙해 가는 과정 가운데 감정을 선하게 사용할 수 있습니다. 그러려면 자연히 감정에 주의를 기울여야 합니다. 자동차 계기판에 빨간 불이 들어왔다는 것은 내 차의 주행 상태를 알리는 중요한 정보입니다. 빨간 불이 켜질 때는 거기에 주목해야 합니다. 그것을 무시하면, 노상에서 문제가 터질 수도 있습니다.

그런데 때때로 그리스도인들은 감정에 주의를 기울인다는 것을 '기분을 좇는' 심리학자들의 마음속에서 비롯된 세속적인 사고라고 생각합니다. 참으로 많은 교회들이 두려움이나 질투 같은 문제성 있는 감정들은 아예 느끼지도 말라는 듯한 인상을 심어 줍니다. 그러한 교육(겉으로 드러나게 하는 경우는 드물지만 내면에는 그런 성향을 아주 짙게 깔고 있습니다)의 결과는 곧 위장과 부정입니다. 인격의 문제는 점점 커져 가고 관계는 얄팍해지며 성장의 기회는 완전히 사라지고 맙니다.

문제성 있는 감정을 느끼지 말라는 충고가 갖는 가장 큰 문제점은 사람들이 그 충고를 쉽게 따를 수 있다고 하는 데 있습니다. 인류는 자기가 느끼는 감정들(분노나 혐오 같은 강렬한 감정들을 포함하여)을 스스로 강력하게 부인하는 능력이 있음을 유감없이 보여 왔습니다. 그것의 정도는 정말 놀랄 만합니다.

일전에 마음이 약한 어떤 남자를 상담한 적이 있습니다. 그의 아내는 상냥하지만 가히 지배적인 여장부 같은 사람이었습니다. 상담 도중에도 이 여자는 줄곧 남편의 말을 끊으면서 이러이렇게 말하라고 일일이 고쳐 주곤 했습니다. 그런데도 남편은 아내에게 끝까지 온정과 사랑만을 보였습니다. 그가 이런 따뜻한 태도를 보이는 데는 이유가 있었습니다. 그는 자신의 가정에 대해 아무런 책임도 지지 않겠다는 자기 방어적인 태도의 사람인 반면, 아내는 매사 스스로 앞장서서 모든 일을 하려 들었기 때문에 아내에게 고마움을 느끼는 것은 당연한 일이었습니다.

그럼에도 불구하고 이 남자 안에는 적개심이 있었습니다. 속으로는 은근히 아내가 자기를 존경해 주기를 간절히 바라고 요구하고 있었건만, 아내는 전혀 자기를 존경하지 않았던 것입니다. 이것이 그 남자 안에 쓴뿌리를 만들어 냈습니다. 물론 그는 이 사실을 수년 간 부인해 왔습니다.

그 부인(否認) 자체도 실은 자기 방어적인 것이었습니다. 자기가 분노하고 있다는 것을 인정하게 되면 아내와의 직면이 불가피해질지도 모를 일이고, 그것은 생각만 해도 끔찍한 일이었습니다. 아내는 자기 힘으로는 도저히 다룰 수 없는 너무나 강한 여자였기에, 그렇게 직면하게 되면 공연히 자신의 무능함(그는 자신 스스로 무능한 존재라 생각하고 있었습니다: 이성－2)만 드러날 것으로 믿었습니다. 자신의 분노를 자신에게도 아내에게도 감쪽같이 숨겨 온 결과, 그에게는 아주 형편없는 만성 우울증이 찾아오고 말았습니다. 인간의 부패한 마음은 이렇듯 강한 감정(특히 분노)을 능히 감출 수 있습니다. 그 감정들을 제대로 인식하고 다루기만 한다면 바로 거기서 인생을 뒤바꿔 놓는 회개가 찾아오는데도 말입니다.

그러므로 감정 처리의 제1원리는 단순히 감정을 '느끼는' 것입니다. 좋은 일이든 나쁜 일이든, 중요한 일이든 사소한 일이든, 일단 어떤 일이 발생하면 그 일에 대해 충분히 생각할 시간을 가지십시오. 인생의 사건들이 가져다 주는 희비의 감정들을 있는 그대로, 온전히 느끼십시오.

성경에는 이 간단한 원리의 예들이 얼마든지 있습니다. 느헤미야는 예루살렘 성벽이 무너졌다는 말을 듣고 그 자리에 주저앉아 울었습니다. 그는 사건이 주는 감정의 무게를 일부러 그대로 다 느꼈습니다. 재건을 돕겠다는 굳은 결심은 바로 그 결과였습니다.

우리 주님께서도 죽음을 감정의 측면에서 맞이하는 시간을 가지셨습니다(눅 22장). 그분은 다른 사람들과 함께 있는 시간도 가지셨고 홀로 기도하는 시간도 가지셨습니다. 그분은 관심을 다른 데 돌린다든가 하면서 임박한 두려움을 부인하지 않으셨습니다. 우리 대신 죄를 지실 생각을 하자 말할 수 없는 고통이 찾아왔습니다. 그분은 그 고통 속으로 들어가셨습니다. 그렇게 고통을 깊이 느끼신 뒤에 그분은 아버지 뜻을 온전히 이룰 수 있는 힘을 얻으셨습니다.

우리는 불쾌한 감정은 무조건 피하려 듭니다. 그것이 건설적인 감정일 수도 있고 파괴적인 감정일 수도 있다는 생각은 안중에도 없습니다. 문제성 있는 감정이 의식 수면으로 떠오르면 우리는 그것을 느끼지 않을 만한 길을 찾습니다. 그 즉시 기도한다든가 마구 먹는 것, 텔레비전 쇼를 보거나 다른 여타의 공상(대개, 가장 효과적인 것이 성적인 공상입니다)에 빠지는 것이 다 그런 예들입니다.

이런 노력들은 성숙으로 나아가는 길과는 전혀 상관이 없는 것들입니다. 다만 감정적으로 편안해지려고 하는 것뿐입니다. 그런 노력이 성공하여 감정을 의식에서 지워 버리게 되면, 우리는 자기 성찰의 잠재적 유익을 잃어버릴 뿐만 아니라 자신의 참 존재에 대한 깊은 두려움을 더욱 깊게 만듭니다. 그뿐만이 아닙니다. 하나님을 향한 믿음도 약해지며, 그분을 의지하되 온전치 않은 모습으로 의지하는 법을 배우게 됩니다. 자신의 참 실체를 알게 될 때 우리는 하나님의 용서와 도움의 필요성을 절감하게 됩니다. 그러나 자기 감정의 실체를 부정한다면 그런 기회는 사라지고 맙니다.

많은 그리스도인들에게 있어서 부정은 하나의 습관이 되었습니다. 만성적 부정을 감정 처리의 수단으로 사용하게 되면 우리는 점점 경직되고 고집스런 사람이 됩니다. 그런 모습들은 언뜻 보기에는 감정적으로 안정된 것처럼 보일 수도 있습니다. 흥분하는 일도 없고 우울해지지도 않는 사람들은 매우 영적인 것처럼 보일 수도 있습니다. 그러나 그들의 미성숙한 모습은 감출래야 감출 수가 없습니다. 자신의 감정을 부정하는 이들의 전형적인 모습은 결코 다른 사람들의 삶을 깊이 느끼거나 나누지 못한다는 것입니다. 자기 속에 있는 깊은 부분들을 꼭꼭 봉해 놓았기 때문에, 다른 사람들 속에 있는 깊은 부분은 더더욱 분별하지도 제대로 다루지도 못하는 것입니다.

영적인 성숙이란 감정의 기복 정도를 가지고 측정하는 것이 아닙니다. 만일 그러한 기준에서 본다면 바울은 미성숙했던 사람입니다. 그가 경험한 감정의 기복이 매우 심했던 것을 보면 그렇습니다.[2] 우리는 감정에 좌우되어서는 안되지만, 그러나 우리는 감정을 반드시 느껴야만 합니다. 감정을 있는 그대로 경험한 뒤, 그 감정을 통해 잘못된 인생 방향이 드러날 경우에는 그것을 회개하고, 이미 감정 처리를 잘하고 있는 경우에는 더욱 온전히 하나님을 의뢰함으로써 역경의 시기에도 인내하는 법을 배우는 것, 그것이 바로 성숙입니다.

지금까지 감정을 있는 그대로 경험하는 것의 중요성을 강조했습니다. 그렇다고 해서 감정을 경험하는 것이 성숙의 열쇠는 아니라는 점을 분명히 해두고 싶습니다. 그것은 전체 과정의 한 부분일 뿐입니다. 성숙의 열쇠는 회개, 믿음, 그리고 순종입니다. 나봇이 포도원 팔기를 거부했을 때 아합은 분노를 느꼈습니다(왕상 21:4). 그러나 그는 그 감정이 파괴적인 감정임을 깨닫지 못했고, 따라서 그 감정을 통해 자신의 이기성을 인식할 수도 없었습니다.

지금까지 우리는 효과적인 감정 처리의 첫 번째 원리는 감정을 있는 그대로 느끼는 것이라는 사실을 살펴보았습니다. 일단 감정을 느꼈다면 이번에는 그 감정을 잘 이용할 수 있어야 합니다. 건설적인 감정은 그 자체가 우리에게 기쁨과 계속 전진할 수 있는 힘을 가져다 줍니다. 그러나 파괴적인 감정을 보았을 때에는 적절한 자기 성찰을 통해 그 감정 뒤에 숨어 있는 어리석은 생각들을 잘 파악해야 합니다. 거기엔 반드시 회개와 순종이 뒤따릅니다. 이 두 번째 원리를 간단히 정리하면 다음과 같습니다. 즉 감정을 느낀 뒤에는 평가하고 그에 따라 처리하라는 것입니다.

이제 마지막 질문이 하나 더 남아 있습니다. 우리는 느끼고 평가한 감정을 표현해야만 합니까? 만일 그렇다면 얼마나 직접적으로 표현하는 것이 옳습니까? 표현의 어구를 은혜스럽게 잘 다듬는 것이 옳은 것

---

2. 성숙의 기복은 어지러울 정도로 붕 떠오르거나 움직일 수도 없을 만큼 우울에 빠지는 식의 것이 아님을 분명히 해두고 싶다. 성숙한 사람에게 있어서 감정은 깊은 흐름의 한 부분이다. 그러므로 어떤 감정을 느끼더라도 그 밑에는 계속해서 경건한 방향을 향해 나아가고자 하는 고요한 결의가 있다. 성숙한 사람은 아무리 강렬한 감정을 느껴도 그 감정이 자신의 나아감을 오랫동안 방해하도록 허용하는 일이 결코 없다.

아닙니까? 화가 난 남편은 아내에게 자신이 느낀 감정을 하나도 희석시키지 말고 있는 그대로 다 쏟아 부어야 합니까? 아니면 그냥 침묵하거나, 혹은 아주 듣기 좋게 바꾸어 몇 마디라도 해야 합니까?

내가 생각하는 원리는 이렇습니다. 우리는 자기 느낌을 정확히 표현하는 일을 두려워하지 말아야 하며 기꺼이 그렇게 할 수 있어야 합니다. 자신의 분노를 '부드럽게' 표현하는 남편들은 대개 너무나 두려워서 정작 자기가 하고 싶은 말은 꺼내지도 못하는 경우가 많습니다. 그 부드러운 표현은 아내를 향한 사랑과는 거의 상관이 없는 것입니다. 아니 실은, 그것은 전혀 친절이라고 할 수 없는 것입니다. 그들은 아내의 분노에 찬 반발을 피하기 위해 자기 방어적으로 행동하고 있는 것입니다. 자기 방어는 참 삶의 길이 아닙니다. 그것을 포기한다는 것은 곧 자신의 느낌이 어떻든 그것을 정확히 표현할 수 있을 만큼 자유로운 존재가 된다는 것을 뜻합니다.

우리는 감정을 표현하는 정도를 통제해야 하되 거절에 대한 두려움 때문이 아니라 다른 사람을 사랑하고자 하는 헌신 때문에 그리해야 합니다. 생명의 근원이신 주님을 영화롭게 하기 위해서는 다른 사람을 섬긴다는 목표 때문에 내 감정을 표현할 자유를 자발적으로 제한하는 태도가 필요합니다.

두려움이 아니라 사랑 때문에 감정 표현을 제한하게 된다면, 우리는 많은 경우에 일반적인 사회가 가진 공손함의 기준보다 훨씬 더 명확하고 직접적이고 강렬하게 서로의 감정을 나누게 되리라고 생각합니다. 사랑 안에서 진리를 말하는 데는 지금보다 훨씬 더 정직한 감정 표현이 수반되지만, 그와 동시에 관계 개선과 격려라는 목표를 위반하는 말이라면 단 한마디도 하지 않을 것을 의미합니다.

이른바 그리스도인의 은혜스러운 말이라는 것의 상당 부분이 실은 자기 방어적인 공손함에 지나지 않는 것일 수도 있습니다. 방어적인 태도, 당면하고 있는 관계의 긴장을 전혀 다루지 않으려는 태도, 다른 사람들이 말하는 것을 통찰력 있게 잘 듣지 못하는 태도, 다 우리가 자기 방어에 빠져 있다는 것을 지적해 주는 좋은 증거들입니다.

우리는 감정을 표현해야 합니까? 모든 감정을 마음놓고 다 표현하되, 하나님 뜻을 이루는 데 도움이 되는 것만 표현하십시오. 이것이 원리입니다.

지금까지 얘기한 세 가지 원리 속에 감정을 처리하는 전략이 잘 나타나 있습니다.

첫째, 감정을 온전히 경험하십시오. 감정을 느끼십시오.

둘째, 감정을 활용하십시오. 자신의 신념과 목표에 대해 감정이 드러내 주는 바를 잘 평가하십시오.

셋째, 모든 감정을 자유롭게 표현하십시오. 그러나 사랑이라는 목표를 가지고 표현을 제한하십시오.

요약

이제 감정의 기능을 나타내는 원 하나를 더 그리면(그림 11-4) 인간 심성에 대한 네 가지 원의 모델이 다 완성됩니다. 이 마지막 원을 '감정의 원'이라고 부르겠습니다.

감정의 원이 텅 비어 있다는 것은 감정이 존재하지 않는다는 말이 아니라 감정을 부정한다는 뜻입니다. 감정의 원이 가득 차 있다는 것은 그 사람이 외부적 사건과 내면적 과정의 상호 작용으로부터 생겨나는 제반 감정들을 있는 그대로 다 경험하고 있음을 뜻합니다. 안에 있는 점선 원은 감정이 인정되고 경험되고 있는 정도를 나타내 줍니다(그림 11-5).

감정의 성숙이란 내가 느끼는 감정의 종류에 따라 결정되는 것이 아니라, 자신이 느끼는 모든 종류의 감정들을 있는 그대로 온전히 경험하는 정도에 따라 결정됩니다. 감정을 그대로 느끼게 되면 인생이 풍요로워집니다. 때로 이 풍요는 고통이 수반될 수도 있습니다. 또한 그것은 자기 성찰의 과정이 시작되는 셈이기도 합니다. 우리가 느끼는 감정들은 우리가 얼마큼 하나님께 헌신되어 있는지 점검해 볼 수 있는 중요한 눈금입니다. 우리가 살아가는 방식 속에는 여러 죄성의 모습들이 숨어 있는데, 우리는 파괴적인 감정들의 배경을 추적함으로써 그런 모습들을 밝혀 낼 수 있습니다.

우리가 종종 감정을 표현하지 못하는 이유는 거부와 비난을 피하고자 하는 자기 방어적인 태도 때문입니다. 우리는 자신이 느끼는 모든 감정을 기꺼이 자원함으로 표현할 수 있어야 합니다. 이것은 자기 방어적 태도를 회개할 때 가능해집니다. 감정을 표현할 때 우리는 그 내용과 방식을 제한할 필요가 있습니다. 그때 기준으로 삼아야 하는 것은 자신이 느낀 감정 자체가 아닙니다. 다른 사람들에게 하나님의 사랑을 나타낸다는 우리 삶의 목표가 그 기준이 되어야 합니다.

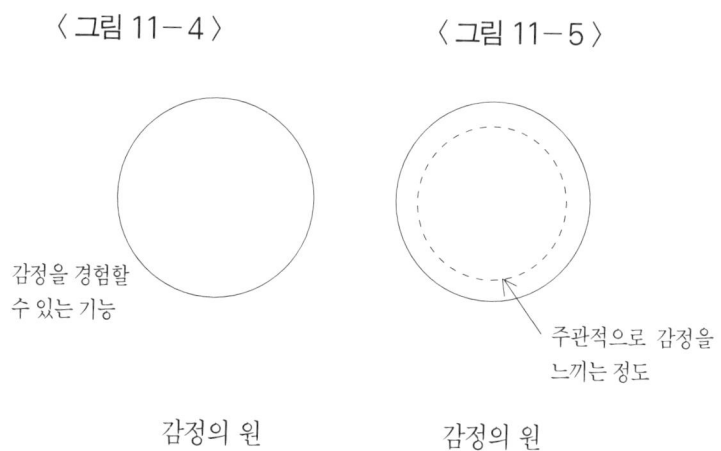

〈 그림 11-4 〉 〈 그림 11-5 〉

감정을 경험할 수 있는 기능

주관적으로 감정을 느끼는 정도

감정의 원 감정의 원

인생의 희비를 느낌 289

3부
성숙을 향하여

| 12. 성숙의 증거: 사랑
| 13. 성숙의 본질: 의존성의 인식

12
성숙의 증거: 사랑

　이 책 1부에서는 인간 이해를 위한 권위 있고도 충족한 기본 틀이 성경 안에 들어 있다는 사실을 살펴보았습니다. 성경 말씀을 딱딱한 사실들의 집합 정도로 취급하는 메마른 공부는 단호히 거부해야 한다는 것이 나의 생각입니다. 성경은 우리의 모든 문제와 역동적인 관련성을 맺고 있습니다. 그 역동적인 관련성을 놓치지 않는 성경적인 상담을 하고자 한다면, 우리는 인생의 모든 난해한 문제들을 성경이 정하는 범위 안에서 심각하게 사고하고 성찰해야만 합니다.

　2부에서는 인간은 하나님의 형상을 보유하고 있는 존재이자 타락한 존재라는 성경의 인간관을 바탕으로 하여 인간과 인간의 문제를 이해할 수 있는 하나의 모델을 그려 보았습니다. 거기서 나는 인간 행동의 문제가 그 어떤 것이라 할지라도 인간 행동 이해에 대한 성경적 모델은 절대로 그런 현실에 당황해서는 안된다는 결론을 내렸습니다. 그러므로 성경적 모델 안에는 우리가 사람들을 상대로 일하면서 반드시 묻게 되는 여러 질문들이 그대로 정직하게 들어올 수 있어야 합니다. 우리는 모든 진실된 질문들을 통하여 우리의 모델을 확장시켜 주고 정제해 주며 혹은 잘못된 부분을 지적해 줄 수 있는 냉철한 사고의 자극을 받아야 합니다. 그러나 이런 사고는 언제나 성경의 권위에 대한 기본적인 헌신 안에서 일어나야만 합니다.

이제 마지막 부분에서는 지금까지 얘기해 온 개념들을 바탕으로 성숙한 인간상을 한번 그려 보고자 합니다. 좋은 상담을 하려는 모든 이들의 목표는 바로 이 성숙(성숙의 정의가 올바르다는 전제하에)을 향해 있다고 나는 생각합니다. 증상을 경감시키고, 잘못된 결혼 관계를 회복하며, 성적으로 왜곡된 성향을 제 방향으로 바로잡는 일 등도 경건을 향한 인격적 성숙의 결과로 나타날 때에야 비로소 가치 있는 목표가 될 수 있는 것입니다.

핵심은 경건 또는 성숙입니다. 인간 성품의 본질 부분은 전혀 손 대지 않고도 상담을 통해 외형상 좋은 모습을 얼마든지 얻을 수 있습니다. 그렇기 때문에 성숙에 대한 명확한 개념을 갖는 것은 대단히 중요합니다. 그런 개념이 있을 때 우리의 상담이 사람의 안정감과 적응력을 길러 줄 뿐만 아니라 동시에 경건을 향하여 자라 가게 한다는 사실을 분명히 알 수 있습니다.

성숙이라는 주제에 대하여 글을 쓴다는 것은 참으로 어려운 일입니다. 성숙의 의미에 대한 이해가 저마다 각각 다르기 때문입니다. 인간 관계 유형에 있어서 규칙적인 습성과 강직함을 지닌 고도로 훈련된 사람이 성숙한 사람입니까? 깊은 격려로 다른 이들 삶 속에 파고들어갈 수 있는 따뜻한 사람이 성숙한 사람입니까? 만일 이들에게 자신의 욕심과 더불어 씨름하는 모습이 있다면, 그로 인해 성숙은 사라지고 마는 것입니까?

대개 성숙은 지식이나 습성이나 기술 등의 기준에 의해 정의되곤 합니다. 성경을 잘 아는 사람, 해야 할 일은 하고 하지 말아야 할 일은 하지 않는 사람, 여러 활동을 통해 그리스도인으로서 효과적인 봉사를 할 수 있는 사람 등이 성숙한 사람으로 간주될지도 모릅니다.

그러나 성숙의 장식품들을 가지고 있음에도 불구하고 우리로 하여금 주님께로 가고 싶은 마음을 전혀 느끼게 해주지 못하는 이들이 너무도 많습니다. 그런 사람들은 우리에게 좋은 인상을 주고 도전을 주고 자극을 줄 수는 있지만, 우리의 마음을 주님께 나아가고 싶도록 만들지는 못합니다. 참으로 성숙한 사람은 그 매력을 통하여 주변 사람을 유혹합니다. 그들은 우리가 아는 것보다 더 인격적으로 깊이 있게 하나님을 알고 있으며, 우리로 하여금 하나님을 좇고 싶은 마음을 갖지 않을 수 없게 합니다.

성숙은 완전함과는 별로 상관이 없습니다. 성숙한 사람은 오히려 자신의 불완전함에 대한 인식이 점점 깊어집니다. 그 인식을 통하여 우리는 십자가의 은혜를 더 깊이 맛보게 되며, 그리스도 없이는 우리 삶에서 선한 것이 나올 수 없음을 알기에 그분을 더욱 온전히 의지하게 됩니다.

성숙한 사람은 자신의 죄성과 더불어 싸웁니다. 그런데 그런 얼룩진 모습들은 타협할 수 없는 높은 기준을 가지고 있는 사람, 자신의 부패성에 대하여 괴로우리만치 예리한 인식을 가지고 있는 사람들만이 볼 수 있습니다. 그렇게 계속되는 전투 속에서도 그들은 더욱 넘쳐나는 은혜와 다함없는 사랑이 있기에 거기서 쉼을 얻습니다. 성숙한 사람들은 내적으로 평안하지만, 그러나 결코 정체되어 있지는 않습니다.

성숙한 사람에게 마지막으로 죄를 지은 때가 언제였는지 한번 물어보십시오. 그는 심령이 상한 자, 그러나 치료받고 있는 자의 미소를 지을 것입니다. 전에는 씨름의 제목이 되었던 몇몇 눈에 띄는 죄들이 이제는 더 이상 씨름 거리가 아닐지도 모르지만, 그래도 여전히 그는 자신의 매사를 타락시키려는 계속되는 죄성의 실체를 인식하고 있습니다. 그렇다고 해서 '미묘한 죄'에 대하여 막연하게 불안해 하면서 늘 자신에게 몰두해 있는 것은 아닙니다. 성숙한 사람은 건강치 못한 태도로 자신에게 지나치게 초점을 맞추는 것은 곧 자기 충족성을 믿는 교만한 태도, 즉 인간의 죄의 뿌리를 가져올 수 있다는 것을 압니다. 그러나 우리는 회개하고 하나님께 돌아섬으로써 그런 교만한 태도에 대해서는 완전히 죽은 자가 되어야 합니다.

그러나 이 모든 것들이 다 성숙의 정의는 아닙니다. 물론 성숙의 한 부분을 말해 주고 있긴 하지만 성숙의 본질을 명쾌히 지적해 주지는 못합니다. 광채 나는 다이아몬드의 반짝이는 면이 오직 한 면이 아닌 것처럼, 성숙 역시 간단한 정의 안에 그 의미를 다 담을 수는 없을 것입니다. 그래도 우리는 성숙의 의미를 정의하기 위해 최선을 다해야만 합니다. 만일 우리에게 성숙에 대한 올바른 정의가 없다면, 우리는 어떤 개념이든 우리가 통제할 수 있는 수준으로 격하시키려는 성향을 타고난 자들이라 필경은 성숙에 대해서도 외부적이고 가시적인 정의에서 안주하고 말 것입니다. 그렇게 되면 성숙이란 어떤 지식 체계를 잘 알고 있는 것, 무난한 행동 양식을 갖추고 있는 것, 누가 봐도 선망할 만한 활동들을 능수능란하게 해내는 것 등으로 격하되고 말 것입니다.

하나님을 친밀하게 신뢰하게 되면, 자기 도취와 속 좁은 마음과 염려와 분개심과 거리감 있는 관계는 서서히 녹아 없어지고, 그 대신 가치 있는 목표에서 오는 힘과 만족스런 관계에서 오는 기쁨이 내면의 인격을 가득 채우게 됩니다. 나는 이것이 하나님과의 관계 속에서만 생겨나는 독특한 평안이라고 생각합니다. 내가 사모하는 이런 평안('지각에 뛰어난 평강')은 사람들로부터 하나님을 알아 가는 기쁨을 빼앗아 가는 여러 질병들과는 절대로(적어도 장기간 동안) 공존할 수 없습니다.

삶이란 하나님을 알아 가는 과정이라 할 수 있습니다. 하나님을 아는 사람은 곧 경건한 사람입니다. 이제 그에게는 성숙만이 남아 있습니다. 내담자들의 우울을 덜어 주고 꼬인 관계를 풀어 주며 건강하게 삶을 누릴 수 있도록 돕는 과정에서 상담가들이 늘 기억해야만 하는 중요한 사실이 있습니다. 경건 안에서의 성숙을 절대로 타협하거나 경시해서는 안된다는 것입니다. 상담이 하는 일은 교회가 하는 일과 똑같습니다. 바로 사람들의 성숙을 도와주는 일입니다. 교회가 하는 일 가운데 개인적인 문제들에 대한 일대일 대화를 중심으로 삼는 일이 바로 '상담'인 것입니다. 이때 대화에 참여한 두 사람 가운데 한 사람이 자기 방어적인 삶의 유형으로부터 이미 자유롭게 된 사람으로서 다른 사람의 삶 속에 지혜와 사랑과 통찰력을 가지고 깊이 들어가 그 사람의 성숙을 도와 줄 수 있다고 한다면, 그것은 '훌륭한 상담'입니다.

그렇다면 성숙은 무엇입니까? 성경에는 우리 내면의 실체로부터 맺히는 열매에 관한 이야기가 종종 나옵니다. 성숙에 대해 이야기할 때 우선 이 장에서는 성숙의 열매(즉 성숙에 수반되는 가시적인 증거)에 대해 생각해 보려 합니다. 그리고 그 열매를 맺게 하는 내면의 실체가 무엇인지에 대해서는 다음 장에서 살펴보기로 하겠습니다.

성숙의 증거

다른 사람들과의 관계 속에서 우리는 성숙을 가장 분명하게 볼 수 있습니다. 꾸준한 성경 공부, 적극적인 교회 활동, 쉬지 않는 전도 생활, 훈련된 생활 방식, 규칙적인 기도, 자신의 안락을 희생하는 태도, 효과적인 물질 관리, 이것들은 모두 중요한 것입니다만 성숙이 기초가 되지 않고도 얼마든지 나타날 수 있는 모습들입니다.

사람이 살아 있다는 것의 본질을 다른 사람들과의 관계와 떼어서는 생각할 수 없듯이, 성숙의 핵심도 근본적으로 우리의 관계 유형 속에서 찾아볼 수 있습니다. 하나님은 본래가 관계적인 존재이십니다. 그분이 지으신 세상은 여러 분리된 실체들이 서로 조화를 이루며 기능하도록 되어 있습니다. 사람이 하나님의 본래 의도대로 살아갈 때 그 결과로 나타나는 가장 명확한 증거는 이것입니다. 즉 자신의 내면 및 다른 사람들과 더불어 조화로운 관계를 맺으며 살아가게 되는 것입니다.[1]

성숙한 관계 유형을 이루기 위해서는 자기 방어가 철저히 포기되어야만 합니다. 경계심 많고 억지가 센 사람도 성숙해지면 점점 친절한 사람이 되어갑니다. 그러나 자기 방어를 포기하지 못한 사람은 아무리 친절하다 할지라도 시간이 지날수록 더욱 자기를 주장하게 될 뿐입니다.

마음씨가 곱다고 남편으로부터 늘 칭찬을 받아 온 여자가 있었습니다. 그러나 이 여자의 이면에 숨어 있는 목표는 비난과 거부를 피하는 것이었습니다. 교회 사람들도 이 여자를 사랑 많고 희생적인 친구, 필요할 때면 언제나 달려와서 도와 주는 친구로 알고 있습니다. 그러나 이 여자의 그러한 섬김의 일차적 동기는 자기 방어에 있었기 때문에, 표면에 드러난 사랑의 행위들 속에는 끓어오르는 분노가 억압되어 있습니다. 즉 그들을 한 번이라도 실망시키는 날이면 당장 자신을 짓밟아 버리고 말(이 여자는 그렇게 생각했습니다) 자기 친구들을 향한 분노였습니다.

이 여자에게 있어서 자기 방어를 포기한다는 것은 사람들에게 더 자

---

1. 타락한 세상 속에서는 성경적인 관계 유형이 종종 관계의 나뉨을 초래하기도 하는데, 심지어 동료 그리스도인들 사이에서도 마찬가지다. 때문에 그런 관계 유형은 사랑이 없고 비성경적인 것처럼 보일 수도 있다. 자기 보호적인 방어가 전혀 존재하지 않는 사람은 아무도 없겠지만, 그런 자기 방어 정도가 심한 사람이 보기에는 그 정도가 덜한 사람이 아마 눈에 거슬릴 것이다.

주 "아니오"를 말하는 것이었습니다. 회개를 하기 위해서는, 진정한 삶이란 자신이 얻어내는 그러한 인정(認定)과 대우 속에 있지 않다는 사실을 인정해야 했고, 나아가 그렇게 자신의 삶을 유지시키기 위해 만들어 낸 행동 유형들을 버려야만 했습니다. 그 여자의 회개의 열매는 교회 사람들을 화나게 만들었습니다. 전에는 도와 달라면 언제든 달려오던 그 여자가 이제는 달라졌던 것입니다. 어떤 사람은 이렇게 불평했습니다. "그것이 성경적인 상담의 열매란 말입니까? 이 자매는 오히려 게을러지고 고집이 세졌단 말입니다."

방어적인 과(過) 협력을 버리고 참 자신을 주장할 줄 알게 된다는 것은 하나의 모험입니다. 그러나 자기 방어적인 태도를 회개함으로써 이 여자는 더 깊은 사랑의 가능성을 찾게 되었습니다. 이제 이 여자는 다른 사람들 부탁에 "예"라고 말하되, 자기 자신의 유익보다는 다른 이들의 유익을 더 중요하게 여기기 때문에 그렇게 할 수 있는 자유를 얻게 되었습니다. 또한 하나님 앞에서 자신의 우선 순위에 비추어 보아 그 부탁이 보다 덜 중요할 때는 기꺼이 "아니오"를 말할 수도 있게 되었습니다. 하나님과 다른 사람들을 사랑함에 있어서 훨씬 더 자유롭게 된 것입니다.

성숙의 가시적인 증거란 한마디로, 사랑입니다. 바울이 고린도전서 13장에서 얘기한 그 사랑을 묵상하면 할수록 나는 진정한 사랑을 하는 사람은 참으로 드물다는 사실을 절감하곤 합니다. 사랑을 하는 사람이 언제나 사랑이 가장 많아 보이는 것은 아니라고 나는 생각합니다.

우리 주위에 괜찮은 사람은 얼마든지 있습니다. 친하게 잘해 주는 사람은 교회나 이웃 모임이나 시민 단체나 얼마든지 많이 있습니다. 한 번도 나를 무례한 농담의 대상으로 여겨 본 적이 없는 친절하고 깨끗한 사람들은 어디에나 많이 있습니다. 이 세상엔 여러 종류의 사람들이 있지만 그 중에 착한 사람, 책임감 있는 사람, 친절한 사람, 도덕적인 사람, 인심 좋은 사람들은 언제나 적잖이 존재하게 마련입니다. 그러나 남을 사랑하는 사람은 좀처럼 찾아보기가 어렵습니다.

사랑이란 수면에 떠오르는 행동만으로는 측정할 수 없습니다. 칭찬과 따뜻한 미소, 어깨를 두드려 격려해 주는 행동 따위가 언제나 사랑을 뜻하는 것은 아닙니다. 그리스도인 공동체 안에서 볼 수 있는 행동 중 참으로 많은 부분이 실은 자기가 편하기 위해서 다른 사람에게 적당히 거리를 두는 '은혜스럽게 개발한 기술' 일 경우가 많습니다.

남을 사랑한다는 것은 곧 자기 방어 없이 그에게로 다가간다는 뜻입니다. 바로 나보다 남을 더 존중한다는 것입니다. 우리 주님이야말로 최고의 모본이십니다. 빌립보서 2:7에도 나와 있듯이 그분은 우리 대신 죽음을 맛보기 위해 신성(神性)의 특권을 버리고 "자기를 비우셨습니다."

섬기려는 목적으로 자신을 다른 사람들에게 내어 준다는 것은 하나의 모험과도 같습니다. 그렇게 하려면 일단 나 자신의 유익보다는 다른 사람의 유익에 더 관심을 가져야 합니다. 말로는 쉽습니다. 그러나 상대가 나의 그런 섬김을 고맙게 받아 주리라는 믿음이 없는데도 여전히 내 연약함을 드러내며 그를 섬긴다는 것은 참으로 두려운 일이며, 혹 그들이 무시하거나 거절이라로 한다면 그때의 고통은 정말 참기 어려울 것입니다. 그 상황에서도 끊임없이 사랑의 개입을 한다는 것, 바로 그 곳이 사랑이 궁극적으로 측정되는 곳입니다. 우리 주님은 당신을 배반한 친구들과 당신을 때린 병사들을 위해 돌아가셨습니다.

자기 방어를 포기한다는 것은 곧 내 힘으로 삶을 살아갈 수 있다는 교만한 생각을 회개한다는 뜻입니다. 전에 나를 찾아왔던 한 내담자는 남편이 계속 자신에게 관심을 기울이도록 압력을 가할 심산으로 이혼을 내세우며 남편을 위협했습니다. 한편 남편은 아내의 그런 압력에 굴복해서는 안된다는 입장을 고수하고 있었습니다. 이들은 둘 다 자신의 삶을 찾고 유지하기 원했습니다. 아내는 남편의 관심을 자기에게로 돌리는 것을 목표로 삼음으로써 자기 삶을 찾으려 했고, 남편은 남자로서의 자유를 내세움으로써 자기 삶을 찾으려 했습니다. 이들은 둘 다 자기 힘으로도 능히 생명을 얻고 유지할 수 있다는 전제하에 살아가고 있었습니다.

타락한 인간의 본성은 자기 영혼에 다가오는 상처를 어떻게든 줄이고자 안간힘을 씁니다. 상처 될 만한 일은 무엇이든 피하고, 거꾸로 즉각적인 쾌락을 가져다 주는 일이라면 못할 게 없습니다.

우리는 모두 다른 사람들에게서 상처를 받으며 살아왔습니다. 타락한 세상 속에서 살아간다는 것은 곧 상처받는 사람으로 살아간다는 뜻입니다. 더 이상의 상처를 피하고자 하는 태도, 이것이 바로 사랑의 노력을 방해하는 요소입니다. 대부분의 사람들에게 있어서 가장 중요한 것은 사랑이 아니라 자기 방어입니다. 그러나 자신을 안전하게 지키기 위해 세상을 조작함으로써 삶을 찾으려 한다면, 우리는 하나님께서 주고자 하시는 넘치는 기쁨의 삶과 그런 삶을 가능하게 해주는 관계 형성 능력을 잃어버리게 됩니다. 우리 주님께서 그 어떤 말보다도 여러 번 반복하셨던 말이 있습니다. "자기 목숨을 잃는 자가 그것을 얻게 된다"는 말씀입니다.[2] 그러나 어리석은 우리는 기를 쓰고 자기 목숨을 구하고자 하며, 그리하여 자신의 사랑을 타락시키고 맙니다.

어렸을 때 말 같지 않은 말을 한다고 비웃음을 당한 여자는 결혼을 해서 남편이 의견을 물어 와도 결코 잘 나누려 들지 않을 것입니다. 남편은 진지하게 아내의 의견을 듣고 싶어하며 또 존중하는데도 말입니

---

2. 마태복음 10:38-39, 16:24-25, 마가복음 8:34-35, 누가복음 9:24, 14:26-27, 17:33, 요한복음 12:25.

다. 왜 그렇습니까? 아버지의 경멸에 찬 꾸짖음에 대한 기억이 치유되지 않았기 때문입니까, 아니면 남편이 자기 말에 민감하게 반응해 주지 못하면 그것으로 자기 인생은 다 끝났다고 생각하기 때문입니까? 어쨌든 그 여자의 침묵은 복종이 아닙니다. 그것은 자기 방어적인 침묵인 것입니다. 이 여자가 남을 사랑하려 한다면 반드시 자기 생각을 표현할 수 있어야만 합니다.

이번에는 다른 여자를 생각해 봅시다. 배경을 살펴보니 이 여자는 주위 사람에게 인정받기 위해서는 언제나 목청을 높여 말해야 한다고 믿는 사람입니다. 이 여자는 남편에게 쉽게 자기 의견을 말합니다. 그러나 그것은 남편이 자신의 필요에 늘 관심 갖고 반응을 보이도록 하기 위한 조작적인 노력일 뿐입니다. 이 여자에게 있어서 사랑이란, 남편이 그녀의 말에 위협을 느끼지 않도록 혀를 통제하여 말을 줄이는 것일 수 있습니다.

성숙한 사람들은 두 가지 일에 헌신되어 있는 사람입니다. 자기를 포기하는 일과, 다른 사람들이 하나님께 나아가는 것을 돕기 위해 그들에게 격려가 된다면 어떤 식으로든 그들 삶에 개입하는 일, 바로 이 두 가지입니다. 성숙한 사람은 자기 방어가 끔찍하리만치 미묘한 형태로 나타날 수 있다는 것을 알기에, 이 문제를 결코 간단하게 취급하지 않습니다. 예를 들어 '사람들이 뭐라고 하든 전혀 상관하지 않는 걸 보면 나는 자기 방어에 관한 한 아무 문제 없어' 하는 태도입니다.

성숙한 아내들은 거절당할지도 모른다는 자신의 감정보다는 남편의 잘못된 행동 밑에 숨어 있는 남편의 상처에 더 관심을 가집니다. 성숙한 남편들은 아직 온전히 채워지지 못한 자신의 모습과 그로 인한 내면의 씨름을 충분히 인식하지만, 그렇다고 아내가 자신의 필요를 채워 주기 위해서 존재할 것을 요구하지는 않습니다.

성숙한 부모들은 자녀의 감정 기복과 희비를 있는 그대로 공감하면서도 독립된 세계와 자유를 허용합니다. 그 자녀들은 부모를 '건드려서는' 안된다는 부당한 책임에서 벗어나 자유로운 표현 속에서 자라나게 됩니다.

성숙한 독신자들은 자기 영혼 속에는 비록 영혼의 핵심부는 아닐지라도 배우자만이 채워 줄 수 있는 부분이 있으며 지금 자신은 그 부분이 비어 있다는 사실을 받아들입니다. 그럼에도 불구하고 그들은 자기 자신을 충만한 존재로 간주하고, 결혼에 대해서도 마음이 열려 있으며, 남을 섬기는 사역에 헌신되어 있습니다.

성숙한 사람들은 자기 방어 없이 다른 사람들과 관계를 맺습니다. 그들의 행동을 움직이는 동기는 자기 방어가 아닙니다. 그들은 사랑합니다. 그들의 행동은 상냥할 수도 있고 무뚝뚝할 수도 있으며, 가벼울 수도 있고 진지할 수도 있으며, 전통적일 수도 있고 진보적일 수도 있으며, 조용할 수도 있고 시끄러울 수도 있습니다. 또한 부드러울 수도 있고 엄할 수도 있으며, 포용적일 수도 있고 직면적일 수도 있습니다. 하지만 그들은 오래 참고 친절하고 시기하지 아니하고 겸손하며, 민감하고 타인 중심적이고 쉽게 노하지 아니하고 금방 용서하며, 불의를 싫어하고 의를 사랑하고 남을 지켜 주고 믿으며, 바라고 인내하는 것입니다. 그들은 다른 사람들과 관계를 맺음에 있어서 자기 자신의 본질적인 필요에 대해서는 오직 하나님을 바라고 믿는다는 것을 기본 태도로 삼습니다. 그러한 자유가 있기에 다른 사람들을 돕는 일에만 에너지를 쏟을 수 있습니다.

남을 사랑하는 사람들에게는 뭔가 다른 것이 있습니다. 그들에게는 말과 행동을 뛰어넘는 함께함(presence)이 있습니다. 그 함께함이 우리를 위한 것이라는 사실을 우리는 압니다. 그들이 함께해 줄 때, 더 이상 성숙은 우리에게 요구되는 과제가 아니라 매력 있는 복이 되는 것입니다. 그들과 함께 있을 때는 결코 관계 자체가 위협받는 일이 없기에, 우리는 관계가 깨지지 않고 유지되게 하려고 노력할 필요가 없습니다. 대신 그 관계 속으로 깊이 들어가 관계를 온전히 누릴 수 있는 자유를 맛보게 되는 것입니다.

성숙의 가시적인 증거는 사랑으로 관계를 맺는 것입니다. 사람들이 사랑하는 법을 배운다면, 그들의 감정적 질병과 심리적 질병의 뿌리가 되고 있는 내적인 구조들은 모두 없어질 것입니다. 사랑만이 진정한 해답입니다. 사랑은 그리스도인을 그리스도인 되게 해주는 표지(標紙)이며, 성숙을 나타내 보여 주는 눈금입니다.

* * *

나는 때로 2부에서 얘기했던 모델과 같은 맥락에서 성숙을 네 개의 원이 가득 찬 상태로 정의하곤 합니다. 간단히 요약해 보겠습니다.

인격의 원이 가득 찬 상태: 우리 마음의 본질적인 갈망들이 어느 날 하나님의 임재로 온전히 채워질 것이라는 깊은 체험적 확신이 있다. 우리 인격의 본질은 그 어떠한 것에 의해서도 흔들리지 않는다는 분명한 믿음이 있기에, 우리에게는 두려움 없이 살아갈 자유가 있다.

이성의 원이 가득 찬 상태: 자신은 하나님께 사랑받거나 쓰임받을 가치가 전혀 없는 존재라고 간주한다. 그러나 그와 동시에, 형상 보유자로서 자신의 고귀함을 깨닫고 하나님의 사랑을 받아들이며 하나님 뜻을 이루는 데 협력한다(이성-2). 진정한 삶은 그리스도 안에만 있으며 나 자신의 힘으로나 다른 사람의 힘으로는 결코 얻을 수 없는 것임을 믿는다(이성-1).

의지의 원이 가득 찬 상태: 진정한 삶은 그리스도 안에만 있다는 사실을 확실히 안다. 때문에 삶 자체로부터는 아무것도 요구하지 않으며, 자신의 삶은 하나님과 다른 사람을 사랑할 수 있도록 하나님께서 주신 기회라 여기고 감사한 마음으로 그 기회를 활용한다(의지-2). 그 사랑이라는 목표에 합당한 방식으로 행동한다(의지-1).

감정의 원이 가득 찬 상태: 자신의 모든 느낌을 용기 있게 인정하며, 건설적인 감정에 대해서는 감사드리고 파괴적인 감정은 자기 성찰의 기회로 활용하려는 태도를 취한다.

이제 한 가지 질문이 남아 있습니다. 어떻게 하면 이 네 개의 원을 가득 차게 할 수 있느냐 하는 것입니다. 바꿔 말하면 이런 질문이 될 수도 있습니다. "어떻게 하면 사랑의 사람으로 성품을 개발할 수 있습니까?" 이 질문은 다음 마지막 장에서 살펴보기로 하겠습니다.

13
성숙의 본질: 의존성의 인식

성숙의 증거가 사랑이라면 성숙의 본질은 무엇입니까? 성숙한 그리스도인의 성품이란 어떤 것입니까? 인간은 프로그램에 짜여진 대로 사랑하게 되어 있는 기계가 아닙니다. 인간은 적절한 압력과 강요를 통해 정해진 반응을 하도록 만들 수 있는 존재가 아닙니다. 그러므로 "사랑이란 이러이러한 종류의 행동들로 이루어진 것이니 사랑을 하려면 그 행동들을 선택하라"고 권면하는 것만으로는 결코 충분하지 않습니다.

물론 사랑에는 그런 요소들도 분명 들어 있습니다. 사랑을 하려면 때로 의지의 힘을 동원하여 감정을 거슬러 행동할 수도 있어야 합니다. 그것이 다른 사람의 유익을 구하는 길이라면 말입니다. 그러나 만일 이것이 사랑의 전부라면 깊은 변화가 나타나지 않을 때에는 그 사랑은 함께 힘을 잃고 말 것입니다. 이런 사랑을 받고 있는 사람은 자신이 지금 관심과 돌봄을 받고 있으며 자기 안에 남을 향한 따뜻한 관심이 자라고 있다는 느낌을 가질 수도 있을 것입니다. 그러나 이런 사랑은 상대를 주님과 더 깊은 관계 속으로 인도하지는 못합니다. 온전히 함께함으로 관계를 맺는 사람은 그 함께함으로 다른 사람을 변화시킵니다. 그러나 깊이 변화된 성품 없이는 결코 그런 함께함도 있을 수 없습니다.

신경성 식욕 부진증이나 우울증, 자녀 문제로 좌절감을 안고 찾아오는 내담자를 도울 때 상담가는 사랑의 성품을 개발해 주는 측면에서 그들을 다루어야 합니다. 상담가는 그들이 털어놓는 문제 자체에만 초점을 맞추어서는 안됩니다. 그들 내면의 성품에도 관심을 가져야 합니다. 그러려면 어떻게 해야 합니까? 성품이란 정확히 무엇입니까?

하나님 말씀에 순종하는 것이 성품 개발의 가장 중요한 요소라는 사실은 그리스도인이라면 누구나 동의하는 바입니다. 하나님께서 우리에게 무엇을 요구하시는지에 대해서는 서로 의견이 다를 수 있지만, 그리스도인은 하나님께서 명하시는 대로 살아가는 법을 배워야 한다는 점에 대해서는 누구도 이의를 제기하지 못할 것입니다. 그러나 성품이란 순종에의 헌신만으로 이루어지는 것이 아닙니다.

강대상에 서서 "아무것도 염려하지 말라"고 선포하는 것과, 십대 딸 아이가 불량기 있는 친구와 어울려 가출한 지 일주일 된 상황에서 그 말씀이 주는 의미가 정확히 무엇인지 이해하는 것은 전혀 별개의 일입니다. '이 아이가 지금 어디서 뭘 하고 있는 거지? 진작 독립을 시켜야 했을까? 어쩌면 우리가 딸애한테 너무 관대했는지도 몰라. 내 친구는 그렇게 엄격하게 통제했는데도 나가서 임신을 했다잖아? 집에 들어오면 넌지시 한번 물어 봐야 할까? 아니야, 아무 말 않는 것이 좋을지도 몰라.'

상담가는 이런 상황에 처한 부모를 어떻게 도와야 합니까? 딸아이를 독립시켜 내보내기로 하는 것이 올바른 결정인지 그릇된 결정인지를 정확히 알 수 있는 길은 없습니다. 물론 아이가 전에도 친구와 함께 문제를 일으킨 적이 있다거나, 부모가 너무 약해서 아이들 말을 거절하지 못하는 경우라면 상황이 달라지겠지만 말입니다. 또한 딸아이가 집으로 돌아왔을 때 임신 여부를 물어 볼 것인지를 결정하는 것도 그리 쉬운 일은 아닙니다. 우리가 해야 하는 구체적인 선택들 가운데는 성경에 분명한 언급이 없는 것들도 많습니다. 그럴 때 우리가 따라야 할 원리는 언제나 사랑으로 행하라는 것입니다.

그러나 이 말의 의미는 무엇입니까? 위의 부모에게 행동 지침을 얘기해 주는 공식이란 존재하지 않습니다. 문제는 순종이 아닙니다. 이들 안에는 이미 순종하려는 마음이 있습니다. 그들은, 자신들이 딸을 사랑한다는 게 무엇을 의미하는지 이해해야만 합니다. 그리고 그렇게 하기 위해서는 그들 성품 속에 있는 더 깊은 문제들로 파고들어야만 합니다.

사랑의 행위란 자신을 방어하기 위한 열망이 아니라 다른 사람들 속에 경건을 자라게 하기 위한 열망이 동기가 되어 나타나는 행동입니다. 위의 부부가 지금 이 말의 의미를 이해하기 위해서는 먼저 자신들의 자기 방어 유형을 어느 정도 이해해야 하며 딸의 성숙도를 바로 알아야만 합니다. 딸아이에 대한 깊은 이해와 딸아이를 향한 사랑, 이것이 그들 행동의 동기가 되어야 합니다.

이런 성품을 어떻게 개발할 수 있습니까? 이 질문에 대한 답에는 의견이 분분합니다. 무엇이 올바른 행위이며 사랑의 행위인지 알기 위해서는 깊은 갈망들과 방어적인 이미지, 어리석은 신념, 조작적인 목표, 파괴적인 감정 등과 같은 내적인 실체들을 '분석'하고 '성찰'해야만 하는 것입니까? 성품 개발에는 인격의 분석이 필요합니까? 심성을 측정해 보고 수면 아래를 들여다보며 끊임없이 복잡하고 혼돈스러워 보이는 영역 속으로 들어가는 것은 과연 생산적인 일입니까? 이런 식의 인격 성찰을 부추긴다는 것은 곧 영적인 것들을 덜 강조하고 심리학을 끌어들여 사람을 돕는 행위가 아닙니까? 그냥 기도만 하면서 성경이 명백하게 말하는 것은 따르고 그 나머지는 하나님 손에 맡기는 식으로 하면 안됩니까?

성품 개발에 있어서 보수 진영이 갖고 있는 가장 보편적인 견해는 아마도 이것일 것입니다. 바로 사람의 마음을 훌륭한 교육으로 충분히 채우고 또 경건한 방식으로 살아가도록 스스로 잘 훈련한다면, 많은 문제로 복잡한 우리의 내면은 곧 정리되고 해결되리라는 견해입니다. 이런 견해에 따른다면, 우울한 사람을 찾아가 어렸을 때 어떤 일에서 실망을 느꼈냐고 묻는 것은 곧 성경의 진리를 타협하고 심리학의 지혜를 인정하는 처사가 됩니다. 어떤 일에서 실망을 느꼈느냐는 아무 상관이 없습니다. 중요한 것은, 지금, 하나님 앞에서 어떻게 인생을 살아가고 있느냐입니다. 순종의 행위는 경건한 성품의 근원이요 본질입니다. 그러므로 인간은 성경의 기준에 자기 삶을 일치시켜야만 합니다. 이런 입장에서는 성경 읽는 데 더 많은 시간을 보내고, 혹시 알고 있는 죄가 있다면 당장 모두 자백하고, 일상 생활의 요구들 속에서 책임감 있게 살아가는 것이 가장 중요합니다. 우리는 따뜻하면서도 단호하게 그런 일들을 권면해야만 합니다. 상담이란 곧 책임에 대한 지지적인 관계 속에서 그런 원리들을 특정한 사람의 삶 속에 개인화시키는 작업에 지나지 않습니다. 이것이 한 가지 견해입니다.

이러한 접근도 변화를 가져올 수는 있습니다. 그러나 자기 방어 없이, 함께함으로 사랑할 수 있는 성품이 이러한 접근을 통해 개발될 수 있다고 생각합니까? 혹시 이러한 접근이 열정 없는 동조만 낳는 것은 아닙니까? 교회 공동체의 기준에는 도달할지 모르지만 뭔가 활력 없이 인간의 모습을 잃어 가게 만들진 않겠습니까?

교회 지도자들 사이에 긴장 상황이 발생했다고 합시다. 이들이 보이는 가장 전형적인 반응은 자기 방어 성향에 대한 주의 깊은 성찰 없이 그저 가장 좋아 보이는 행동을 취하는 것입니다. 성찰을 우선 순위로 삼는 일은 거의 없습니다. 내면을 성찰하는 과정은 깨끗하지 못한 일이고, 시간이 걸리는 일이며, 마치 '문제를 처리하고 사역을 속행하는 것'과는 거리가 먼 일처럼 보일 수도 있습니다. 하지만 약한 모습 그대로 맺는 관계에서 자신의 동기를 정직하게 들여다보는 일만큼 비이기성이 요구되는 일은 없습니다. 또한 지도자들 사이에서 긴장의 본질을 해결하는 데 이만큼 필수적인 것도 없습니다. 사랑을 하나의 실체가 되게 하는 성품, 그런 성품은 자기 방어적인 유형의 노출과 회개 없이는 개발될 수 없는 것입니다.

사랑의 사람이 되게 하는 성품이 어떤 것인지 정의하기 전에, 우선 그리스도인 문화가 성품 개발을 어떻게 이해하고 있는지 좀더 자세히 살펴보겠습니다.

성품 개발에 대한 두 가지 모델

성품 개발의 중요성은 모두가 인정하는 바입니다. 부모는 자녀들이 성품을 개발하기 원하고, 목사는 회중이 성품 면에서 자라 가기 원하며, 교수와 교사들은 학생들이 교과 내용을 배울 뿐만 아니라 보다 좋은 성품도 얻게 되기를 원합니다. 성품이 무엇인지에 대해서는 분명히 알지 못하면서도, 그것이 중요하다는 사실만큼은 모두 다 잘 알고 있습니다. 우리는 성품의 본질이 무엇인지에 대해서 흐릿하게밖에 알지 못합니다. 사람들을 우리 기대에 부합하는 자로 만들어 내는 것이 곧 좋은 성품의 소유자가 되게 하는 것이라고 우리는 생각합니다. 그래서 그들이 기대에 일치된 행동을 보이면, 바로 그것을 "좋은 성품이다"라고 말하곤 합니다.

이러한 지엽적 기준을 가지고 성품을 측정한다면, 그런 성품 개발 모델(이 모델은 사실상 성화의 모델입니다)은 수면 위의 실체밖에는 다룰 수가 없습니다. 이런 모델을 '획득/수행 모델'이라 할 수 있습니다. 자녀들과 회중과 학생들이 소정의 지식을 획득하고 인정된 방식으로 행동하게만 만들면 되는 것입니다. 사람들이 성경의 진리를 어느 정도 수준까지 터득하고 그 지식이 삶에 적용되고 있음을 나타내 주는 방식으로 살아가고 있다면, 우리는 그 사람 속에서 성숙이 이루어지고 있으며 성품이 개발되고 있다고 간주합니다.

신학교들도 대개는 이런 모델을 따르고 있습니다. 신학교의 교육 과정은 지식 체계의 전달, 사역 기술의 교육, 지정된 행동 지침에 대한 협력 요구 등으로 이루어져 있습니다. 이것은 교회도 마찬가지입니다. 강대상이 교제와 봉사와 함께 기도하는 부분에 있어서는 공동체의 중심 역할을 감당하고 있지만, 사람들은 여전히 강대상에서 들려 오는 내용을 자기 삶에 온전히 깊이 있게 연결시키지 못하고 있습니다. 가정의 건강성을 재는 기준이 외견상의 반항이 없는 친밀한 분위기에 있다고 한다면, 이 가정 역시 획득/수행 모델을 따르고 있는 것입니다.

여기서 열쇠가 되는 가정(假定)은 이것입니다. 즉 성품은 수면 밑에 숨겨진 문제들을 직접 다루지 않고도 개발될 수 있다는 것입니다. 만일 이 가정이 사실이라면, 이 모델은 좋은 모델입니다. 그러나 만일 그렇지 않다면, 이 모델을 따라 훈련받은 사람들은 가정과 교회와 교실 안에서 자기와 똑같은 사람들을 재생산해 내며 그럼으로써 하나님의 사람들을 약화시키고 마는 유능하고도 자만심에 찬 동조자들이 될 수밖에 없을 것입니다.

획득과 수행을 강조하는 접근에서는 부패한 마음의 죄에 물든 문제들이 결코 직면될 수 없습니다. 그 결과 미묘한 자기 방어적 관계 전략들은 대개 눈에 띄지 않은 채 그대로 남아 있게 됩니다. 자기 충족성을 믿는 숨겨진 태도로 인하여 부정(否定)의 껍질은 점점 더 딱딱해지며,

따라서 깊은 회개란 여간해서 일어나기가 어려워집니다.

그와 비슷하게, 이 모델을 따르면 갈급한 영혼의 깊은 갈망들도 표면에서 다루어지지 않게 됩니다. 따라서 주님과의 관계의 인격성 역시 거의 느껴지지도 않은 채 남고 맙니다. 열정은 도무지 싹이 틀 수 없습니다. 주님과의 깊은 인격적인 만남을 가져다 주는 상한 심령의 자리에는 그리스도인의 훈련을 통해 스스로 좀더 강해지려는 노력이 자리합니다. 그 결과 기독교는 학적인 기독교가 되며, 사람들은 모두 깊은 고독 속으로 빠져 들게 됩니다. 하나님을 알아 가는 일이란 일어나지 않습니다. 사람들은 그저 하나님에 대해서 알 뿐입니다.

두 번째 모델에서는 다음 두 가지 개념이 강조됩니다. 첫째, 사람을 가능케 하는 성품이 가장 잘 개발될 수 있는 것은 마음의 숨겨진 문제들(주로 깊은 갈망들과 자기 방어적인 관계 전략들)이 있는 그대로 명확히 규명될 때입니다. 둘째, 성품 개발을 위한 이상적인 토양은 건강한 공동체입니다. 마음의 숨겨진 문제들은 다른 사람들과의 관계를 통해서만 그 본질이 표면에 떠오를 수 있고 또 해결될 수 있습니다. 우리는 이 모델을 '공동체를 통한 성품 개발 모델'이라고 부르겠습니다.

이 두 번째 모델에는 첫 번째 모델에서 강조되었던 모든 요소들이 다 포함됩니다. 그러나 그 요소들은 전혀 다른 정황 안에 자리를 차지하게 됩니다. 성경과 신학에 대한 지식 체계를 획득하고, 사역의 기술들을 개발하며, 순결한 모습을 좇아 행동하는 것 등은 모두 다 중요한 일입니다(가정에서든 교회에서든 신학교에서든).

그러나 이런 일들이 핵심은 아닙니다. 사람들의 실생활 속에서 관찰되는 관계 유형의 연구, 이것이 그들로 하여금 자기 방어적인 유형들을 발견하고 회개하게 합니다. 또한 내면의 가장 깊은 부분으로부터 하나님을 의뢰하고 그분의 선하심을 맛보도록 돕는 일에 핵심이 되는 것입니다. 하나로 연합하여 온전히 제 기능을 하는 그리스도인 공동체

바깥에서는 회개도, 하나님의 선하심을 맛보아 아는 것도 결코 온전히 가르쳐지거나 경험될 수 없습니다.

성품의 결함이란, 더 이상의 인격적 고통으로부터 자신을 보호하기 위해 만들어 낸 관계 유형이라 정의할 수 있습니다. 자기 방어가 결함이 될 수 있는 이유는, 그것이 예수님께서 약속해 주신 생명(요 7:37-38)을 얻기 위해 그분께로 가기보다는 자신의 노력으로 참 삶을 얻고자 하는 노선을 담고 있기 때문입니다. 자기 방어적인 사람들은 자신이 만들어 낸 밑 터진 웅덩이에서 물을 길어 마십니다(렘 2:13). 이런 결함이 가장 명확하게 눈에 띄는 것은 사람들이 실제 관계를 맺는 모습 속에서입니다. 자기 방어라는 죄성을 그때그때 나타나는 대로 노출시킨다는 분명한 목표를 위해서는 사람들이 반드시 서로 만나야만 합니다. 바로 이 이유 때문에 이 모델은 공동체를 중시합니다.

성장하고 싶은 사람이라면 건강한 지지의 분위기 속에서 다른 사람들이 자신에게 어떻게 다가오는지 그 피드백(feedback)을 정직하게 나눌 수 있어야 합니다. 이 피드백은 어떤 특정한 자기 방어 유형 밑에 숨어 있는 그 사람의 방어적인 이미지와 어리석은 신념들을 들춰내는 자극제 역할을 수행합니다. 방어적인 입장을 깊이 회개하고 또 해결되지 않은 고통의 한가운데서도 우리의 유일한 소망이신 주님만 의지할 수 있는 기회가 찾아오게 됩니다.

획득/수행 모델에서 나온 사랑은 기껏해야 숨겨진 자기 방어에 의해 더럽혀진 사랑, 다른 사람을 그리스도의 인격 앞으로 인도해 주는 함께함이 결여된 사랑이라고 나는 확신합니다. 반면 공동체를 통한 성품 개발 모델에는 사람들로 하여금 자신의 연약함을 깊이 인식하게 해주고, 주님을 의지함으로 말미암아 자기 방어적인 관계 유형으로부터 서서히 벗어나게 해주며, 주님과의 친밀한 연합을 통해서만 자라날 수 있는 함께함의 의식을 점점 깊어지게 하는 잠재력이 있습니다.

이 장의 나머지 부분에서는 경건한 성품의 본질에 대해 살펴보려 합니다. 구원받은 형상 보유자가 온전히 주님을 좇아갈 때 그가 결국 입게 될 모습은 어떤 것이며 어떻게 그 모습에 이를 수 있습니까?

성숙의 본질

어떠한 인간 관계를 통해서도 채워질 수 없는 깊은 갈망들을 겉으로 노출시킬 때, 사랑의 삶을 살게 해주는 성숙한 성품이 자라나게 됩니다. 그러나 그렇게 노출을 시킨다는 것은 고통스러운 작업입니다. 그것은 우리를 완전히 깨뜨려 버립니다. 그것은 우리를 누군가에게 의존하지 않고는 살 수 없는 존재로 만들어 버립니다. 그러므로 우리는 그러한 경험으로부터 어떻게든 피하려 듭니다. 자신의 갈망들을 셀 수 없이 많은 자기 방어적인 전략들 밑에 묻어 버리는 것입니다. 그런 전략들은 모두 당장의 기분을 좋게 하려고 만들어 낸 것들입니다. 사랑의 성품이 자라기 위해서는 상한 심령이 있어야만 합니다. 그렇게 상한 심령의 상태가 되기 위해서는 자기 방어적인 전략들을 가차없이 밝혀 내어 그것을 그 정체에 합당한 이름 곧 하나님을 향한 간악하고도 교만한 독립 선언으로 규정해야만 합니다.

이러한 전략들을 버린다는 것은 곧 자신의 연약함을 있는 그대로 바라보아야 하는 끔찍한 고통을 뜻합니다. 가장 고통스러워지는 바로 그 순간에 대충 아무 수단으로나 그 고통을 덜어 버리고 싶은 유혹이 우리를 삼켜 버릴 듯 강력하게 밀려옵니다. 그러나 자기 방어적인 전략들을 사용하여 고통에서 벗어나고 싶은 충동이 가장 커지는 그 순간, 우리가 만일 그것을 단호히 거부하고 온전한 마음으로 하나님만을 의뢰한다면 바로 거기서 우리의 성품은 자라게 됩니다.

온전한 의존이라는 엄연한 실체를 경험하지 않고는 성품 개발의 가장 좋은 기회들은 결코 찾아오지 않습니다. 의존을 부정하고 자기 방어의 벽 뒤에 숨으려는 자신의 타고난 성향을 향하여 단호한 도전을 가할 때에만 성품 개발의 기회는 찾아옵니다.

타락한 세상 속에서의 삶은 온갖 상처의 기회들로 가득 차 있습니다. 사랑하는 이들이 병을 앓습니다. 아이들이 부모를 냉담하게 대합니다. 동료들이 와서 사역을 방해합니다. 일자리를 잃습니다. 재혼한 남편이 첫 남편보다도 훨씬 못합니다. 나이 들어 가면서 즐겁고 의미 있는 활동의 범위가 점점 줄어듭니다. 우리는 스스로 이런 데서 벗어나기를 요구합니다. 그래서 기분 전환이나 타협을 통해서 그런 고통을 부정하게 됩니다. 그러나 스스로에게 그러한 요구를 하는 대신 신실한 태도를 우선 순위로 삼는다면, 고통은 경감될 수도 그렇지 않을 수도 있지만 성품은 분명 자라갈 것입니다.

우리 주님은 영적인 기쁨을 아이의 출산에 비유하셨습니다. 먼저 고통이 있은 뒤에 기쁨이 있는 것입니다. "저녁에는 울음이 기숙할지라도 아침에는 기쁨이 오리로다"(시 30:5). 형상 보유자가 노출된 자신의 고통 한가운데서 자기 방어적인 조작을 버리고 하나님을 의지할 때, 고귀한 성품은 이루어지기 시작합니다. 자기를 방어하고픈 충동에 굴복하지 않고 인내로써 온전히 하나님께만 매달리는 이것이 가장 중요한 열쇠입니다. 바로 이것이 진정한 삶을 위해 자아에 대하여 죽는 것입니다.

의지적인 순종이 가장 중요한 역할을 한다는 점을 기억하시기 바랍니다. 이것은 '하나님이 다 알아서 하시겠지' 하는 식의 접근이 아닙니다. 하나님을 의지한다는 것은 그저 수동적으로 다 떠맡긴다는 뜻이 아닙니다. 오히려 그 반대입니다. 이 접근이 이해하는 성화란 하나님을 향한 우리 순종의 책임을 더 강조하여 순종을 매사의 중심에 두고 있습니다. 우리 자신에게는 의미 있는 삶을 만들어 낼 자원이 전혀 없음을 온전히 인식하게 될 때, 거기서 순종할 수 있는 힘이 생겨납니다. 생명을 얻기 위해서는 하나님을 의존해야만 한다는 사실을 깊이 깨닫고 느껴서 오직 그분께로만 향해 있을 때, 비로소 온전한 순종을 할 수 있게 됩니다.

경건한 성품이란, 언젠가는 모든 것이 본연의 자리로 회복된다는 사실을 하나님 안에서 확신하는 것이라고 정의할 수 있습니다. 이 세상에서는 우리는 신음합니다. 모든 것이 어딘가 잘못되어 있기 때문입니다. 그러나 오는 세상에서 우리는 잔치를 베풀 것입니다. 잘못된 것이 아주 조금도, 하나도 없기 때문입니다. 인내와 기쁨은 바로 이 확신에서 생겨납니다.

성숙한 사람은 과거(그리스도의 죽음과 부활)로 인해 가능케 된 영광스러운 미래를 바라보기 때문에 기쁨으로 현재를 인내합니다. 성숙을 가져다 주는 이 확신은 채워지지 않은 갈망들의 실체를 지금 깊이 느끼고 있을 때, 그리고 자기 힘으로는 만족을 찾을 수 없는 절대적인 무능력을 고통스럽더라도 온전히 인정할 때에만 생길 수 있습니다.

인생은 절대 우리가 원하는 대로 펼쳐지지 않으며, 어떠한 수를 쓴다 해도 우리는 인생을 바꿀 수 없습니다. 이 사실을 바탕으로 한 의존성의 인식, 곤핍함의 인정 그리고 상한 심령, 그것이 바로 성숙의 본질입니다. 내가 원하는 대로 나를 안전하게 지킬 수 있는 힘이 우리에게는 없습니다. 자신의 무력함과 연약함을 인정하는 가운데 부정이나 타협을 통해서 자신의 고통을 무마하지 않을 것과 또 하나님의 은혜 없이도 의미 있는 삶을 회복할 수 있다고 생각했던 것을 회개하기로 결심하는 일. 그것이 바로 온전한 성품의 시작입니다. 사랑의 사람이 되게 해주는 온전한 성품이란 지금 당장 어떤 고통스러운 일이 생기거나 가까운 미래에 두려운 일이 닥친다 해도 온전히 기쁨으로 인내하는 성품을 말합니다.

하나님을 의지하면 세상에 영향력을 미칠 수 있는 자유가 생깁니다. 그리고 '순종하게 되면 다시 고통을 당하게 되는 건 아닐까' 하는 두려움 없이 세상을 책임감 있게 다루어 갈 수 있는 힘이 생깁니다. 하나님을 향한 의존은 사랑의 자유를 가져다 주는 것입니다.

내가 생각하는 이런 성숙을 목표로 일하는 교회나 신학교는 거의 찾아보기 어렵습니다. 정직한 피드백을 통한 진지한 자기 성찰이 가능한 공동체, 문제를 갖고 씨름하는 이들도 온전히 수용될 수 있는 공동체, 그런 비옥한 공동체는 매우 드뭅니다.

인생을 다루는 데는 용기가 필요합니다. 투명성은 자신의 이미지를 자기 방어적으로 통제하려는 노력을 짓밟아 버립니다. 그러나 인생을 정직하게 직면하는 태도야말로 하나님을 더 깊이 알아가게 해주는 고통스러운 과정의 시작입니다. 하나님을 알아간다는 것은 모든 것을 흐트러뜨렸다 다시 다른 모양으로 모으고, 무력하게 만들었다 다시 새롭게 만들고, 황폐하게 만들었다 다시 새 힘을 넣어 주는 일입니다.

하나님을 알아가는 것이 바로 '인생'입니다. 하나님을 뺀다면 인생은 영원히 왜곡된 채로 남고 말 것입니다. 하나님과 함께할 때 우리는 인생의 모든 추함도 잠재력도 온전히 있는 그대로 직면할 수 있습니다. 또한 그때 우리는 '정복자보다도 더 위대한' 사람이 될 수 있습니다. 그리스도와의 교제로 말미암아 그분과 다른 사람들을 하나님께서 의도하신 대로 사랑할 수 있는 사람이 되는 것입니다.

결론
오직 한 길 예수

최근에 나는 어느 정신과 의사가 인도하는 세미나에 참석한 적이 있습니다. 그 사람은 단기 심리 역동 치료 분야의 선구자로 잘 알려진 사람이었습니다.[1] 그가 상담하는 모습을 비디오 테이프를 통해 보면서 나는 몇 가지 생각을 하게 되었습니다.

첫째, 평소 내가 가지고 있던 확신을 다시 한 번 확인하게 되었습니다. 즉 인간에게 진정한 변화가 있기 위해서는 반드시 다루어야만 하는 심성 내부의 깊은 과정들이 있다고 하는 확신입니다. 옳은 일을 행하려는 훈련과 노력, 오직 그것만으로도 그리스도를 닮아 가는 본질적

---

1. 단기 심리 역동 치료는 보다 적극적인, 때로는 치명적인 해석 작업을 강조하는 정통 정신 분석 심리 치료의 현대적인 형태이다. 이 접근에서도 여러 갈래들이 나오고 있다. 하지만 환자를 주의 깊게 선택해야 한다는 생각, 중심이 되는 문제들을 비교적 짧은 기간 내에 처리할 수 있다는 신념, 그리고 인간의 마음에 대한 정신 역동 모델의 고수 등에서는 모두 공통된 입장이다.

인 변화가 가능하다고 생각한다면 그것은 오산입니다. 인지적인 접근들(세상적인 것이든 그리스도인화된 것이든) 역시 인간 영혼 안에 있는 중요한 죄의 모습들을 제대로 지적해 주지 못합니다. 즉 친밀한 관계를 향한 뜨거운 갈망 때문에 유발되는 죄의 모습, 하나님 없이 살아가겠다고 하는 고집스런 자기 독립 때문에 나타나는 죄의 모습들이 전혀 중요한 것으로 취급되지 않는 것입니다.

행동 변화를 추구하는 행동주의적 모델들 역시 갈망에 대한 주관적인 인식의 필요성(이것은 온전한 관계를 누리기 위해 반드시 필요합니다)과 인간 내면의 변화의 중요성과 복잡성을 무시합니다. 물론 책임과 가시적인 변화를 강조하는 것은 전적으로 성경적입니다. 그러나 그 대상의 초점이 부패한 인간의 마음속의 문제들이 아니라면 그것은 잘못된 것입니다. 인간의 마음이야말로 깊은 회개와 철저한 의존이 반드시 필요한 부분입니다.

성경의 기능 가운데 하나는 지금까지 알지 못했던 생각과 동기들을 노출시키는 것입니다. 그러한 노출이 있을 때 우리는 자신의 무력감을 깨닫고 하나님을 의존할 수 있으며, 또한 거기서 진정한 순종이 생겨날 수 있습니다.

심리 역동 이론들은 적어도 인간의 마음 내부를 꿰뚫어 보는 일에 대해서만큼은 확고한 입장을 가지고 있습니다. 물론 이 이론의 인간관도 인지 모델이나 행동주의 모델과 마찬가지로 매사 성경적인 견해와 정면으로 어긋나는 것은 사실이지만, 그럼에도 불구하고 이 이론들은 진정한 변화의 본질이라 할 수 있는 내면의 성찰만큼은 강조하고 있습니다.

둘째, 마음이 슬펐습니다. 남을 돕는 직업에 종사하는 이 세상의 유수한 사람들은 때로는 인간을 괴롭히는 문제들을 효과적으로 다루기도 합니다. 그러나 문제의 뿌리에는 결코 도달하지 못합니다. 그것은 그들로서는 불가능한 일입니다. 인생의 참 모습이 완전히 노출될 때 사람이 취할 수 있는 합리적인 대안은 세 가지뿐입니다. 그리스도께 돌아오거나 자살을 하거나 아니면 적당히 부정(否定)하는, 마치 모래 위에 집을 짓는 것과 하나 다를 바 없는 입장으로 되돌아가는 것입니다.

세상의 치료들은 기껏해야 이 부정의 수준을 조금 낮추는 일에 지나지 않습니다. 그렇게 함으로써 사람들로 하여금 자신과 타인들의 참 모습을 조금이라도 더 바라보고 받아들이게 해주는 것입니다. 적어도 이 점에 있어서만큼은 세상의 상담이 도덕적인 노력을 강조함으로써 부정을 더욱 부채질하는 일부 그리스도인 상담보다 훨씬 덜 해롭다고 할 수 있겠습니다. 현실을 직면하는 도덕적인 노력은 믿음의 결과일 수 있지만, 현실 속의 고통스러운 부분을 제거해 버리려는 수단으로써의 도덕적 노력은 위선에 지나지 않습니다.

세상 사람들이 그리스도인들보다 현실 세계의 더 많은 부분을 다뤄 내고 있다는 것은 얼마나 슬픈 사실입니까! 부정(否定) 없이 살아갈 수 있는 자원은 오직 그리스도인들만이 갖고 있는 것인데, 종종 불신자들이 그리스도인들보다 인생의 더 많은 부분들을 인정하고 있는 것입니다.

그러나 불신자들은 언제나 진정한 해결에는 미치지 못합니다. 하나님이 없는 한 인간 존재의 실체는 어떤 식으로든 부정될 수밖에 없습니다. 그 두 가지 핵심적인 실체 중 어느 하나라도 인정하게 될 때, 인간은 유일한 소망이신 그리스도께로 나갈 수 있습니다. 그 첫째로 우리 인간은 이 타락한 세상에서는 경험할 수 없는 질 높은 관계를 경험하며 살도록 지음받았다는 사실입니다. 모든 영혼의 가장 깊은 부분에는 오직 하늘 나라에서만 완전히 채워질 수 있는 목마름이 있습니다.

두 번째 부정되고 있는 것은 죄라고 하는 끔찍한 실체입니다. 인간의 모든 비기질적인 문제 밑바닥에는 하나님을 떠나 자기 충족으로 향하는 명확한 움직임이 있습니다. 그것은 그 사람이 스스로 선택한 방향으로써, 인간의 모든 문제가 생겨나고 유지되는 것은 바로 이것 때문입니다.

내 영혼이 갈망하는 생명을 얻기 위해 그리스도만 온전히 의지한다는 것과 하나님으로부터 떠나려고 하는 죄악에 찬 움직임을 회개한다는 것의 의미를 깨닫지 못한 상태라면, 그 어떤 개선이나 변화도 아무리 겉으로는 의미 있어 보이고 만족스러워 보인다 할지라도 결국은 다 피상적인 것에 지나지 않습니다. 증상 경감이나 에너지 충전, 혹은 보다 건강한 관계 형성 등도 하나님을 향하여 나아가는 과정의 일부일 때에만 진정한 의미가 있습니다. 그렇지 않다면 그런 것들은 오히려 하나님과 관계를 맺지 않고서도 인생은 충분히 의미 있다고 하는 독립적인 환상을 부추길 것입니다.

그 정신과 의사의 세미나를 다 듣고 나서 내가 받은 세 번째 인상은 이것이었습니다. 그리스도와의 관계야말로 인생 모든 문제의 유일한 해답이라는 사실입니다. 때로 공허한 기분이 들면서 그리스도인의 헌신이 다 부질없는 것처럼 느껴질 때, 내 마음에는 어김없이 베드로의 고백이 떠오릅니다. "주님, 우리가 누구에게로 가겠습니까? 말씀으로 영원한 생명을 주시는 분은 주님뿐이십니다"(요 6:68, 현대어 성경).

참으로 많은 경우 그리스도인 지도자들은 이 진리를 가르치되 오히려 복음을 혼미하게 하는 식으로 가르치고 있습니다. 그러나 그럼에도 불구하고 이 말씀은 여전히 진리입니다. 인생의 복잡한 문제들을 정직하게 직면하는 데 있어서는 때로 세상 사람들이 오히려 일가견이 있는 듯합니다. 그리스도인들은 진부한 문구들만 늘어 놓으면서 마음의 진정한 문제들을 외면하기 일쑤인데 말입니다. 그러다 보니 감정 문제에 있어서는 불신자들이 그리스도인들보다 더 효과적으로 사람들을 돕고 있는 경우가 많습니다.

그러나 불신자들의 노력은 다 치명적인 결함을 안고 있습니다. 그리스도가 없는 곳에는 생명이 없습니다. 거기엔 오직 일시적 모조품이 있을 따름입니다. 모조품을 가지고 사람들을 속여서 그들이 계속 하나님 없이 살아가도록 부추기는 일은 참으로 위험하기 짝이 없는 오류입니다.

사람을 돕는 모든 노력의 핵심은 그리스도가 되어야만 합니다. 복음은 그야말로 기쁜 소식입니다. 내면의 문제들이 노출될 때, 채워지지 않은 갈망들을 느끼게 될 때, 그로 인하여 말할 수 없는 고통이 밀려오게 될 때, 자신의 크고 작은 모든 동기 속에 있는 자기 중심성을 인식하게 될 때, 바로 그때에만 우리는 복음의 놀라움을 진정으로 맛볼 수 있는 것입니다.

신경성 식욕 부진증으로 고생하고 있는 여자들, 자신들의 관계 속에 애정이란 도대체 어디로 간 것인지 의아스러워하는 많은 부부들, 늘 쫓기며 살다가 탈진해 버린 중년 남자들, 계속 이어지는 인생의 새로운 요구들 앞에서 공포에 사로잡힌 젊은이들, 싫어하면서도 할 수 없이 변태적인 성 욕구에 굴복하고 마는 사람들…. 이 모든 사람들 그리고 우리 모두에게 주고 싶은 나의 메시지는 간단합니다. "문제에는 반드시 해답이 있습니다!"

그리스도인 상담이 도움이 되는 경우도 있습니다. 세상의 치료 방식도 숨어 있는 문제들을 노출시켜 줄 수 있습니다. 교회 출석, 기도, 성경 공부, 전도 등은 분명 우리 삶의 한 부분이 되어야 합니다. 옳은 행동을 선택하겠다는 새로운 결심도 꼭 필요한 것입니다.

그러나 인생 모든 문제의 해답은 그리스도와의 관계 속에 들어 있습니다. 개인적이고도 인격적인 만남의 관계는 단 한 순간에 시작될 수 있지만, 그러나 그 관계가 개발되는 데에는 쉽지만은 않은 오랜 시간이 요구됩니다.

이런 말을 할 때마다 가장 걱정되는 것은, 내 말이 심중의 의도와는 전혀 다른 말로 오해되지는 않을까 하는 것입니다. 실제로 "그리스도가 해답"이라고 외치는 많은 사람들이 깊은 문제를 가지고 찾아오는 사람들을 다룰 때, 문제를 지나치게 단순화하여 오히려 그들을 무안하게 만들고 문제를 더 악화시키는 경우를 종종 봅니다. 임상적으로 우울증에 걸린 사람에게 단순히 그리스도가 그 영혼의 모든 갈망을 채울 수 있다고 말해 주는 데서만 그친다면, 그 영향력은 전국적인 투표에서 한 표 찍는 정도밖에 안됩니다. 분명 한 부분을 차지하기는 했습니다. 그러나 대세를 바꾸는 데에는 그 이상의 훨씬 더 많은 힘이 필요한 것입니다. 이 책을 읽은 목사들이 광장 공포증에 걸린 사람이나 동성연애자나 이상 성격자나 우울증에 빠진 사람들과 상담하면서, 단순히 '그리스도를 의지하고 더 온전히 순종하라고 말해 주면 되겠지'라고 생각할까 봐 두렵습니다. 그런 일은 생각조차 하고 싶지 않습니다.

그런 말은 내담자들 마음속에 가 닿기가 거의 어렵습니다. 그것이 이런 상담이 잘못된 것이라는 단적인 증거입니다. 관계 속에서 느꼈던 실망들을 직면함으로써 영혼의 핵심적인 갈망을 찾아내는 일과, 자신의 미묘한 자기 방어적 행동 유형들을 인식하고 나아가 그것을 회개하는 일은 참으로 어려운 일입니다. 그러나 의지와 순종의 씨앗이 뿌리를 내리기 위해서는 이 두 가지 일을 통해 반드시 먼저 밭을 갈아야만 합니다.

상담과 제자 훈련은 단기 5회 프로그램으로 줄여서 끝낼 수 있는 일이 아닙니다. 주님을 알아 가며 주님으로 말미암아 인생을 변화시켜 가도록 사람들을 돕는 데는 그들과의 깊은 관계, 좌절과 복잡한 얽힘

속에서 힘이 소모되더라도 중단되지 않고 지속되는 관계가 반드시 수반되어야 합니다.

이런 깊은 나눔과 개입의 관계를 통하여 그리스도만이 진정한 해답이라는 사실을 깊이 깨달을 수 있게 됩니다. 우리 영혼의 가장 깊은 곳(웬만한 사람이 아니고서는 의식할 수 없는 영역)으로부터 우리는 모두 질 높은 사랑을 갈망하고 있습니다. 오직 그리스도만이 주실 수 있는 사랑입니다. 우리는 또한 자신이 다른 사람들에게 가치 있는 존재라는 사실을 인식하고 싶어합니다. 그러나 인식은 그리스도와의 관계 속에서만 얻을 수 있습니다. 그 밖에는 다른 길이 없습니다. 우리가 그 숨겨진 부분 속으로 들어가 자신의 갈망들을 있는 그대로 느끼고, 하나님 의지하기를 거부했던 모든 교만하고 추한 모습들을 다 드러내 놓을 때, 그때 비로소 우리는 그리스도가 생명이시라는 진리를 진정으로 경험하기 시작하는 것입니다.

성숙으로 가는 길은 멀고도 험한 오르막길입니다. 그러나 그 길은 갈 수 있는 길입니다. 그리고 갈 만한 가치가 있는 길입니다. 생명으로 가는 길은 때로 사망으로 가는 길처럼 보일 수도 있습니다. 자신의 채워지지 않은 갈망들 속으로 더 깊이 들어가고 자기 방어라는 죄를 더 철저히 노출시킨다는 것은 고통스러운 일입니다. 그러나 고통을 인식할 때 우리는 더 온전하고 용감하게 하나님을 의뢰할 수 있으며, 죄를 인식할 때 우리는 더 깊은 수준의 회개와 순종을 할 수 있습니다.

생명으로 가는 길이 있습니다. 바로 우리 주 예수 그리스도이십니다. 그분은 진리입니다. 그 진리가 우리를 자유케 하사 그분을 향하여 걸어가게 해줍니다. 그분은 생명입니다. 우리는 그 생명을 지금도 맛볼 수 있고, 앞으로도 영원토록 값없이 그 생명 안에 온전히 파묻히게 될 것입니다. 상담을 포함하여 모든 일 속에서 그리스도는 유일한 해답이 되어야만 합니다.

부록

역동 모델, 도덕 모델, 관계 모델의 장점과 약점

인간을 보는 세 가지 모델(5장)이 인간의 인격을 이루는 네 가지 요소들(6장)을 각각 어떻게 인정하는가 또는 부정하는가를 살펴보는 것이 도움이 될 것 같습니다. 인간 이해에 대한 각 모델들이 얼마나 타당한지는 그 모델이 네 가지 요소(인격, 이성, 의지, 감정)를 얼마큼 효과적으로 고려하고 있는지에 따라 평가할 수 있습니다.

	인격	이성	의지	감정
역동 모델	+ +	+	− −	+
도덕 모델	−	+	+ +	− −
관계 모델	+	− −	−	+ +

역동 모델은 인간의 마음에 대한 심층 작업을 강조하며, 사고 과정과 감정 두 가지 모두에 관심을 가집니다. 그러나 대개 이 모델은 인간의 책임감 있는 선택의 역할에 대해서는 거의 강조하지 않으며 어떤 때는 아예 무시하는 경우도 있습니다.

도덕 모델은 선택의 중요성을 굉장히 강조합니다. 인간이란 뭐니뭐니해도 자기 행동에 책임을 지는 존재임을 주장하기 때문입니다. 이 모델은 인간의 사고가 얼마나 중요한지도 어느 정도 인정합니다. 그러나 깊은 갈망과 감정에 대해서는 거의 관심을 기울이지 않습니다. 감정을 강조하면 그것을 책임 회피의 구실로 삼게 된다는 것입니다. "그때 난 도저히 큰소리를 치지 않을 수가 없었어. 화가 났었단 말이야" 하는 식입니다.

관계 모델은 사람이 바로 그 순간 어떤 감정을 느끼느냐가 거의 모든 관건이 됩니다. 때로는 자신과 다른 사람에 대해서 긍정적인 감정만 느낄 수 있다면 어떤 행동도 다 괜찮다고 격려하기도 합니다. 이 모델에서는 깊은 갈망은 어느 정도 중시되지만 선택은 거의 중시되지 않으며, 사고 과정과 신념에 대해서는 더 말할 것도 없습니다. 이 모델을 극단적으로 따르는 사람들은 "네 기분만 좋으면 어떤 행동도 다 좋아"라고 말합니다.

균형 잡혀 있지 않은 인간관에 의해 인격의 네 가지 특질 중 어느 하나라도 무시되면, 그 결과는 아주 심각하다는 사실을 결코 잊지 말아야 합니다.

만일 여기 인간의 깊은 갈망에 대해서는 별관심이 없는 상담가가 있다면, 그는 비관계적이고 깊이가 없으며 살아 있는 것 같지 않게 따로 멀리 격리되어 있는 사람이 될 것입니다. 이런 분위기 속에서는 율법주의가 난무하기 쉽습니다.

만일 인간의 사고 기능이 과소 평가된다면, 그때의 상담은 방법이야 어떻든 좋은 결과만 보장되면 괜찮다는 식의 맹목적인 추구가 될 수 있습니다. 이들은 사람들의 잘못된 사고에 어떠한 도전도 주지 않으며, 하나님을 향해 나아가는 자세도 결코 개발되지 않습니다.

만일 의지의 기능이 무시된다면, 이 경우의 상담은 나약한 성품의 사람들을 낳고 맙니다. 사람들은 변화의 주체로서 자기 세계를 책임감 있게 주관해 가는 것이 아니라 그저 어떤 변화가 저절로 찾아오기만을 기다리게 되는 것입니다.

옳은 일 하는 것만 강조하고 감정이 한 쪽으로 치우치게 되면, 인간은 자신의 인격의 부요함을 거의 인식하지 못하는 한낱 기계가 되고 맙니다. 감정이란 내면의 더 깊은 부분들을 비쳐 주는 창문과도 같은 것입니다. 그 창문이 닫히면 깊이는 영영 없어지고 말 것입니다.